KARLHEINZ GLESS · *600 Ratschläge für den Pferdefreund*

KARLHEINZ GLESS

600 Ratschläge für den Pferdefreund

MIT ZEICHNUNGEN
VON PETER DITTRICH

NEUMANN VERLAG
LEIPZIG · RADEBEUL

Die Fotos stellten zur Verfügung:

Einband: M. Kornhaas

Farbbilder: H. Alder (9), K. Gleß (1), V. Ledermann (2), roe-bild E. Müller (3), Schnabel (1)

Schwarzweiß-Fotos: K. Gleß (5), W. Gleß (9), H. Hoppe (5), H. Lange (10), V. Ledermann (1), S. G. Müller (10), F. Porkelsson (1), H. J. Rosenkranz (1), M. Salz (1), G. Schubert (6), K. Urum-Boglikow (2), R. Wende (12).

Gleß, Karlheinz:
600 (Sechshundert) Ratschläge für den Pferdefreund / Karlheinz Gleß. Mit Zeichn. von Peter Dittrich. – 4. Aufl. – Leipzig; Radebeul: Neumann Verlag, 1987. – 160 S.: 452 Ill. (z. T. farb.)
ISBN 3-7402-0040-5

ISBN 3-7402-0040-5

4. Auflage 1987, 71. bis 85. Tausend

VLN 151-310/133/87 · LSV 9079
Typograph: Heinz Rzepka
Gestaltung der Titelzeile des Einbandes: Hellmuth Tschörtner
Druck und buchbinderische Weiterverarbeitung:
Sachsendruck Plauen
Printed in the German Democratic Republic
Bestell-Nr. 798 882 9

01480

Inhaltsübersicht

Vorwort

Noch vor wenigen Jahrzehnten war häufig die Prognose zu hören: Wir leben im Zeitalter des Motors, der Vollmechanisierung und der Automation – das Pferd stirbt aus!

Das Pferd ist jedoch geblieben. Im Gegenteil, die Pferdebestände steigen in vielen Ländern nach zeitweiligem starken Rückgang in veränderter Struktur wieder an. Die Ursache ist, daß sich die Funktion des Pferdes in den letzten Jahrzehnten grundsätzlich gewandelt hat. In der Wirtschaft und beim Militär wurde es fast überflüssig. Immer größere Verbreitung findet es aber im Turniersport, in der Freizeitgestaltung und auch im Dienste des Gesundheitswesens.

In der DDR kommt die Breitenentwicklung des Pferdesports dank der großzügigen Unterstützung durch unseren Staat mit Riesenschritten voran. Der IV. Verbandstag des Deutschen Pferdesportverbandes der DDR hatte im Jahre 1974 das Ziel gestellt, bis zum Jahre 1978 insgesamt 30000 Kinder, Schüler und Werktätige für den Turniersport mit Pferden zu gewinnen. Aber bereits Ende des Jahres 1975 waren 30267 Mitglieder eingetragen. Deshalb ist im Jahre 1978 mit mindestens 35000 organisierten Pferde-Leistungssportlern zu rechnen.

Doch neben dem Leistungssport hat sich eine zweite Säule des Pferdesportes entwickelt „... die ohne Wettkampfteilnahme und ohne Wettkampfziele doch im Sinne des Freizeit- und Erholungssportes von gleichrangiger, ja, was den Umfang betrifft, von größerer Bedeutung als Wettkampfsport sein muß ... Im Vordergrund steht dabei die kollektive Ausübung des Pferdesportes ...“ (Aus dem Bericht des Präsidiums des DPV, 4. Tagung Leipzig 1976).

Die Anzahl derjenigen, die sich für die zweite, noch sehr junge Säule des Pferdesportes entschieden haben, beträgt heute schon in der DDR weit über 100000 (einhunderttausend) Reit- und Fahrtouristen.

Im Buch sollen deshalb vor allem Bürger Rat und Hilfe finden, die sich für diese Art der Betätigung mit Pferden entschieden haben: als Züchter, Halter oder Ausbilder der Tiere, als Lehrer für die Reit- und Fahrschüler oder als Erholung- und Entspannungssuchender.

Die Grundgedanken sind:

- der Umgang mit Tieren, die unmittelbare Wechselwirkung im Verhältnis Mensch-Tier, ist etwas ganz anderes als der Umgang mit technischen Geräten. Das erfordert von allen beteiligten Personen Kenntnisse in diesem Metier bis ins kleinste Detail. Nicht nur das „Wie“, auch das „Warum“ ist wichtig.
- da alle lernen möchten (und müssen), vom Urlaubsreiter aus der Großstadt bis zum Mitarbeiter der LPG (auch nach ... zigjähriger Erfahrung im Umgang mit Arbeitspferden), vom Schulkind bis zum Altersrentner, ist in einfacher und verständlicher Weise geschildert, was in diesem oder jenen Falle zu tun ist.
- manche Pferdefreunde haben den Wunsch, selbst ein Pferd zu besitzen. Doch davon ist in den meisten Fällen abzuraten. Das gründliche Studium der Kapitel II, VII bis IX, XX und XXI wird sicher überzeugen, zumal sich die gesuchte Freude, Erholung und Entspannung auf viel leichtere Art gewinnen läßt.
- die öffentlichen Einrichtungen für den Freizeit- und Erholungssport mit Pferden sind bei uns in der DDR recht mannigfaltig. Sie sind bei Reit- und Fahrsektionen des DPV, an VE Gestüten, in rasch steigender Anzahl bei LPG, aber auch schon an polytechnischen Oberschulen vorhanden (z. B. Fotos S. 99 außerschulischer Unterricht in Altreetz). Im Anhang sind solche Einrichtungen aus allen Bezirken der DDR genannt.
- alle Beteiligten müssen immer die einschlägigen gesetzlichen Bestimmungen beachten. Sie sind erlassen, um Menschen und Tiere vor Schaden zu bewahren (siehe Anhang).
- Pferdesport jeglicher Art ist teuer. Wer heute in den meisten Reittouristikbetrieben für eine Reitstunde 10,– M bezahlt (Kinder zahlen 5,– M), sollte auch wissen, daß unsere Gesellschaft noch einmal die zweifache Summe dazulegt, um dem Bürger diese gesundheitsfördernde, aktive Freizeitbetätigung zu ermöglichen. Großzügige Förderung schließt aber auch gleichzeitig die Notwendigkeit rationellster Durchführung ein. Deshalb sind viele neue Wege der Pferdehaltung und Nutzung

aufgezeigt, wie z. B. die Robusthaltung, leistungsabhängige Fütterung und neue Formen des Wettkampfes. Sie bieten nicht nur höhere wirtschaftliche Rentabilität, sondern kommen auch der Natur des Pferdes weitestgehend entgegen, verhindern so Krankheiten wie auch Fehlverhalten der Tiere mit allem für uns Menschen schlimme Folgen.

- kollektive Betätigung im Freizeit- und Erholungssport mit Pferden werden in Zukunft die geschilderten Wanderritte, das Einüben und Vorstellen von bekannten Schaubildern, Kutschfahrten, vor allem aber Reiterspiele sein. Diese gibt es in vielen Variationen.
- zur Erholung und zum Vergnügen reitet man zwangsloser und auch woanders als im Parcours oder auf der Rennbahn. Man benutzt auch meistens andere Pferde, Sättel und Zäume. Rechtsschutz und Versicherungsfragen gewinnen an Bedeutung, weil viele Menschen mit fremden Pferden umgehen.

Das alles und vieles mehr wird ausführlich erläutert und durch sachliche und humorvolle Zeichnungen illustriert, so daß auch passionierte Sportreiter das Buch gern zur Hand nehmen werden.

Ratschläge im Sinne unseres Buches sind auch Empfehlungen, Hinweise und Winke. In mehreren Fällen wurden erläuternde Texte den Ratschlägen vorangestellt; das soll zu ihrem besseren Verständnis und zu schnelleren Fortschritten im Umgang mit Pferden beitragen.

Nicht befolgen sollte man aber die Handlungen des Besserwissers mit der Zipfelmütze; was er falsch macht, hat unser Zeichner begreiflich dargestellt. So bietet dieses Buch jedem Pferdefreund eine Fülle von Informationen, sie mögen recht viel Nutzen und Freude bringen.

KARLHEINZ GLESS
1275 Eggersdorf b. Berlin

I. Allgemeines vom Turniersport und vom Erholungssport mit Pferden

1 **Die Menschen nutzten Pferde bisher auf die unterschiedlichste Art und Weise.**

In der Urzeit wurden Wildpferde gejagt. Hirtenvölker domestizierten sie vor etwa 5000 bis 3000 Jahren und nutzten sie zur Fleisch- und Milcherzeugung, als Saum- und Zugtiere und schließlich auch zum Reiten.
Seit dem 15. Jh. v. u. Z. bis zum Anfang unseres Jahrhunderts wurde die Kraft des Pferdes vorwiegend im Militärwesen verwendet. Ab dem 19. Jh. setzte man es aber auch verstärkt in der Wirtschaft ein, ebenfalls wurde der Pferdesport populär.
Viele Erkenntnisse über den Umgang mit Pferden wurden uns aus den verschiedensten Epochen überliefert. Diese Mitteilungen sind stets unter zeitbedingten Gegebenheiten entstanden, so daß man sie nicht ungeprüft für den Gebrauch in unseren Tagen übernehmen kann.

2 **In unserer Zeit haben Maschinen die Pferde in der Wirtschaft und im Militärwesen ersetzt.**

Pferde sind heute Gefährten für Sport und individuelle Freizeitgestaltung geworden. Dieser Funktionswandel fordert vom Pferdefreund, und sei er noch so sehr in Traditionen verwurzelt, neue Erkenntnisse unvoreingenommen und sachlich zu prüfen und zu beurteilen, wie z. B. solche über die Verwendbarkeit bestimmter Pferderassen, über neue Haltungsmethoden, über bisher unbekannte Reitmethoden oder Gangarten und über fremde Sattelformen oder Zäume.

Wer Pferde liebt und nach sportlichen Erfolgen strebt, findet beim Reit- und Fahrsport ein breites Betätigungsfeld. 3

Reiten und Fahren verlangen, werden sie als sportlicher Wettkampf ausgeübt, ständig hohen geistigen und körperlichen Einsatz. Höher, weiter, schneller ist das Motto der Veranstaltungen; da geht es um Zentimeter und Sekunden. Die Leistungsprüfungsordnung (LPO) regelt die Wettkämpfe, wie Springreiten, Geländeprüfungen und Dressur.

Wer den Anforderungen des Turniersports nicht gewachsen ist oder ihn ablehnt, wird sich auf andere Art und Weise mit Pferden betätigen. 4

Im Verlaufe der letzten fünfundzwanzig Jahre hat deshalb das Freizeitreiten im Sinne der hier gemachten Ausführungen viele begeisterte Anhänger gefunden. Geritten und kutschiert, gepflegt und gewartet wird in erster Linie zur Erholung, zur Entspannung, zum Spaß und zum Vergnügen.

5 **Bei dieser Art der Freizeitgestaltung ist vor allem das Reiten sehr beliebt.**

Ungezwungen durchstreift man auf dem Rücken des Pferdes die Landschaft, die sich auf ganz neue Weise offenbart, spürt die Verpflichtung, ihre Schönheit zu erhalten und verlebt im Kreise Gleichgesinnter fröhliche Stunden in frischer Luft, abseits von jedem Lärm. Man härtet sich in Wind und Wetter ab, trainiert seinen Körper und trägt auf vielfältige Weise dazu bei, sich gesund zu erhalten oder wieder zu gesunden.

6 **Alter, Geschlecht oder Einkommen des einzelnen setzen dem Freizeitreiten in der DDR keine Grenzen.**

Jeder, der sich der Verantwortung bewußt ist, die er als Reiter seinen Mitmenschen und dem Pferde gegenüber hat, findet eine abwechslungsreiche und reizvolle Beschäftigung. Wie es gemacht wird, ist aus den folgenden Kapiteln zu erfahren. Körperlich Leidende sollten vor dem Reiten allerdings in jedem Falle ihren Arzt konsultieren.

7 **Bequemer und sicherer als in einem Sattel sitzt man in einer Kutsche.**

Man kann gemütlich durch Wälder, Wiesen und Felder fahren, aber auch große Strecken im flotten Tempo zurücklegen. Im Winter lassen Schlittenfahrten den Reiz dieser Jahreszeit besonders genießen. Wer Abenteuer liebt, wird sich dem Schikjöring verschreiben und tief verschneite Wälder hinter dem schnaufenden Pferd durchstreifen. Pferde vieler Rassen, z. B. Shetlandponys, sind unermüdliche Traber, so daß auch Kutschieren ein außerordentlicher Genuß werden kann.

8 **Freizeitreiter sollten nicht nur sicher zu Pferde sein, sondern auch ebensogut mit Karte und Kompaß umgehen können.**

Während langer Wanderungen kommen sie oft in unbekanntes Gelände; das kann für Reiter und Pferd mancherlei Überraschungen geben (Moorgebiete, Abhänge mit Rutschgefahr usw.). Richtig mit Karte und Kompaß umgehen zu können ist deshalb unerläßlich. – Ebenfalls sollten Wanderreiter wetterkundig sein und es auch nicht versäumen, sich rechtzeitig mit den Grundregeln der ersten Hilfe vertraut zu machen.

Freizeitgestaltung mit Pferden bedeutet nicht nur reiten und kutschieren. 9

Es gehört auch dazu, jederzeit sachgemäß mit den Tieren umzugehen, sie zu füttern und zu pflegen. Für viele Pferdehalter bedeutet es an Gemeinschaftsstallungen mitzubauen am Gerät zu basteln, Koppeln und Zäune instand zu halten, junge Pferde zu erziehen und auszubilden, herkömmliche (gemäß LPO) oder bisher unbekannte Reitmethoden zu studieren und zu erproben, so daß die Beschäftigung mit Pferden vielseitiger als jedes andere Hobby werden kann.

Wer sich mit Pferden beschäftigt und dabei Erfolg haben will, muß viel Geduld zu ihrem Verständnis aufbringen. 10

Niemals sollte ein Pferd nur als ein Reflexapparat betrachtet werden. Körperbeschaffenheit und Psyche des Pferdes wurden durch seine Urheimat, Steppe und Savanne geprägt. Die Psyche umfaßt viele komplizierte Bereiche wie Grundtriebe, Instinkte, Reflexe, Sinnesleistungen, Gefühle und auch Einsichtsvermögen (Abschnitt IV).

Pferde sollten heutzutage dort gehalten und genutzt werden, wo optimale Voraussetzungen vorhanden sind. 11

Das ist vor allem in den Reit- und Fahrsektionen des Deutschen Pferdesportverbandes der DDR und in landwirtschaftlichen Großbetrieben wie LPG und VE Gütern der Fall. Denn es ist wichtig, Pferde artgemäß zu halten, zu füttern und zu pflegen. Ebenso wichtig ist es aber auch, sie regelmäßig und intensiv zu nutzen. Bei zentralisierter Pferdehaltung lassen sich diese Erfordernisse leichter erfüllen als bei individueller, außerdem sind auch notwendige veterinärmedizinische Maßnahmen effektiver.

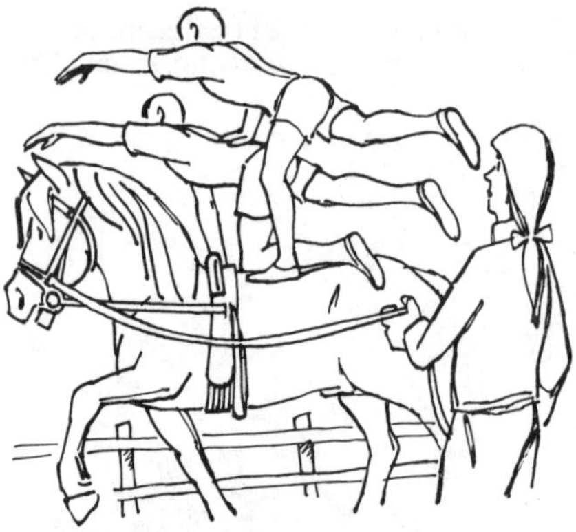

12 **Für die Freizeitbetätigung mit Pferden bieten sich den Interessenten mannigfaltige Möglichkeiten.**

Den reiterlichen Nachwuchs für den Leistungssport bilden die Voltigiergruppen der Sportsektionen heran; davon werden hauptsächlich Schüler Gebrauch machen. Manche Sektionen haben aber auch Pferde für die Reit- und Fahrtouristik eingesetzt, die Adressen kann man bei den Kreis- bzw. Bezirksfachausschüssen erfragen.
Dann gibt es Reitschulen, meistens den VE-Rennbetrieben oder Gestüten angeschlossen, die Reit- und Fahrtouristik an den LPG sowie auch Ferienpensionen und Hotels mit Reitbetrieb. Anschriften von allen diesen Einrichtungen werden in einschlägigen Fachzeitschriften und in der Tagespresse genannt (siehe auch Adressenverzeichnis im Anhang).

13 **Reiten und Kutschieren sind keine Privilegien der Landbevölkerung.**

Immer mehr Städter finden es ideal, durch reizvolle Landschaften in sauberer Luft zu reiten oder zu fahren. Die zuständigen Stellen, die sich „vom Amtes wegen" mit der Planung dieser Dinge befassen, sind gut beraten, wenn sie dieses nie außer acht lassen. Reiten und Kutschieren sind außerdem sehr umweltfreundlich. Da sie weder Lärm machen noch stinkende Abgase hinterlassen, duldet man sie gern in Erholungsgebieten.
In Urlauberzentren sollte man Reitwege anlegen; diese trennen Reiter und Spaziergänger und bieten eine Gewähr, daß letztere nicht geängstigt oder gefährdet werden.

Der Turniersport und die Nutzung der Pferde „nur zur Erholung und zum Vergnügen" sind nie voneinander losgelöst oder als gegensätzlich zu betrachten. 14

In beiden Fällen werden, wenn auch auf unterschiedliche Art und mit unterschiedlichem Endziel, Pferde und die erforderlichen Ausrüstungen verwendet. Die auf dem einen Gebiet gewonnenen Erkenntnisse können somit durchaus auch dem anderen zugute kommen. Außerdem erwerben viele spätere Leistungssportler ihre ersten Erfahrungen beim Freizeitreiten. – Gelegenheiten für einen Erfahrungsaustausch sollten deshalb immer genutzt werden.

Der Aufwand für die Haltung der Freizeitpferde kann im Verhältnis zu den Haltungskosten, die große Turnierpferde verursachen, gering sein. 15

Es ist nur wichtig, geeignete Pferde anzuschaffen und auf zweckmäßige Weise zu halten. Freizeitpferde sollen keine Höchstleistungen vollbringen, wohl aber für jedermans Umgang geeignet sein. Man bevorzugt deshalb Kleinpferde und Ponys oder Pferde der leichten Großpferdrassen, sofern sie sich durch Genügsamkeit und Härte auszeichnen, was die wichtigsten Voraussetzungen für wenig aufwendige Haltung sind.

II. Bevor Pferde angeschafft werden, ist vieles zu überlegen.

16 **Pferde brauchen regelmäßig Futter und Trank, Pflege, zugfreie, trockene Unterkunft sowie einen Auslauf zur freien Bewegung.**

Das sind Grundvoraussetzungen für die erfolgreiche Pferdehaltung. Durch Auswahl des Pferdes aus einer für Robusthaltung (siehe 21) geeigneten Rasse und naturgemäße Haltung läßt sich der erforderliche Aufwand auf ein notwendiges Minimum reduzieren.

17 **Pferde im privaten Eigentum sollten möglichst Besitz der ganzen Familie sein.**

Finanzielle Mittel lassen sich so leichter aufbringen und viele Pflichten besser verteilen, dem einzelnen erwächst keine übermäßige Belastung. Auch sind Probleme, die durch Urlaub oder Krankheit entstehen, beim Familienpferd leichter zu lösen. Nicht nur das Pferd, auch Geräte, Zäune, Stallungen und Schuppen müssen gewartet werden. Damit nichts versäumt wird, sollte jedoch stets eine Person hauptverantwortlich für eine bestimmte Aufgabe sein.

18 **Ein Pferd kann man nicht wie ein Auto benutzen und abstellen.**

Es ist ein lebendes Wesen mit Empfindungen und Gefühlen; es kann krank werden und manchmal sind seine Krankheiten nur mit hohen Kosten und mit viel Liebe und Geduld zu heilen. Von Anfang an muß man sich auch darüber im klaren sein, daß zu einem lebenden Wesen ein innigeres Verhältnis entsteht als zu einem unbelebten Gegenstand und daß von diesem Gefährten einmal Abschied genommen werden muß.

19 **Pferde kann man auf verschiedene Art und Weise halten, doch stets müssen sie sich ausreichend bewegen können.**

Die herkömmliche Art der ganzjährigen Massivstallhaltung ist nur dann anzuwenden, wenn Pferde fast täglich genutzt werden (siehe 152. bis 161.).

Nutzt man Pferde nur sehr unregelmäßig, so müssen sie ständig eine Möglichkeit zum Auslaufen haben, das gilt für jede Jahreszeit. 20

Für zwei bis drei Kleinpferde richtet man einen Auslauf mit der Grundfläche von 15 × 50 m her, der den Pferden jederzeit zugänglich sein muß. – Es ist auch möglich, Pferde fast ganzjährig auf einer Weide mit Schutzhütte zu halten; das setzt jedoch große Weideflächen voraus. Eine Ganzjahresweide ist dabei mehr Pferderassen verträglich als allgemein angenommen wird (siehe 162.–194.).

Werden die Pferde ständig im Offenstall mit Auslauf oder ganzjährig auf einer großen Weide mit Schutzhütte gehalten, so nennen wir dieses Robusthaltung. 21

Sie ist für viele Pferde am gesündesten, sofern nicht Nutzungsart oder Witterungsextreme eine andere Haltungsweise bedingen, und erfordert den geringsten Zeitaufwand zu ihrer Betreuung. Pferde, die sich für eine solche naturgemäße Haltung eignen, bezeichnet man als Robustpferde. Ihrer Herkunft nach eignen sich fast alle Kleinpferde und Ponys dafür, allerdings auch Großpferde, wenn man sie allmählich daran gewöhnt.

22 **Wichtig ist Pferde anzuschaffen, die sich für den vorgesehenen Verwendungszweck voll eignen.**

Freizeitpferde sollen möglichst universell verwendbar sein. Denn zu den Gästen der Reit- und Fahrtouristik gehören sowohl Kinder als auch ältere Menschen mit den unterschiedlichsten Ambitionen. Darauf muß sich jeder Betriebsleiter einstellen.
Ein warmblütiges Großpferd ist meist universeller verwendbar als ein kleines Pony; doch je größer Pferde sind, um so höher steigen auch die Kosten für Stallung, Futtermittel, Ausrüstung usw. Während der Wintermonate werden Pferde meist nur in Hallen (davon sind nur wenige vorhanden) oder in den schneesicheren Gebieten genutzt. Das alles spricht dafür, nur dort wo wirklich notwendig Großpferde anzuschaffen, sonst aber unter den kleinen Pferden geeignete zu suchen.

23 **Die zum Freizeitreiten verwendeten Pferde sollen sich nicht nur für die Robusthaltung eignen und möglichst universell verwendbar sein, sie sollen noch viele andere Anforderungen erfüllen.**

Man wünscht sie unempfindlich gegen Futterumstellungen, so daß sich geeignete Abfälle aus Haushalt und Garten verwerten lassen. – Sie müssen sich auch nach unregelmäßigen Leistungsforderungen schnell regenerieren können, als Wagenpferde ein unermüdliches Trabvermögen und als Reitpferde möglichst „sanfte" Gangarten zeigen. Ihr Charakter muß ausgeglichen und ihr Temperament im allgemeinen nicht zu lebhaft sein.

24 **Die meisten Kleinpferde, Ponys und robusten, leichten Großpferde erfüllen die Anforderungen des Freizeitreitens bestens.**

Pferde dieser Rassen sind in allen Größen vom Minipony (etwa 70 cm Widerristhöhe/Stockmaß) bis zum großen Pony und großen Kleinpferd (bis etwa 147 cm Widerristhöhe/Stockmaß) vorhanden. – Winterhart für die Gebiete Mitteleuropas mit durchschnittlichen klimatischen Verhältnissen sind alle osteuropäischen, nordischen, sibirischen und mongolischen Kleinpferd- und Ponyrassen sowie viele warmblütige Großpferde aus diesen Gebieten, wie z. B. die Donpferde in der SU und die Wielkopolskipferde in der VR Polen, die beide etwa um 162 cm groß sind.

Touristikbetriebe setzen wegen der ständig wechselnden Reitgäste bevorzugt Pferde mit einer Widerristhöhe ab 135 cm ein. 25

Betriebe sollten trotz höherer Anschaffungskosten nur solche Pferde einsetzen, die auch stärkste Belastungen vertragen (Leistungsvermögen, Futterverwertung, Härte und Charakter). – Solche Pferde machen weniger Schwierigkeiten bei der Handhabung und ersparen so manchen Ärger; sie erkranken selbst bei höchsten Anforderungen selten und ersparen so viele Tierarztkosten. Teure Pferde amortisieren sich schneller, wenn man sie ganzjährig nutzen wird.

Einzelhalter verwenden ihre Pferde meist nur für einen sehr kleinen Personenkreis. Diese „Spezialisierung" gestattet es ebenfalls, Aufwand und Nutzen in einen optimalen Einklang zu bringen. 26

Zum Kutschieren genügen deshalb meist schon Kleinpferde oder Ponys mit einem Stockmaß bis zu 120 cm, die auch von den Kindern geritten werden können; zum Reiten kann man schon Pferde mit einem Stockmaß ab 125 cm Widerristhöhe verwenden, wenn die Nutzung auf wenige Jugendliche oder leichte Erwachsene beschränkt bleibt, die alle über Reitkenntnisse verfügen. Erwachsene mit hohem Körpergewicht sollten nur Pferde mit einer Widerristhöhe über 130 cm (Stockmaß) reiten.

Man unterscheidet Großpferde, Kleinpferde und Ponys. 27

Die differenzierenden Merkmale sind international nicht einheitlich. In Europa werden Pferde mit einer Widerristhöhe über 147,3 cm Stockmaß als Großpferde und unter 147,3 cm als Kleinpferde oder Ponys bezeichnet; jedoch ist diese Unterscheidung nicht exakt, da nie alle Eigenschaften und Merkmale eines Pferdes durch Maßangaben ausgedrückt werden können.

28 **Großpferde sind voll-, warm- und kaltblütige Zuchtrassen, wie z. B. das Englische Vollblut, das Warmblutpferd Trakehner Abstammung oder das Rheinisch-Deutsche Kaltblut.**

Die Bezeichnungen haben nichts mit der Bluttemperatur zu tun, sondern geben in erster Linie Auskunft über das Temperament der Pferde sowie über Merkmale wie Reife und Leistung. – Allen diesen Zuchtrassen ist gemein, daß die Zuchtrichtlinien immer für die Widerristhöhe ein Stockmaß über 147,3 cm vorsehen. – Wird nun z. B. ein Vollblüter infolge ungünstiger Aufzuchtbedingungen kleiner als in den Zuchtvorschriften angegeben, so ist er kein Kleinpferd, sondern ein Großpferd mit Untermaß.

29 **Ponys sind kleine Pferde, die der urwüchsigen Struktur des Wildpferdes sehr nahe stehen und die nur wenig vom Menschen züchterisch bearbeitet worden sind.**

Ihre Merkmale und Eigenschaften, wie kräftiger Knochenbau, ausgeprägte Verdauungsorgane, die auf voluminöses und geringwertiges Futter eingestellt sind, Zähigkeit, Ausdauer, Genügsamkeit, Gesundheit, hohe Fruchtbarkeit und Langlebigkeit wurden in ihrer Umwelt, durch natürliche Auslese geprägt. Ihre Entwicklung erfolgte in meist futterarmen Regionen, jedoch in sehr verschiedenen Gebieten der Erde. Sie weisen deshalb je nach Rasse unterschiedlich Widerristhöhen zwischen 80 und 147 cm auf. Typische europäische Rassen sind: Shetlandponys, Exmoorponys, Dartmoorponys und Islandponys.

30 **Kleinpferde weisen viele Eigenschaften der Ponys auf, jedoch wurden sie, je nach Rasse mit unterschiedlicher Intensität und zu unterschiedlichen Zeiten, züchterisch stärker bearbeitet.**

Oft sollten die der Wildform des Pferdes nahestehenden Ponys durch Zuführung von Fremdblut arabischer Herkunft oder über das Englische Vollblut mehr Eleganz im Aussehen und mehr Temperament erhalten. Teilweise wurde die Zuführung von Fremdblut im Verlaufe von Jahrtausenden durch Kriegs- und Eroberungszüge unkontrolliert bewirkt oder unterstützt. – Einige Rassen sind das ausschließliche Produkt menschlicher Zuchtarbeit, wie z. B. das Haflinger Kleinpferd. Außer diesem sind andere bekannte europäische Kleinpferderassen: Bosnische Pferde, New Forest Pferde, Connemaras, Fjordpferde, Huzulen, Koniks und die unter dem Sammelbegriff Panje-Pferde bekannten und hauptsächlich vom Konik beeinflußten Kleinpferde. – Ihre Widerristhöhe beträgt im Stockmaß je nach Rasse 115–147,3 cm. – Auch die kleinen Pferde aus Wales gehören zu dieser Gruppe; sie neigen als Welsh Mountain Pony, als Welsh Cob usw. einmal mehr zum Pony, einmal mehr zum Kleinpferd und demonstrieren lebhaft, daß die Übergänge zwischen Pony und Kleinpferd sehr fließend sind. In vielen Ländern kennt man die Bezeichnung Kleinpferd gar nicht und spricht nur von Ponys.

Seit einigen Jahren wird häufig für bestimmte kleine Pferde die Bezeichnung „Reitpony“ verwendet. 31

Viele Zuchtleitungen des Auslandes tragen Kleinpferde und Ponys unter dieser Bezeichnung ein, wenn von mehreren Rassen nur eine geringe Anzahl Pferde in einem Zuchtgebiet vorhanden ist. Auch Kreuzungsprodukte werden unter dieser Bezeichnung erfaßt, wenn sie gute Reiteigenschaften sowie Kleinpferd- bzw. Ponymerkmale aufweisen. – In einigen Staaten wird auch noch der Name des Landes mit angegeben, z. B. Deutsches Reitpony (DRP) in der BRD oder das Pony of the Americas (POA) in den USA. Die POA wurden durch intensive Zuchtarbeit eine konsolidierte Rasse.

Hat man sich für Pferde einer bestimmten Rasse entschieden, so sollte man bei der Anschaffung zweckmäßigerweise auch Geschlecht und Alter der Tiere beachten. 32

Touristikeinrichtungen sollten bevorzugt mitteljährige Wallache einsetzen. Die sind leistungsfähig und die Gäste kommen am leichtesten mit ihnen zurecht. Hengste werden am zweckmäßigsten auf speziellen Deckstationen gehalten, für Touristen wäre der Umgang mit Hengsten lebensgefährdend.
Auch Stuten machen infolge der periodisch auftretenden Rossen oft Schwierigkeiten, nicht aber in der Art und dem Maße wie Hengste.

Ein Fohlen aufzuziehen ist zumindest einem Neuling abzuraten. 33

Zur sachgemäßen Fohlenaufzucht gehört viel Erfahrung. Außerdem benötigen Fohlen die

ständige Gesellschaft älterer Pferde, nur dann entwickeln sich Psyche und Verhaltensweisen artgemäß.

Soll doch ein Fohlen angekauft werden, sollte man sich mit Bekannten, die die gleiche Absicht haben, zusammentun und die Fohlen gemeinsam aufziehen. Noch besser ist es, ein einzelnes Fohlen zu einem Züchter bis zum dritten Lebensjahr in Pension zu geben.

III. Sachlichkeit beim Pferdekauf schützt vor Schaden

34 **Pferde werden von Züchtern auf Auktionen und Märkten, durch Anzeigen in der Presse usw. zum Verkauf angeboten.**

Fachzeitschriften informieren recht gut über Angebot und Nachfrage und verweisen auch auf veterinärmedizinische Bestimmungen, die im Handel zu beachten sind. Viele Unternehmen haben sich auf den Handel mit bestimmten Pferderassen spezialisiert. Von Vorteil ist es immer, rechtzeitig über die Seriösität seines zukünftigen Partners informiert zu sein.

35 **Ob vom Händler oder Züchter gekauft werden soll, lassen sich Unkundige am besten von einem erfahrenen Pferdehalter aus ihrem Bekanntenkreis empfehlen.**

Der Kauf bei einem Züchter oder dessen Verband bietet den Vorteil, daß meistens auch die Elterntiere oder Geschwister des zum Verkauf stehenden Pferdes besichtigt werden können. Beim Kauf von einem Importeur ist zu beachten, daß die Pferde trotz allen Anpassungsvermögens oft Monate brauchen, um sich in der neuen Heimat zu akklimatisieren.

36 **Ein Pferd kann man am besten kennenlernen, wenn man es mehrere Wochen probeweise nutzt.**

Touristikbetriebe, Ferienpensionen, Reitschulen und ähnliche Einrichtungen handeln vielfach

auch mit Pferden. Ein Neuling kann dort im Urlaub Erfahrungen im Umgang mit Pferden sammeln, sich Reitkenntnisse aneignen und seinen zukünftigen Freizeitkameraden entdecken und erwerben.

Pferde mit äußerlich gleichen Merkmalen sind für eine bestimmte Person nicht unbedingt gleichgut geeignet. 37

Immer wieder wird die Erfahrung gemacht, daß es auch eine „innere Übereinstimmung" zwischen Reiter und Pferd geben muß, besonders in der Freizeitreiterei, wo Gerte und Sporen nicht gern gesehen sind. Ob ein Pferd für eine bestimmte Person tauglich oder ungeeignet ist, hängt sowohl vom Wesen des Tieres als auch von dem des Menschen ab, beide müssen miteinander harmonieren.

Auch der traditionelle Pferdehandel, Kauf nach Besichtigung, ist noch sehr weit verbreitet. 38

Diese Form des Kaufes birgt erhebliche Risiken in sich; denn die Eigenschaften eines Pferdes können nicht durch eine mehr oder weniger kurze Beurteilung vollständig erkannt werden.

Untugenden, periodische Erkrankungen, Charaktereigenschaften und das tatsächliche Leistungsvermögen lassen sich erst im Verlaufe eines längeren Zeitraumes richtig einschätzen. Wichtige Informationen lassen sich aus dem Abstammungsnachweis entnehmen (siehe dazu 39.).

39 **Der Fohlenschein = Abstammungsnachweis, ist das „Papier“ des Pferdes, er ist eine amtliche Urkunde (siehe 233.).**

Der Fohlenschein enthält die amtliche Eintragungsnummer, den Namen des Fohlens, die Farbe des Fohlens und die Beschreibung evtl. Abzeichen, die Eltern mehrerer Generationen, den Namen des Züchters und des Besitzers, die Bewertung durch die Zuchtleitung, Prüfungsergebnisse, Eintragungsbescheinigungen in Haupt-, Stamm- oder Vorbuch, Brandzeichen, Bemerkungen und Schauergebnisse. – Eintragungen dürfen nur die Zuchtleitungen vornehmen.
Zu den „Papieren“ der bedeckten Stuten gehören auch die Deckscheine, zu den Deckhengsten die amtlichen Körbescheinigungen.

Nicht immer wird zum angebotenen Pferd die 40
richtige Urkunde geliefert.

Nicht einmal aus böser Absicht, sondern aus Versehen können Papiere vertauscht werden. Deshalb muß man sorgfältig die Eintragungen in der Urkunde mit den sichtbaren Merkmalen des Pferdes wie Brandzeichen, Geschlecht, Farbe des Deck- und Langhaares, Augenfarbe sowie die Häufigkeit und Größe der Abzeichen am Kopf und an den Beinen vergleichen. Die Maßangaben sollten auch stets kontrolliert werden.

Ein Pferd beurteilen heißt nicht nach Fehlern zu 41
suchen.

Ein fehlerfreies Pferd gibt es äußerst selten. Bei der Beurteilung kommt es deshalb darauf an, alle äußeren und inneren Eigenschaften sachgemäß einzuschätzen und positive und negative gegeneinander abzuwägen. Nur das Gesamturteil wird Schlußfolgerungen über die Tauglichkeit für einen bestimmten Verwendungszweck zulassen. Niemand sollte auf sogenannte „Blender“ hereinfallen (das sind Pferde, die ein sehr ansprechendes Äußeres besitzen, ohne gleichgute innere Eigenschaften zu haben), oder sich durch unlegimitierte Maßnahmen des Verkäufers täuschen lassen; z. B. könnte dieser gedopte Tiere vorführen.

Jedem Beurteilenden müssen die gebräuchlichen 42
Bezeichnungen der sichtbaren Körperteile des Pferdes sowie seines Knochenbaues bekannt sein.

Die Funktion und das Zusammenspiel der einzelnen Körperteile sind nur dann zu verstehen, wenn man die Bezeichnungen kennt.
Kenntnis der Bezeichnungen schließt auch Mißverständnisse zwischen den beteiligten Personen aus.

Für die richtige Beurteilung eines Pferdes ist es 43
auch wichtig, die typischen Merkmale seiner Rasse zu kennen.

Neben den allgemein gültigen Regeln wäre es falsch, von jeder Rasse die gleichen Eigenschaften zu fordern. Zum Beispiel gibt es zwi-

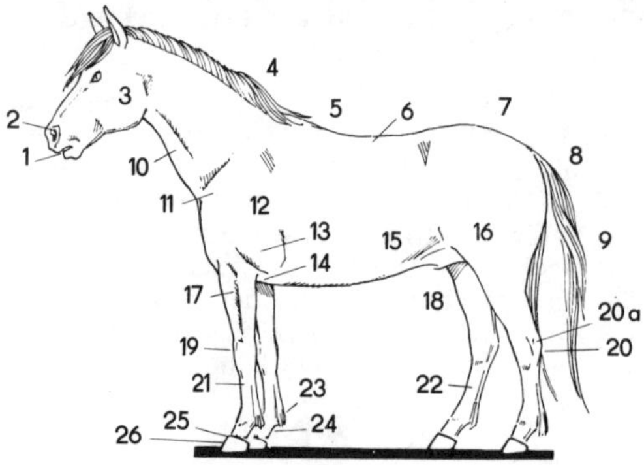

1. Exterieur (siehe Skizze)

1 Maulspalte
2 Nüstern
3 Ganasche, Backe
4 Kamm
5 Widerrist
6 Rücken
7 Kruppe
8 Schweifrübe
9 Schweif
10 Drosselrinne
11 Schultergelenk
12 Schulter
13 Herzgegend
14 Unterbrust
15 Bauch
16 Kniegelenk
17 Unterarm
18 Unterschenkel
19 Vorderfußwurzelgelenk
20 Sprunggelenk, 20 a Fersenhöcker
21 Vordermittelfuß, Vorderröhre
22 Hintermittelfuß, Hinterröhre
23 Sporn
24 Fessel
25 Hufkrone
26 Huf

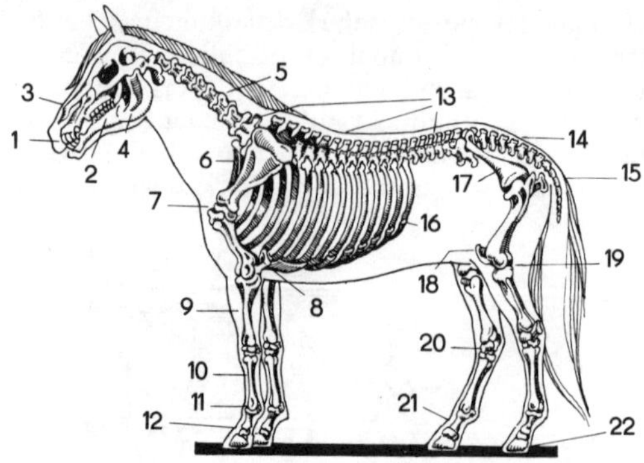

3. Skelett

1 Schneidezähne
2 Backenzähne
3 Nasenbein
4 Unterkieferbein
5 Halswirbel
6 Schulterblatt
7 Schultergelenk
8 Ellenbogenfortsatz
9 Speiche
10 Vordermittelfußskelett
11 Fesselgelenk
12 Hufgelenk
13 Rücken- und Lendenwirbel
14 Kreuzwirbel
15 Schweifwirbel
16 Rippen (18 Paare)
17 Beckenknochen
18 Kniescheibe
19 Kniegelenk
20 Sprunggelenk
21 Kronbein
22 Hufbein

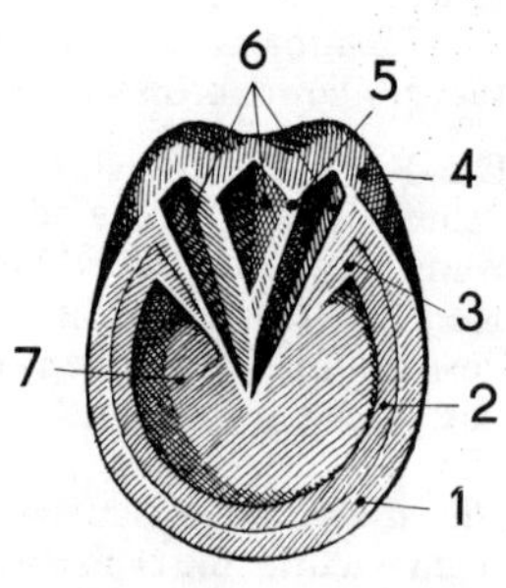

2. Huf (siehe Skizze)

1 Tragrand
2 Weiße Linie
3 Eckstreben
4 Ballen
5 Hornstrahl
6 Strahlfurchen
7 Hufsohle

Im Alter von 10 bis 14 Tagen beginnt das Fohlen etwas vom Futter der Stute mitzufressen. Deshalb sollte das Futter besonders sorgfältig hergerichtet werden (129, 287).

Kontaktmöglichkeiten mit den Artgenossen und regelmäßiges Spielen fördern das Wohlbefinden junger Pferde und tragen zu ihrer gesunden Entwicklung bei (85).

Gelegentlich kommen auch bei Pferden Zwillingsgeburten vor (oben). Wer ein junges Pferd ohne Artgenossen aufziehen muß, sollte unbedingt für einen Ersatzgefährten sorgen (310).

So blicken sie uns an, unsere robusten Freizeitgefährten: aufmerksam und selbstbewußt, doch voller Vertrauen! Durch ständige Freilandhaltung (Offenstall mit Auslauf oder Koppel) werden sie bald mit einer Umgebung vertraut, die sich durch eine Fülle von Begrenzungen und mannigfaltigen technischen Einrichtungen recht drastisch von dem Lebensraum der Pferde unterscheidet, der im Verlauf

von Jahrmillionen ihre Psyche und ihr natürliches Verhalten prägte. Je besser wir verstehen, den Pferden natürliche, artgemäße Lebensbedingungen zu schaffen, um so unkomplizierter wird auch der tägliche Umgang mit ihnen, und um so erfolgreicher werden die Ergebnisse ihrer Nutzung sein (10, 74–122, 162–194).

Wenn auch die Pferde nach kurzer Eingewöhnung den Weg zwischen Stall und Weide allein finden, müssen alle Vorkehrungen getroffen sein, um einem möglichen Ausbruch vorzubeugen (96).

Das Verlangen nach Bewegung ist ein bestimmender Trieb im Dasein des Pferdes (89). Das zeigt sich auch hier in dem temperamentvollen Spiel der Haflingerhengste.

Ponyköpfe wirken auf Kinder geradezu magnetisch. Sie sollten aber nur unter Aufsicht Erwachsener mit Pferden umgehen und so alles Wichtige zu ihrer Pflege erlernen.

schen den einzelnen Kleinpferde- und Ponyrassen erhebliche Unterschiede, so in der Kruppenform, der Stellung der Gliedmaßen, der relativen Kopfgröße und der Rumpfigkeit. Gerade die spezielle Körperbeschaffenheit dieser Pferde ist es aber, die sie für die Freizeitbeschäftigung so wertvoll machen kann. Jedem Interessenten ist deshalb zu raten, sich bei den Zuchtorganisationen eingehend über die spezifischen Merkmale einer Rasse zu informieren (Siehe TGL 26900).

44 **Ob ein Pferd für diesen oder jenen Zweck besser geeignet ist, zeigt sich u. a. an einigen sichtbaren äußeren Merkmalen.**

Das Zugpferd, in unserer Zeit hauptsächlich zum Kutschieren verwendet, kann teilweise anders beschaffen sein als ein Reitpferd. Auch unterscheidet sich in wichtigen äußeren Merkmalen z. B. eine Gebirgspferderasse von einer Flachlandrasse. In den Ratschlägen 45.–57. ist beschrieben, auf welche Merkmale unbedingt zu achten ist.

45 **Das Kutschpferd soll unermüdlich im Traben sein.**

Diese Eigenschaft ist die Folge der harmonischen Übereinstimmung vieler Körperteile und ihres ausgewogenen Zusammenwirkens; sie läßt sich deshalb am besten in der Praxis durch eine längere Probefahrt prüfen. Bei solch einer Fahrt von 10–15 km Länge sollte man auch mehrmals einige hundert Meter im Schritt fahren. Ein größeres Shetlandpony (100–107 cm) trabt vor einem leichten Dogcart, der mit zwei Personen besetzt ist, im Flachland durchschnittlich 10 km in der Stunde, ohne Ermüdungserscheinungen zu zeigen.

Bei der Probefahrt ist auch zu testen, ob das Pferd straßensicher ist. 46

Man wird dazu einige Kilometer auf einer Straße, die von den unterschiedlichsten Kraftfahrzeugen benutzt wird sowie durch Geschäftsstraßen mit großen Schaufenstern, flatternden Fahnen und Plakaten fahren. Vor all diesen Dingen darf unser Kutschpferd nicht scheuen. Ein schreckhaftes Verhalten bringt Kutscher und Passanten in Gefahr!

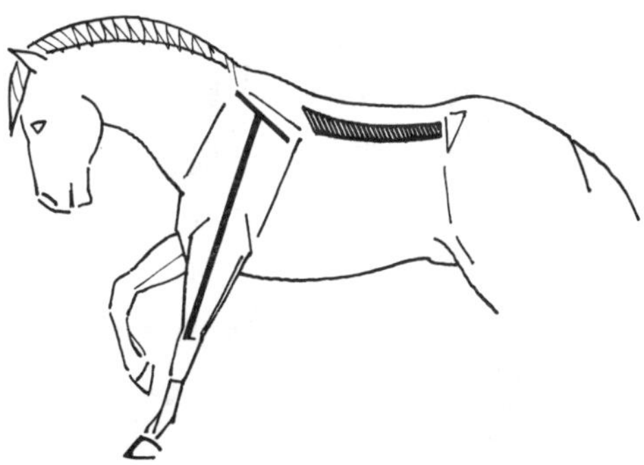

Die meisten der z. Z. in Europa gezüchteten Pferde gehen als mittlere und schnelle Gangarten Trab und Galopp, die für viele Freizeitreiter sehr „hart“ sind. 47

Diese „Härte“ beim Trab und Galopp wird durch lange, schräg stehende Fesseln, durch einen gut schwingenden Rücken und durch raumgreifende Tritte des Pferdes gemildert. Letztere sind, sofern nicht rassebedingt anders, durch eine körperliche Veranlagung wie schräge Schultern, lange Unterarme und Unterschenkel gegeben, sie lassen sich aber auch durch ein gezieltes Entwicklungstraining fördern.

48 **Immer häufiger bevorzugt man Pferde zum Freizeitreiten, die „sanfte“ und zugleich fördernde Gänge als Naturveranlagung aufweisen.**

Solche idealen Gangarten sind bei einigen europäischen Pferderassen hauptsächlich Paß und Tölt. Sie sind besonders für den interessant, der seine Bandscheiben schonen möchte, ohne das Reiten aufzugeben. – Werden sanfte Gangarten vom Verkäufer zugesichert, muß er sie unter dem Sattel vorführen, auch dem Käufer sollte er einen Proberitt gestatten.

49 **Ein Reitpferd muß sich gut ausbalancieren können, damit es sicher in jedem Gelände geht.**

Die Balance des Pferdes wird u. a. durch einen langen, gut bemuskelten Hals gefördert; Kleinpferde und Ponys unterstützt ein langer, kräftiger Hals besonders, da sie im Verhältnis zum Eigengewicht oft das Doppelte wie ein Großpferd tragen. Ein langer Hals gestattet auch einen raumgreifenden Galopp und erleichtert die Einwirkungsmöglichkeiten des Reiters; ein kurzer, kräftiger Hals fördert dagegen die Zugleistung, ebenfalls wünscht man für Zugpferde eher kurze als lange Fesseln.

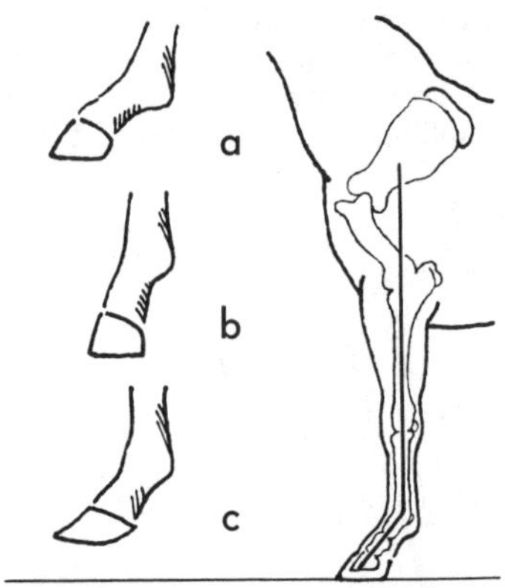

a bärentatzig
b Bockhuf
c Flachhuf

50 **Auch die richtige Hufform fördert den sicheren Gang und das Leistungsvermögen.**

Flach- und Bockhufe sind abzulehnen, beide erfordern einen hohen Aufwand für Spezialbeschläge, außerdem stolpern bockhufige Pferde leicht. Auch Durchtreter (bärentatzige Huf- und Fesselstellung) werden nicht akzeptiert, da ein solcher Fehler selbst bei jungen Pferden kaum noch korrigiert werden kann. Fesselknochen und Zehenachse müssen eine gerade Linie bilden.

Die Balance des Pferdes und seine Leistungsfähigkeit werden weiterhin von der Stellung der Gliedmaßen beeinflußt. 51

Viele der kleinen Pferderassen weisen eine für sie eigentümliche Gliedmaßenstellung auf, die entwicklungsgeschichtlich bedingt ist und eine ideale Anpassung an die früheren Umweltbedingungen darstellt. So stehen die vorderen Gliedmaßen manchmal zehenweit und die hinteren weisen eine Kuhhessigkeit oder/und Säbelbeinigkeit auf, ohne daß es leistungsmindernd ist. Im Gegenteil, das ist die Voraussetzung für die sichere Balance des Pferdes in der natürlichen Umwelt; das erst recht unter einem Reiter, der jedes Gelände durchstreifen möchte und sich auf dem Reitplatz nicht zu Hause fühlt.

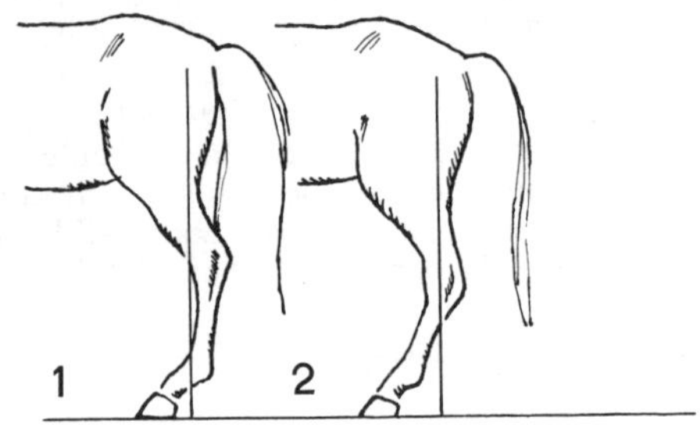

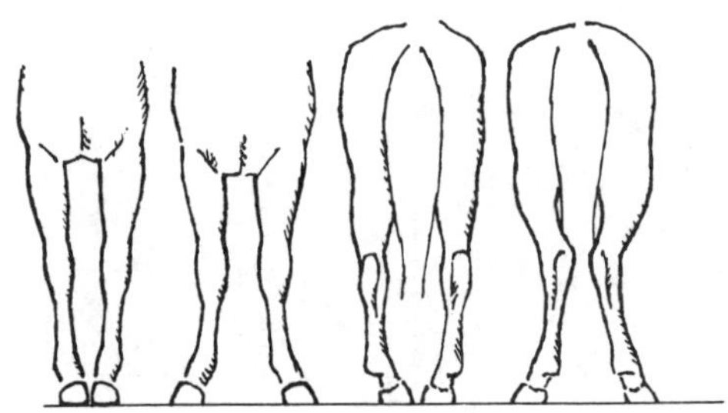

1 rückständig
2 säbelbeinig (vorständig)
a zeheneng
b zehenweit
c sprunggelenksweit
d Kuhhessig

Jede Landschaft verlangte vom Pferd im Verlaufe der Entwicklung eine andere Anpassung. 52

Im Gebirge konnten sich nur gute Kletterer behaupten. Steile Schultern und Säbelbeine gestatten dem Pferd, stark ansteigende felsige Pfade zu erklimmen und abwärts sicher zu gleiten. Zehenweite und kuhhessige Gliedmaßen ermöglichen schnellste Wendungen im Flachland, z. B. wenn galoppierende Pferde plötzlich auftauchenden Hindernissen ausweichen müssen; von Natur aus springt ein Pferd nur ungern! Rasseeigentümliche Gliedmaßenstellungen sollten jedoch nie extrem herausgebildet sein.

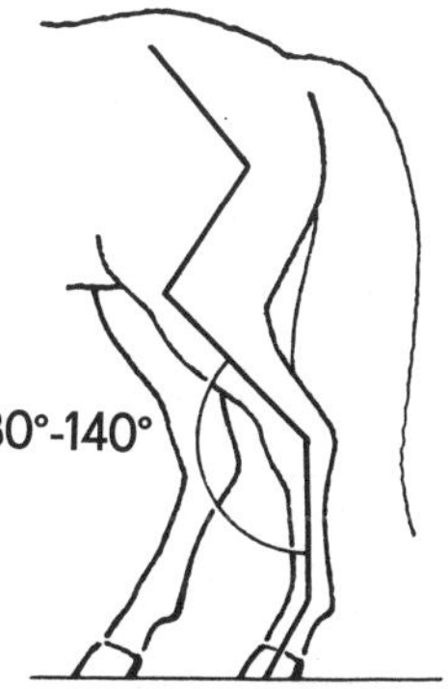

53 **Für das hauptsächlich in der Bahn gerittene Turnierpferd (Großpferd) wurden im Verlaufe der letzten Jahrhunderte optimale Gliedmaßenstellungen ermittelt und durch Maßangaben fixiert.**

Die natürliche Umgebung des Turnierpferdes ist schon längst nicht mehr die freie Wildbahn, sondern der Massivstall, der Springplatz, die Dressur- oder Geländebahn oder die Rennstrecke. Um in der Bahn Höchstleistungen im Wettkampf zu erreichen, wurde teilweise die natürliche Gliedmaßenstellung auf Grund wissenschaftlicher Ermittlungen umgezüchtet. – Wer sich für diese Richtlinien interessiert, wird in dem Buch des Neumann Verlages „Die Beurteilung des Pferdes“ von v. Wussow auf ca. 200 Seiten alles Wissenswerte finden.

54 **Einige Zuchtleitungen und -verbände sehen die für Großpferde ermittelten „Idealmaße“ auch als richtungsweisend für die Kleinpferdezucht an.**

Das gilt besonders für solche Kleinpferde, die im Turniersport von Kindern und Jugendlichen geritten werden. Züchter solcher Rassen sollten sich deshalb rechtzeitig mit den Zuchtbestimmungen vertraut machen. Nur deren strikte Einhaltung wird ihnen Aussicht auf züchterische Anerkennung verschaffen und einen Absatz sichern (TGL 26900).

55 **Durch gewisse Mängel wird in jedem Falle die Tauglichkeit eines Pferdes zum Reiten herabgesetzt.**

Solche Mängel sind Senkrücken, Karpfenrücken, Rückbiegigkeit in den Vorderfußwurzelgelenken sowie kurze, steile Fesseln. Im Gang (dieses trifft genauso für Kutschpferde zu) dürfen die hinteren Hufe beim Auftreten nicht drehen und die vorderen nicht spiralförmig pendeln. In keiner Gangart dürfen die Hufe die anderen Beine innen streifen oder in diese hineintreten (greifen).

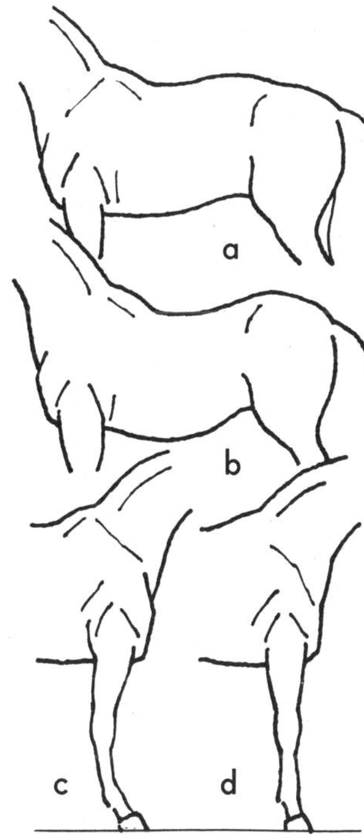

a Karpfenrücken
b Senkrücken
c Rückbiegigkeit
d Steilfessel

Neben der äußeren Struktur (dem Exterieur) bestimmt die innere (das Interieur) den Wert und die Tauglichkeit eines Pferdes. 56

Abzulehnen für die Freizeitgestaltung sind nervöse, schreckhafte, ängstliche und übermäßig temperamentvolle Pferde. Wenn sie regelmäßig beschlagen werden, müssen sie schmiedefromm sein. – Ein guter Futterzustand und ein glän-

zendes Fell (auch hier Rasseeigenschaften beachten) lassen meistens auf eine gute Futterverwertung schließen. Struppiges Fell (im Winter übermäßig lang) und Magerkeit weisen auf Krankheiten, wie z. B. auf eine starke Verwurmung hin.

57 **Das Leistungsvermögen des Pferdes wird auch von seinem Alter mitbestimmt.**

Wurde ein Pferd zu früh eingeritten oder zu früh zum Ziehen benutzt, so ist es als wertgemindert zu betrachten, da fast immer ein vorzeitiger Verschleiß der Gliedmaßen eintritt. Sollte das Pferd älter als fünfzehn Jahre sein, so ist mit einem zunehmenden Leistungsabfall zu rechnen. Bei sachgemäßer Haltung und Nutzung kann es oft weit über sein 20. Lebensjahr hinaus verwendet werden.
Das Geburtsdatum eines Pferdes ist in seinem Fohlenschein vermerkt.

58 **Besitzt das Pferd keinen Abstammungsnachweis, kann man das Alter an der Beschaffenheit der Zähne schätzen.**

Die Stellung der Zähne verändert sich im Verlaufe der Jahre, indem sich das Zahnfleisch zurückbildet und die Reibflächen der Zähne abgerieben werden. Dieser Vorgang vollzieht sich bei den Pferderassen nicht zeitlich gleich. Ponys haben meist eine härtere Zahnsubstanz als die europäischen Großpferde, d. h. bei gleicher Beschaffenheit des Futters eine geringere Abnutzung. Außer vom Futter wird die Schnelligkeit der Abnutzung auch noch durch andere Aufzucht- und Haltungsbedingungen beeinflußt, z. B. sehr negativ durch zu frühes Bedecken einer Jungstute.

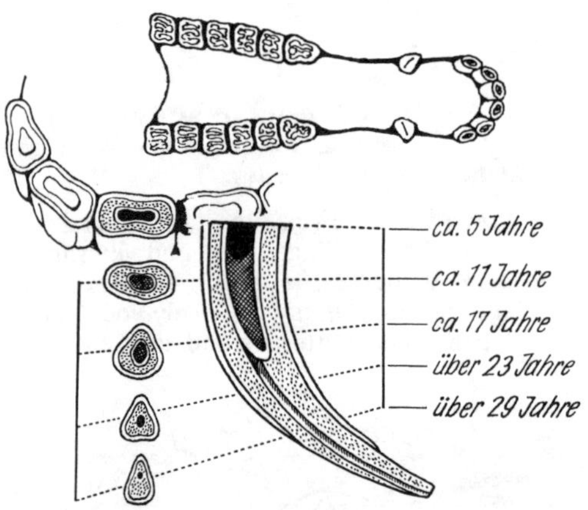

59 **Die Beschaffenheit der Schneidezähne läßt die relativ sichersten Rückschlüsse auf das Alter zu.**

Ein Fohlen hat im Alter von 6–18 Monaten alle Milch-Schneidezähne voll ausgebildet mit deutlichen Kunden (schwarze Kerne in der Mitte der Reibflächen sichtbar). Nach dem 18. Lebensmonat verschwinden die Kunden im Verlaufe eines Jahres in der Reihenfolge Zangen, Mittelzähne, Eckzähne; mit $2^1/_2$ Jahren beginnt in der gleichen Reihenfolge der Zahnwechsel, der etwa im 5. Jahr abgeschlossen ist. Bei männlichen Pferden wachsen im vierten oder fünften Lebensjahr die Haken. Im sechsten Lebensjahr ist das bleibende Gebiß wieder mit deutlich ausgeprägten Kunden vollständig vorhanden und in Reibung. Bis zum 9./10. Jahr werden die Kunden der unteren Schneidezähne wieder abgerieben; bis zum 11./12. Lebensjahr verschwinden die Kunden in den Schneidezähnen des Oberkiefers, immer in der Reihenfolge von innen nach außen.

Ab 13. Lebensjahr wird das Alter hauptsächlich nach der Oberflächenform der Schneidezähne bestimmt. 60

Kunden sind meist nicht mehr zu sehen. Wegen der unterschiedlichen Zahnstruktur der einzelnen Pferderassen ergeben sich ab jetzt besonders große Unterschiede in der Zahnform. Die im Verlaufe der Jahre erfolgende Veränderung der Oberflächenform ist zeichnerisch dargestellt und kann so als Anhaltspunkt für die Altersschätzung dienen.

Wer zum ersten Mal ein Pferdemaul aufsperren will, muß betont forsch und sicher vorgehen. Das Pferd würde jede Unsicherheit spüren und ständig versuchen, sich dem Zugriff zu entziehen. 61

Man legt dem Pferd die linke Hand auf den Nasenrücken und greift mit dem rechten Daumen seitlich zwischen die Laden und drückt auf die Zunge, bis sich die Laden öffnen; nun gleitet die linke Hand zur Oberlippe herab und hebt diese an, gleichzeitig zieht man mit der rechten Hand die Zunge seitlich heraus. – Das Maul läßt sich ebensogut aufsperren, wenn man mit der rechten Hand die Zunge nach oben an den Gaumen drückt und mit der linken die Unterlippe herunterzieht.

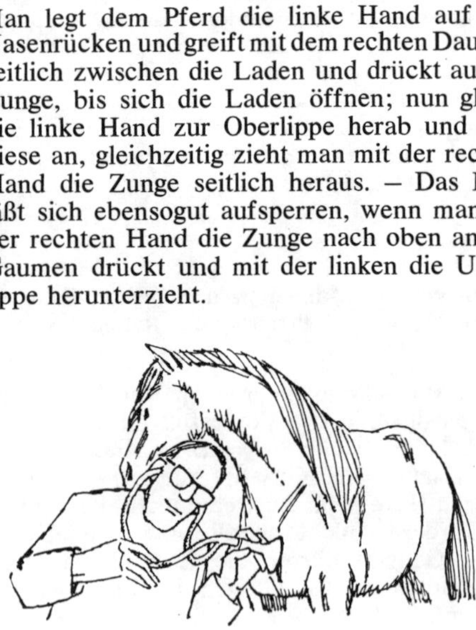

62 **Wer wenig Pferdekenntnis besitzt, sollte sich bei einem Kauf von einem Tierarzt oder von einem unparteiischen Pferdefachmann beraten lassen.**

Pferde haben einen erheblichen Sachwert. Eine unparteiische Beratung wird Ärger und Kosten ersparen. Auch wenn die Beratung mit einem geringen finanziellen Aufwand verbunden ist, bleibt dieser eine gute Anlage. Bei einer Pferdebeurteilung sollte man sich alles Wesentliche aufschreiben, damit bei der Formulierung des Kaufvertrages nichts übersehen wird.

63 **Der Verkäufer sollte den Kaufvertrag stets in Anwesenheit des Käufers schreiben.**

Einen Pferdehandel allein durch Handschlag zu besiegeln, ist leichtfertig. Der geschriebene Kaufvertrag ist der Nachweis für den rechtmäßigen Erwerb des Pferdes, er regelt den Gefahren- und Eigentumsübergang und schützt beide Partner bei Meinungsverschiedenheiten über die Vertragserfüllung vor unbilligen Forderungen. Gleichzeitig ist er die Grundlage, um rechtmäßige Forderungen mit gesetzlichen Mitteln durchzusetzen. Schlägt ein Verkäufer vor, den Kaufvertrag wegen „Zeitmangel" nachzureichen, ist das vom Käufer abzulehnen.

64 **Der schriftliche Kaufvertrag muß einige Mindestangaben enthalten.**

So z. B. die vollständigen Anschriften des Verkäufers und des Käufers, eine genaue Beschreibung des Pferdes, die Nummer des Fohlenscheines, den Preis in Ziffern und Buchstaben, die Zahlungsart und den Zahlungstermin, Erklärungen über den Eigentumsübergang und den Übergang des Risikos, Zusicherungen über den Gesundheitszustand des Pferdes, bei Trächtigkeit Übergabe des Deckscheines, Benennung des Gerichtsstandes, den Tag und Ort des Vertragsabschlusses sowie die Unterschriften des Verkäufers und des Käufers.
Schließen Bürger der DDR solche Kaufverträge ab, so müssen sie auch die Rechtsvorschriften der AO Nr. Pr. 63 vom 17. 12. 1970, Gesetzblatt der DDR Teil II, Nr. 21, beachten.

Benutzt ein Verkäufer vorgedruckte Kaufverträge, so sollte der Käufer auch den kleingedruckten Text auf Vorder- und Rückseite genauestens prüfen. 65

Sind Formulierungen vorhanden, die vom Käufer nicht akzeptiert werden können, so müssen sie gestrichen werden. Ist der Verkäufer nicht damit einverstanden, dann sollte der Käufer vom Kauf zurücktreten, denn ein Freizeitpferd soll Spaß und Freude bereiten und nicht Sorgen aufladen.

Überläßt der Verkäufer dem Käufer das Pferd zunächst probeweise, sind zusätzliche schriftliche Vereinbarungen erforderlich. 66

Der Verkäufer geht z. B. das Risiko ein, daß ein durchaus reelles Pferd innerhalb weniger Wochen (oder Tage) von einem unerfahrenen Käufer verdorben werden kann. Der Abschluß zusätzlicher Versicherungen wird notwendig, da die übliche Haftpflichtversicherung des Tierhalters für solche Fälle meist nicht ausreicht. Der Käufer wird verpflichtet, sich innerhalb einer bestimmten Frist zu entscheiden, Stillschweigen gilt als Zustimmung.

Die speziell im Pferdehandel geltenden Hauptmängel (Gewährleistungsmängel) wurden im Jahre 1975 in der DDR außer Kraft gesetzt, sie gelten allerdings noch im internationalen Handel zwischen einigen Ländern. 67

Solche Hauptmängel sind z. B. Dämpfigkeit und Dummkoller. Die ehemalige „Verordnung betr. die Hauptmängel und Gewährsfristen beim Viehhandel vom 27. 3. 1899" wurde durch Bestimmungen des Zivilgesetzbuches der Deutschen Demokratischen Republik vom 19. Juni 1975 ersetzt. Das ZGB der DDR nennt keine Hauptmängel im Pferdehandel; es sind die §§ 82–93 anzuwenden. Daraus leitet sich in gewissen Fällen auch ein Rückgaberecht ab.

68 **Wer sich übervorteilt glaubt und mit seinem Geschäftspartner zu keiner befriedigenden Übereinkunft gelangen kann, sollte sich an einen Rechtsbeistand wenden.**

Der Käufer hat oft mehr Rechte, als er zu haben glaubt. Sichert der Verkäufer bestimmte Eigenschaften des Tieres zu, so müssen sie auch vorhanden sein. Wird zum Beispiel eine Stute als tragend verkauft und erweist sich dann aber als güst, so kann der Käufer den Ersatz allen Schadens fordern, der ihm durch die Nichtträchtigkeit entstanden ist. Der Käufer wird aber immer solche Zusicherungen glaubhaft machen müssen; das unterstreicht die Bedeutung schriftlicher Kaufverträge.

69 **Werden in einem Kaufvertrag Fehler eines Pferdes genannt, so kann der Käufer später auf Grund dieser Mängel keine Rechte geltend machen.**

Der Käufer kannte beim Abschluß des Kaufvertrages diese Fehler des Pferdes, er hat sie aber akzeptiert und das Pferd mit diesen Fehlern gekauft. Durch Offenheit und Ehrlichkeit kann sich somit der Verkäufer am besten gegen nachträgliche Forderungen seitens des Käufers schützen.

Der Käufer eines Pferdes sollte nie versäumen, die notwendigen Versicherungen abzuschließen. 70

Zu empfehlen sind eine Transport-, eine Tierhaftpflicht- und eine Tierlebensversicherung. Die für das Pferd abgeschlossene Haftpflichtversicherung reicht nicht aus, wenn es genutzt wird. In diesem Falle muß auch der Nutzer eine Haftpflichtversicherung für seine Person abschließen. Überträgt man die Nutzung dritten Personen, kann noch einmal eine Erweiterung der Personenhaftpflichtversicherung erforderlich werden. Die Versicherungsbeauftragten erteilen gern detaillierte Auskünfte.

Sportvereinigungen bieten ihren Mitgliedern einen guten Versicherungsschutz. 71

Mitglieder und solche die es werden wollen, informieren sich zunächst einmal, welchen Versicherungsschutz sie durch die Mitgliedschaft in der Sportvereinigung genießen, sie schließen erst dann privat evtl. erforderliche Zusatzversicherungen ab.

Trotz aller Versicherungen gilt es Schäden zu verhüten. Schon durch einen richtigen Pferdetransport beugt man Schäden vor. – Einzuhalten sind auch alle veterinärmedizinischen Bestimmungen für den Pferdetransport. 72

Für den Transport sind nur geeignete Fahrzeuge zu verwenden. Die festen Wände des Transportfahrzeuges müssen so hoch sein wie der Widerrist des Pferdes. Das Pferd wird stets (sofern man keinen Spezialtransporter verwendet), mit dem Kopf in Fahrtrichtung so an einem Halfter oder Halsriemen angebunden, daß es natürlich aufgerichtet stehen kann, jedoch nur wenig Spielraum mit dem Kopf zur Seite oder nach oben hat. – Auf Grund der Verordnung zum Schutze der Tierbestände usw. gelten häufig besondere Bestimmungen für den Transport der Pferde über die Kreisgrenze hinaus. Wer solche Transporte durchführen will, der erkundige sich rechtzeitig beim Kreistierarzt nach den Bestimmungen.

Ein Pferd muß sich ganz allmählich an seine neue Umgebung gewöhnen können. 73

Das Ein- und Ausladen sowie der Transport regen es sehr auf, die gänzlich neue Umgebung trägt

auch nicht zur Beruhigung bei. Man läßt das Pferd deshalb in der ersten Woche möglichst völlig in Ruhe und hält auch fremde Personen fern. Sind schon Pferde vorhanden, so ist das neue ganz allmählich im Verlaufe von Tagen mit den anderen vertraut zu machen, indem es stundenweise unter Aufsicht mit jenen zusammengelassen wird. In den ersten Nächten sollte es unbedingt eine Box für sich bekommen.

IV. Was jeder von der Psyche des Pferdes wissen sollte

74 **Jeder Pferdehalter wird täglich mit einem bestimmten Verhalten seines Pferdes konfrontiert.**

Dieses Verhalten richtig zu deuten, muß das Bestreben jedes Pferdefreundes sein; deshalb wird er sich mit der Psyche des Pferdes vertraut machen. Wenn er sie kennt, wird er hohe Leistungen mit dem Tier erreichen, und in der Lage sein, sich und das Pferd vor Schäden zu schützen.

75 **Die Psyche des Pferdes, die höhere Art der Nerventätigkeit, ist mit anderen komplizierten körperlichen Prozessen verbunden.**

Sie löst das Verhalten des Pferdes aus, leitet und reguliert es. Viele psychische Vorgänge und damit auch Handlungsweisen unserer Pferde sind von Urzeit an ein fester Bestandteil ihres Daseins, sie werden von Generation zu Generation vererbt. Das der ganzen Art eigene Grundverhalten wird durch Ereignisse beeinflußt und durch Erfahrungen ergänzt, die die Pferde individuell aus ihrer Umwelt aufnehmen. Zwischen den psychischen und den physiologischen Vorgängen besteht ein unmittelbarer Zusammenhang und eine enge Wechselwirkung. Deshalb müssen Haltung und Nutzung des Pferdes stets artgemäß sein (118.).

Im Verlaufe von hunderttausenden von Jahren prägte das Leben in Steppen und Savannen das Pferd. 76

Indem es sich seine Nahrung auf Wanderungen in weiträumigem Gelände suchte, entwickelte es sich zu dem typischen Huf- und Bewegungstier, wie wir es noch heute in manchen der urwüchsigen, robusten Pferderassen kennenlernen können.

Die tägliche Suche nach Nahrung und die fast den der Zugvögel vergleichbaren jahreszeitlichen Wanderungen erforderten eine hohe Anpassungsfähigkeit an wechselnde Umweltbedingungen. Diese Anpassung vollzog sich auf der Basis eines Nervensystems von hoher Reizempfindlichkeit, das sich beim Vergleich mit anderen Großtieren vor allem durch eine hohe Hautaktivität auszeichnet.

Die Haustierwerdung, besonders die den menschlichen Bedürfnissen angepaßte Massivstallhaltung in den letzten Jahrhunderten, wirkte sich unterschiedlich auf das Pferd aus. 77

Es wurde natürlichen Reizen entzogen, die durch den Wechsel der Tages- und Jahreszeiten auftreten. Gleiche Stalltemperaturen, gleichmäßige Lichtverhältnisse und gleichbleibend hochwertiges Futter führten zu einem stärkeren Wachstum und zu Leistungssteigerungen, aber auch zu unnatürlichen Verhaltensweisen, z. B. zu einem gesteigerten Sexualverhalten; Stuten rossen unter den genannten Bedingungen periodisch das ganze Jahr über, in freier Wildbahn aber nur im Frühjahr und evtl. noch einmal im Herbst. – Die vier Stallwände bedeuten oft eine Trennung vom Artgenossen, was ebenfalls eine Ursache für unnormales Verhalten sein kann.

78 **Wem sich ein Pferd widersetzt, der strafe nicht gleich, sondern suche nach den Ursachen.**

Für eine Auflehnung gegen den menschlichen Willen gibt es die verschiedensten Ursachen, die nur aus der Natur des Pferdes zu erklären sind. Die Psyche und das natürliche Verhalten offenbaren sich dem am besten, der freilebende Pferde in einer Wildbahn beobachten kann. Er erkennt dort zunächst, daß Pferde in kleinen Gruppen leben, die wiederum einen lockeren Herdenverband bilden. In einem solchen Sozialverband herrscht eine bestimmte Rangordnung.

79 **Die Pferde bilden ihre Rangordnung auf vielfältige Weise heraus.**

Hengste liefern sich z. B. in Anwesenheit von Stuten erbitterte Rivalenkämpfe, die darüber entscheiden, wer Ranghöchster und damit Beschäler der Stuten wird. Auch zwischen Stuten, Wallachen und heranwachsenden Fohlen gibt es Rangordnungsauseinandersetzungen, die jedoch selten so heftig wie die Rivalenkämpfe der Hengste sind.
Meistens setzen sich als ranghöchste Pferde solche mit starkem Wesen und hoher physischer Leistungsfähigkeit durch. Aber auch schon die erste Trächtigkeit kann eine Jungstute ohne Auseinandersetzung mit Artgenossen im Rang höher steigen lassen. Höchste Rangstufen scheinen auch abfohlende Stuten einzunehmen.
Eine ranghohe Stellung bedeutet, gewisse Privilegien in Anspruch nehmen zu können. Beißen und Schlagen sind die gebräuchlichsten Mittel bei der Herausbildung der Rangordnung. Hat das Pferd seinen anerkannten Rangplatz, so genügen oft schon angedeutete Drohgebärden, um bestimmte Ansprüche durchzusetzen, wie z. B. Vorrang an der Tränke, am Futterplatz, beim Betreten von Stallungen usw. Hieraus ergibt sich auch eine bestimmte Rollenverteilung innerhalb der Herde oder Gruppe, z. B. die Funktion des Leittieres oder die Wächterfunktion.
Jedes Pferd erfüllt auf seinem Rangplatz die Aufgabe, für die es am besten geeignet ist und die der Erhaltung des Sozialverbandes und damit der Erhaltung der Art dient.
Das Bestreben des Pferdehalters muß es sein, durch sicheres Auftreten und zielgerichteten Umgang mit den Pferden von diesen als „Ranghöchster" respektiert zu werden.

Das Leben in einem Sozialverband ist durch den engen Zusammenhalt einer Gruppe, aber auch durch einen bestimmten Abstand der Artgenossen untereinander – die individuelle Distanz – gekennzeichnet. 80

Kein Pferd kann sich einem anderen beliebig nähern, ohne bei jenem eine Reaktion auszulösen. Der Artgenosse wird mit Drohgebärden oder aktiver Abwehr stets auf eine bestimmte Distanz gehalten; diese ist nicht ständig gleichbleibend groß. Paarungsspiele, Mutter-Kind-Verhalten, gegenseitige Hautpflege, Spiele zwischen Fohlen, Verteidigung oder gemeinsames Ruhen lassen eine Verringerung zu oder heben sie zeitweilig auf.
Jedes Pferd braucht also für sich einen bestimmten Raum, dessen Größe vom jeweiligen Verhalten abhängig ist.

Die Zuneigung der Pferde untereinander ist recht verschiedenartig. 81

Es ist zwischen einer natürlich entstandenen Gemeinschaft (Familie) und einer Schicksalsgemeinschaft, z. B. eine Gruppe von Absatzfohlen gleichen Geschlechtes, zu unterscheiden. In der Schicksalsgemeinschaft bilden sich Paare, die untereinander enger zusammenhalten; hier darf ein Partner unbehindert den „Bannkreis" des anderen betreten.

82 **Schicksalspaare sollte man nach Möglichkeit nie willkürlich trennen.**

Bei einer willkürlichen Trennung z. B. zur Nutzung kann es bei dem einzelnen zu erheblichen Leistungseinbußen kommen. Umgekehrt lassen sich Leistungen steigern, wenn diese Paare zusammen genutzt werden. Schicksalsgemeinschaften stellt man deshalb nur in geraden Zahlen zusammen. In der Familie ist eine Paarbildung weniger zu beobachten, hier ist um so deutlicher die Rangordnung und die Rollenverteilung sichtbar.

83 **Die Nahrungssuche nimmt im natürlichen Tagesablauf des Pferdes viel Zeit ein.**

Nahrungsaufnahme, Verdauung und Stoffwechsel werden völlig von der hohen Spezialisierung des Pferdes als Lauftier bestimmt. Ein relativ kleiner Magen gestattet nicht, große Futtermengen aufzunehmen; er verlangt dafür aber um so häufiger nach Futter. Pferde haben einen Tagesrhythmus der Nahrungsaufnahme und fressen am intensivsten bei Sonnenuntergang und bei Sonnenaufgang.

84 **Sind Pferde satt, so ruhen sie ein Weilchen aus. Meist sind es nur 20 Minuten, dann werden sie wieder aktiver. Geschlafen wird vorwiegend nachts.**

Haben sie genügend gefressen, so suchen sie eine Tränke auf und dösen dann gern im Schatten der Bäume oder an einer windgeschützten Stelle. –
Das Schlafbedürfnis richtet sich nach dem Alter. Mitteljährige Pferde schlafen etwa 6–8 Stunden, Fohlen schlafen länger und auch häufig während der Tageszeit. Pferde sollte man nicht unbegründet während des Schlafes stören.
Infolge ihres besonderen Körperbaus ruhen sie auch im Stehen aus, jedoch nicht so gründlich wie im Liegen. Ältere Pferde legen sich wegen des hohen Kraftaufwandes, den sie zum Aufstehen benötigen, nicht gern hin, Fohlen und tragende Stuten erholen sich wiederum bevorzugt im Liegen.

Regelmäßiges Spielen fördert das Wohlbefinden junger Pferde und trägt zu ihrer gesunden Entwicklung bei. 85

Spiel erfüllt teilweise das Verlangen nach Bewegung, so daß als Voraussetzung Raum (Wildgehege, Weide, Auslauf) vorhanden sein muß. Spiel fördert die Kontaktfreudigkeit zu Artgenossen, trägt auf diese Weise zum Zusammenhalt einer Gruppe bei (gegenseitige Fellpflege, gemeinsame Abwehr von Feinden) und ist eine der wichtigsten Voraussetzungen für die Entwicklung der vorhandenen Erbanlagen.

Fehlen den Pferden Artgenossen, so neigen sie dazu, andere Tiere oder auch Menschen als solche zu betrachten und in ihr Verhalten einzubeziehen. 86

Deswegen werden sie manchmal recht zudringlich, beknabbern Personen und steigen (Hengste) in ihrer Nähe. Das ist alles weder boshaft noch tückisch und sollte deshalb auch nie durch heftiges Schlagen oder Boxen abgewehrt werden, sondern durch sanftes, aber konsequentes Zurückweisen. Jungen Einzelpferden ist stets ein Ersatzgefährte zu beschaffen; Esel, Schafe und Ziegen eignen sich dafür.

Im Gegensatz zu dem Fortpflanzungsverhalten der meist getrennt nach Geschlechtern gehaltenen Hauspferde ist dasjenige der in einer Wildbahn freilebenden Pferde völlig problemlos. 87

Die Stuten rossen jahreszeitlich bedingt nur im Frühjahr; sind sie güst geblieben, so stellt sich noch einmal im August/September eine Rosse ein. Da Stuten und Hengst frei zusammen laufen, findet dieser stets den günstigsten Decktermin, ein unbehindertes Paarungsspiel ist möglich, so daß eine sehr hohe Befruchtungsquote vorhanden ist.

88 **In der freien Wildbahn ist auch der Geburtsvorgang selten mit Komplikationen verbunden.**

Die Geburt eines Fohlens erfolgt schnell. Die Stute sondert sich zum Abfohlen etwas von der Herde ab, legt sich auf den Boden und schon wenige Minuten nach dem Geburtsvorgang springen Stute und Fohlen auf und laufen den weitergezogenen Artgenossen nach. Die erste Tätigkeit des Fohlens ist laufen, noch bevor es zum ersten Mal saugen kann, und laufen heißt Bewegung.
Neugeborene Pferde werden von allen Pferden der Gruppe, auch von den Hengsten, umsorgt.

89 **Das Verlangen nach Bewegung bleibt der bestimmende Trieb im Dasein des Pferdes.**

Durch die Bewegung werden Muskeln, Lungen, Sehnen, Bänder und Gelenke gut ausgebildet und gefestigt und Stoffwechsel und Kreislauf gefördert; vor allem prägt die Bewegung aber auch die psychischen Bereiche stärker aus, da ständig neue Umweltreize verarbeitet werden müssen. Erhält ein Pferd wenig Möglichkeit zur Bewegung, so ist dies meist die Ursache für sein unnormales oder krankhaftes Verhalten, das sich als „Agressivität", Widersetzlichkeit oder völlige Depression äußert.

90 **Im Verlaufe des Jahres zeigen sich bestimmte Verhaltensweisen mit unterschiedlicher Häufigkeit, Intensität und Dauer.**

Wie schon erwähnt, treten sexuelle Aktivitäten vor allem im Frühjahr auf. – Das Ruhebedürfnis ist während der Wintermonate größer als in der warmen Jahreszeit. Freilebende Pferde haben in den lichtarmen Monaten (Mitte Dezember bis Mitte Februar) einen geringeren Nährstoffbedarf als sonst, ihr gesamter Stoffwechsel ist weniger intensiv. In dieser Zeit sind von den robust gehaltenen Pferden keine hohen Leistungen zu fordern, auch ist die Fütterung darauf abzustimmen.

91 **Im Verlaufe eines Tages ist die Aufmerksamkeit, mit welcher Tiere (und auch die Menschen) zu ihrer Umwelt Kontakt halten, nicht gleich; wir sprechen deshalb von einem unterschiedlichen Wachheitszustand.**

Auch beim Pferd sind erhöhte Aufmerksamkeit und Lernbereitschaft sowie eine erhöhte Bereitschaft zu physischen Leistungen zu bestimmten Tageszeiten vorhanden. – Dieses muß nicht bei allen Pferden gleich sein, sondern kann wahr-

scheinlich durch gewisse Umstände der Nutzung oder Haltung mitbestimmt werden. Allgemein scheint der höchste Wachheitszustand bei den Pferden während der späten Nachmittagsstunden bis spät in den Abend hinein vorhanden zu sein.

Soll das Pferd gewisse Leistungen bringen, so muß es rechtzeitig darauf vorbereitet werden. 92

Je länger es Zeit hat, sich auf das Geforderte einzustellen, um so besser werden Willigkeit und Ausdauer sein. So sollte man vor dem Anspannen mit Geschirrzeug und Wagen in Sichtweite des Pferdes hantieren. Das Geschirrzeug oder den Sattel soll es jedesmal vor dem Auflegen kurz beschnuppern können. Die Gurte werden auch nie sofort fest angezogen; selbst wenn nur ein Halfter angelegt wird, ist so behutsam zu verfahren. Niemals darf ein Pferd mit einer plötzlichen Forderung überfallen werden.

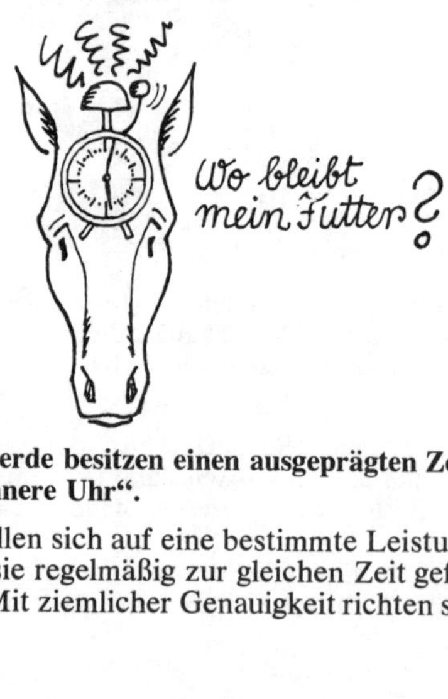

Alle Pferde besitzen einen ausgeprägten Zeitsinn, die „Innere Uhr". 93

Sie stellen sich auf eine bestimmte Leistung ein, wenn sie regelmäßig zur gleichen Zeit gefordert wird. Mit ziemlicher Genauigkeit richten sie sich auch auf die Nahrungsaufnahme zu gewissen Zeiten ein, der Verdauungsapparat beginnt pünktlich zu arbeiten. So erfolgt z. B. eine verstärkte Speichelbildung zur gewohnten Futterzeit, selbst wenn nicht gefüttert wird. Zu dieser Zeit sollte man keine Leistungen fordern, denn die Pferde könnten sich unwillig und widersetzlich zeigen.

94 **Die hohe Bewegungsaktivität des Pferdes und das natürliche Verhalten vieler Fluchttierarten beim Wahrnehmen von Gefahr, das „Schrecken", werden beim Pferd oft fälschlich als eine übermäßige Neigung zur Flucht, mit dem Akzent „Feigheit" angesehen.**

Das Pferd ist von Natur aus keineswegs „das Fluchttier". Fjordhengste schlugen Bären in die Flucht, auf Arabischen Pferden jagten Reiter mit Bogen und Lanze Löwen und in freier Wildbahn flüchten Pferde bei bestimmten Ereignissen auch nicht früher als andere Lauftierarten.–
Doch sicher sind die in den letzten Jahrhunderten hauptsächlich in Europa praktizierten Gewohnheiten der Pferdehaltung nicht ohne Folgen geblieben, so daß sich viele unserer Hauspferde anders verhalten als die mutigen Fjordhengste oder Araber. –
Das oft krankhaft übertriebene Fluchtverhalten mancher Pferde wird hauptsächlich durch negative Umwelteinflüsse im Fohlenalter verursacht, wie z. B. durch Unfälle und Mißhandlungen, oft genügen aber auch schon die Trennung von den Artgenossen und Einzelhaltung. All dem ist durch vorbeugende Maßnahmen entgegenzuwirken.

95 **Das Pferd ist als Pflanzenfresser ein überaus friedliches Wesen.**

Von unbekannten Dingen hält es Abstand oder nähert sich diesen nur zögernd. Um so mehr sucht es nach Gelegenheiten, die ihm Sicherheit und Ruhe gewährleisten, wie der Aufenthalt auf großen Weideflächen oder in größeren Pferdegruppen. Je besser wir diesem Verlangen Rechnung tragen, um so mehr fördern wir das Herausbilden ausgeglichener Charaktere.

96 **Pferde suchen oft einen Anlaß, um sich auslaufen zu können.**

Bekannt ist, daß sie in der Abenddämmerung gern galoppieren. Das beruht wahrscheinlich auf der Urgewohnheit, zu dieser Zeit mit den abendlichen Wanderungen zur Nahrungssuche zu beginnen; Wachheit und Aktivität haben dann bei Pferden ein Maximum erreicht. Sie „schrecken" und „flüchten" deshalb unter dem Reiter oder vor dem Wagen besonders gern; ein Stück Papier, eine Amsel im Busch, sich bewegende Schatten geben den willkommenen Anlaß zur „Flucht", reizen zum Galopp in der kühlen Abendluft.

Das Nervensystem der Pferde wird häufig durch starke Geräusche übermäßig belastet. 97

Solche Geräusche entstehen z. B. beim Aufsteigen oder Landen der Flugzeuge oder werden durch schwere Straßenfahrzeuge verursacht. Eine übermäßige Nervenbelastung ist an einer starken Erregung erkennbar. Diese Erregung löst gleichzeitig im Pferdekörper Prozesse aus, die sie hemmen und herabmindern sollen. Das Abreagieren verläuft sehr rasch, wenn sich Pferde frei und schnell bewegen können. Ist der Normalzustand im Nervensystem wieder hergestellt, so erlischt auch der erhöhte Bewegungsdrang.

Auch Gegenstände, die ihre Bewegungsfreiheit einengen, erregen die Pferde häufig. 98

Das Zuggeschirr, die Anspannung an den Wagen oder der Sattel sind solche Dinge. Vor allem junge Pferde veranlaßt diese Einengung, sich durch flottes Tempo abzureagieren. Sie halten meist von allein wieder an, wenn sich die Erregung gelegt hat. Letztere kann sich aber auch steigern, wenn zusätzliche Belastungen entstehen, die z. B. ein laut klappernder Wagen verursacht.

Ein Pferd kann die Erregung auch durch Kaubewegungen abreagieren. 99

Es wird gerade bei einer erhöhten Nervenbelastung versuchen zu fressen, um sich so zu beruhigen. Das erklärt auch den oft beobachteten Umstand, daß durchgegangene Pferde plötzlich stoppen und zu fressen beginnen. In der Erregung nehmen sie jedoch auch Giftpflanzen auf, die im Normalzustand instinktiv gemieden werden. Reiter beruhigen ein erregtes Pferd, indem sie ihm die Möglichkeit zur schnellen, lockeren Bewegung geben oder einige Büschel Gras rupfen lassen, nie beruhigen sie es durch Gertenhiebe.

100 **Im Verhalten des Pferdes spielt das Reflexgeschehen eine große Rolle.**

Reflexe sind die direkte Antwortreaktion des Körpers auf äußere Reize, ohne das Bewußtsein und Willen mitwirken. Solche Reflexe sind bei Pferd wie bei jedem Tier als Erbanlagen vorhanden (unbedingte Reflexe wie z. B. Abwehrreflex, Fluchtreflex).
Durch bestimmte Reize lassen sich aber auch noch andere Reflexe erzeugen und durch ständige Wiederholung der Reize so festigen, daß sie über einen langen Zeitverlauf nicht wieder verloren gehen (bedingte Reflexe). Die Möglichkeit, bedingte Reflexe zu erzeugen, nutzt man bei der Schulung des Pferdes; z. B. wird als bedingter Reflex die Reaktion des Pferdes auf den Schenkeldruck des Reiters herausgebildet und gefestigt.

101 **Infolge falscher Behandlung können ebenfalls bedingte Reflexe gebildet und gefestigt werden, die man dann oft am Pferd als „Untugenden" kritisiert.**

Wurde z. B. ein Pferd in der Schmiede mehrmals vernagelt, so kann möglicherweise jede Hufberührung durch Personen eine heftige Abwehrreaktion, wie gezieltes Ausschlagen, auslösen. Die auf Grund der Schmerzempfindung zunächst gewollte Abwehrhandlung wurde im Verlaufe der Zeit durch immer wieder neue Verursachung zur reflektorischen; dieser Reflex kann so gefestigt werden, daß er lange Zeit bestehen bleibt, selbst wenn das Pferd schon Jahre „barfuß" geht.
Ähnliche Auswirkungen haben meist bewußt ausgeführte Mißhandlungen.
Reflexe sind häufig auch mit anderen psychischen Bereichen gekoppelt (z. B. Triebe, Instinkte), so daß bestimmte Reaktionen des Pferdes recht schwierig zu erklären sind; das behindert eine schnelle Korrektur „verdorbener" Pferde außerordentlich.

Kraftproben zwischen Mensch und Pferd sind möglichst zu vermeiden. 102

Die Pferde (wie auch alle anderen Tiere) können die besondere Stellung des Menschen unter allen Lebewesen der Erde nicht erkennen. Für sie sind wir zunächst Teil ihrer Umwelt, aus der wir zum Kumpan, zum „Artgenossen" werden können. In der Natur des Pferdes liegt es wohl, nun mit diesem Kumpan seine Kräfte zu messen, um ihn rangmäßig einzuordnen. Ein solcher Vergleich würde ergeben, daß uns das Pferd an Kraft und Ausdauer weit überlegen ist, wenn wir nicht bestimmte Hilfsmittel (schmerzhafte Hebel wie Kandare) anwenden. In einem solchen Falle fügt sich das Pferd dem Schmerz. Wenn wir die menschliche Überlegenheit allerdings ständig mit solchen Mitteln demonstrieren, geht das Vertrauen des Pferdes verloren.

Freizeitpferde und Turnierpferde werden nicht immer in gleicher Weise erzogen und ausgebildet. 103

Von einem Freizeitpferd verlangen wir teilweise anderes als von einem Turnierpferd. Letzteres wird hauptsächlich auf Reflexhandlungen ge-

schult um hohe Leistungen im Wettkampf zu erreichen, und unter seinem Gehorsam versteht man, wenn es unter dem Reiter losgelassen und im Gleichgewicht an den Hilfen steht und schwungvoll vorwärts geht. –
Auch ein Freizeitpferd soll auf feinste Hilfen reagieren und schwungvoll vorwärts streben, es soll aber außerdem ein geschickter Kletterer in den Bergen, ein zuverlässiger Schwimmer in allen Gewässern, ein sicherer Gefährte im unwegsamen Gelände sein und einiges vom Wesen eines guten Haushundes zeigen. Es muß z. B. so intelligent sein, daß es sich gewissen menschlichen Gewohnheiten anzupassen lernt. Das alles verlangt eine Erziehung und Ausbildung, bei der nicht Höchstleistungen, sondern die Festigung des Vertrauens zwischen Mensch und Tier im Vordergrund steht.

104 **Zwei elementare Dinge sollten nie außer acht gelassen werden, wenn sich ein Freizeitpferd willig unterordnen soll.**

Erstens muß jede Erziehungs- und Ausbildungsmaßnahme vom natürlichen Verhalten des Pferdes ausgehen; vorwiegend nützen wir deshalb seinen Drang nach Bewegung und seine „Neugierde" aus, um bestimmte Leistungen zu erreichen. Zweitens verwenden wir im Umgang mit dem Pferd ständig unsere Wortsprache. Unser Sprachvermögen erscheint dem Pferd ungewöhnlich, es schafft Kontakt und gleichzeitig die notwendige Distanz zwischen Mensch und Tier und erhebt den „Kumpan" Mensch weit über das Pferd. Auch im Verlaufe einer längeren Zeit wird es nur wenige Worte der Bedeutung nach verstehen, dafür um so schneller sein Verhalten nach dem Tonfall einrichten, der es tadelt, lobt, beruhigt, aufmuntert oder antreibt.

105 **Es kann kaum zuviel mit einem Pferd gesprochen werden.**

Erwiesen ist, daß eine Zärtelung (liebevolles Streicheln) kleiner Haustiere zu ihrem Wohlbefinden und besseren Wachstum beiträgt. Dem auf Abstand zum Artgenossen und anderen Lebewesen bedachten Pferd ist eine solche Zärtelung oft unangenehm, dafür hat eine gedämpfte Sprache auf die meisten Pferde eine ähnliche Wirkung.

Die Sinnesleistungen der Pferde sind von den menschlichen recht verschieden. 106

Sie dürfen weder über- noch unterbewertet werden. Eine falsche Einschätzung kann zu großen Schäden für Mensch und Tier führen. Es lohnt sich deshalb zu wissen, wie ein Pferd sieht, hört, riecht, schmeckt und tastet.

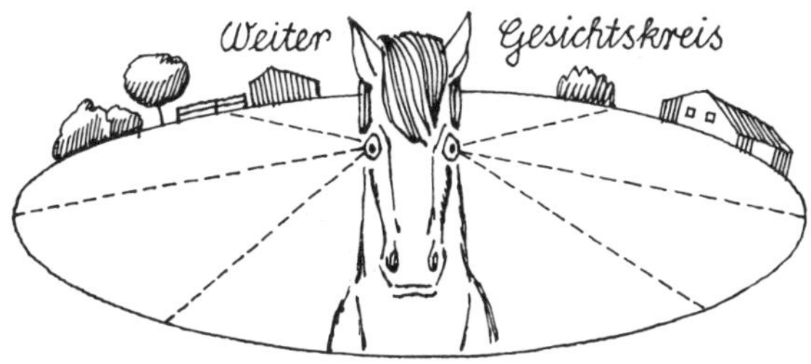

Die seitliche Anordnung der Augen gestattet dem Pferd nach allen Seiten zu sehen. 107

Es hat dadurch ein weit größeres Gesichtsfeld als der Mensch und nimmt zur gleichen Zeit wesentlich mehr wahr. Die Augen lassen sich jedoch nicht auf einen bestimmten Punkt richten, so daß die Sehschärfe und der räumliche Eindruck relativ gering sind. Pferde können Farben unterscheiden, sie erkennen deutlich Rot, Gelb, Grün und Blau, vermutlich Grün und Gelb am deutlichsten. (Das ist zu beachten, wenn Turnierhindernisse hergerichtet werden.) Auch im Dunkeln können Pferde sich noch gut zurechtfinden.

Das Gehör des Pferdes ist dem menschlichen wahrscheinlich überlegen. 108

Das Pferd kann die Ohren nach allen Seiten drehen und auch auf eine bestimmte Stelle seiner Umgebung einstellen. Die besondere Form der Ohrmuschel wirkt wie ein Schalltrichter, so daß auch feinste Geräusche wahrnehmbar sind. Hieraus ergibt sich die Erklärung für viele Erregungszustände. Eine Maus hinter der Bande einer Reithalle kann eine Reitstunde mit sensiblen Pferden für Lehrer und Schüler recht unerträglich machen.

109 **Was bekömmlich ist oder nicht entscheidet der Geruchssinn des Pferdes.**

Es schmeckt nicht erst, ob Futtermittel oder Trank genießbar sind, sondern es läßt sich vom Geruch leiten. Untereinander machen sich Pferde durch Beriechen an den Nüstern bekannt, dort sondert die Haut ganz individuelle Duftstoffe ab. Auch der sexuelle Status eines Artgenossen wird zuerst an den Nüstern, dann an den Hautpartien oberhalb des Ellenbogenhöckers und schließlich bei Stuten auch an der Scheide geprüft.

110 **Durch Harn- und Kotmarkierungen übermitteln sich die Pferde „Nachrichten", die mit Hilfe des Geruchssinnes wahrgenommen werden.**

So grenzt ein Hengst durch Harnmarkierungen sein Revier ab, eine Stute macht durch bestimmte Substanzen im Kot den Hengst aufmerksam, daß sie rossig wird; ein guter Hengst wird deshalb jede Kotablage genauestens untersuchen; durch Flehmen ist es ihm möglich, die einzelnen Duftkomponenten genauestens zu analysieren.

111 **Der Geschmackssinn ergänzt gekoppelt mit Instinkten das Geruchsvermögen.**

So kommt es bei Wildpferden nicht vor, daß sie giftige Pflanzen aufnehmen; bei vielen Hauspferden ist dieser Instinkt verlorengegangen. Giftige Pflanzen müssen wir von ihnen fernhalten. Andererseits treten bei Hauspferden solche Überspitzungen auf, wie das Trinken aus nur einem besonderen Wassereimer. Bei Wanderungen und Wettkämpfen verursachen solche Pferde einen unnötigen Aufwand. Stallgehaltene Pferde sind deshalb des öfteren aus verschiedenen Eimern zu tränken.

Was für den Menschen die Hand als Tastorgan ist, sind für das Pferd seine Lippen und die Tasthaare, die das Maul und die Augen umgeben. 112

Mit Hilfe dieser Tastorgane kann es die kleinsten Gegenstände wahrnehmen und, wenn sie z. B. als Fremdkörper im Futter sind, aussortieren. Außerdem schützen sie empfindliche Körperteile wie das Auge. Niemals darf man Tasthaare abschneiden, das Pferd würde dann in seinem Verhalten zu nahen Gegenständen völlig unsicher sein.

Mich kann nichts mehr reizen!

Das größte, wenn auch passive Tastorgan, ist die gesamte Hautoberfläche. 113

Sie ist ständig Einflüssen aus der Umwelt ausgesetzt, nimmt diese Reize auf und läßt sie an die Nervenzentren weiterleiten, die den Ablauf der Körperprozesse steuern. In freier Natur wirken Licht, Luft, Temperatur, Wind, Wasser, Erde, Pflanzen und Insekten auf die Haut. Diese Reize sind für das Pferd lebensnotwendig. Durch die ständige Massivstallhaltung kommen Pferde in eine Umgebung, die notwendige natürliche Einflüsse fernhält.

14 **Zu den Reizen, die die Haut aufnimmt, gehören auch die Temperaturschwankungen, die durch Tag- und Nachtwechsel hervorgerufen werden.**

Bei naturgemäßer Haltung sind die Pferde diesen Veränderungen jederzeit ausgesetzt. Hält man sie in Massivställen, so muß eine Temperaturregelung erfolgen, die den natürlichen Gegebenheiten nahe kommt. Völlig falsch ist es, Tag und Nacht eine gleichmäßige Temperatur zu regulieren.

115 **Den Pferden wird ein gutes Heimfindevermögen zugesprochen.**

Diese Einschätzung ist mit Vorsicht zu verwenden. Pferde finden hauptsächlich auf Grund ihres guten Gedächtnisses ihren heimatlichen Stall, ihr Zurechtfinden ist also in einer ihnen bekannten Umgebung gut. Die Orientierung in fremder Landschaft, z. B. nach den Gestirnen, wie sie bei vielen anderen Tieren beobachtet werden konnte, war beim Pferd bisher nicht nachzuweisen. Reitet man bei Wanderungen in unbekanntes Gelände, ist stets die Marschrichtung mit Karte und Kompaß zu bestimmen.

116 **Ob „Hoch-“ oder „Tiefstimmung“ herrscht, läßt sich an der Körperhaltung und am Mienenspiel des Pferdes erkennen.**

Gefühlsäußerungen werden im Herdenleben von den Artgenossen beachtet und berücksichtigt (wie z. B. Appetenz oder Aversion, Tembrock), wir sollten das auch tun. –
Es wurde schon vom außerordentlichen Zeitsinn des Pferdes gesprochen; wird unpünktlich gefüttert, so stellt sich ein starkes Hungergefühl ein, das zum Unbehagen und zur Lustlosigkeit führt. –
Am Ausdruck des Auges ist z. B. für einen guten Pferdebeobachter erkennbar, ob das Pferd lustlos oder ratlos vorwärts geht oder gar Schmerz empfindet. Pferde reißen in Angst die Augen weit auf, der Mensch macht das auch. In aufregenden Situationen sollte man deshalb versuchen, die Augenlider etwas zusammenzukneifen und so beruhigend zu wirken. –
Auch das Kopfschütteln des Pferdes kann Empfindungen ausdrücken, wie z. B. Auflehnung gegen unnötige Einengung durch den Reiter.

Das Spiel der Ohren deutet ebenfalls auf die psychische Verfassung des Pferdes hin. 117

Mit den Ohren droht es (stark nach rückwärts angelegten Ohren), zeigt Anteilnahme (lebhaftes Ohrenspiel in alle Richtungen) oder läßt uns tiefste Depression erkennen (schlaff herabhängende, unbewegliche Ohren). – Fohlen zeigen gegenüber älteren Artgenossen eine Unterlegenheitsgebärde; sie ziehen dabei die Oberlippen seitlich hoch, stellen die Ohren stark zur Seite (oft bis über die Waagerechte) und schützen sich so vor Zudringlichkeiten.

Wer sich die außerordentliche Sensibilität des Pferdes zunutze machen will, darf dabei niemals von menschlichen Vorstellungen ausgehen. 118

Sich stundenlang im Regen aufzuhalten erscheint den meisten Pferden wohltuender als der Aufenthalt in einem warmen Stall, sich tüchtig bei jedem Wetter auszulaufen angenehmer als auf engem Raum zur Dauerruhe verurteilt zu sein, sich in einer Pfütze wälzen erquicklicher als dauernd gestriegelt zu werden, sich selbst sein Futter zu suchen reizvoller als vor einer vollen Krippe zu stehen.
Trägt man diesem Rechnung, so schafft man sich die beste Grundlage für die gewünschte Harmonie mit seinem Pferd.

119 **Niemals darf man ein Pferd als Sühne für eine verbotene Handlung bestrafen, da es nicht im menschlichen Sinne das Verwerfliche seines Tun's erkennen kann.**

Gelingt es z. B. Pferden sich eines Hafersackes zu bemächtigen, so werden sie ihn aufreißen, viel Hafer fressen, aber noch mehr in den Schmutz treten. Es wäre falsch die Pferde zu bestrafen, denn Nahrungserwerb ist etwas Natürliches. – Ist es einmal erforderlich, ein Pferd wegen Widersetzlichkeit bei der Arbeit zu bestrafen, so muß die Strafe innerhalb weniger Sekunden folgen.

120 **Bestimmte Gefühle können andere je nach Situation in unterschiedlicher Weise überlagern.**

Das Angstgefühl kann stärker als das Gefühl für Schmerzen sein, wenn Pferde übermäßig erregt sind; sie werden Elektrozäune und Stacheldraht durchbrechen, wenn sie z. B. in Panik geraten. Umgekehrt kann das Hungergefühl das Angstgefühl überlagern und die Pferde verweigern trotz Peitschenhiebe die Leistung, weil eben die Futterzeit heran ist.

121 **Zwischen allen psychischen Bereichen wie den Trieben, den Reflexen, den Gefühlen usw. besteht eine enge Verflechtung.**

Oft treten sie zur gleichen Zeit auf oder sind in ihrem Erscheinungsbild so ähnlich, daß sich nicht mit Sicherheit feststellen läßt, welchem Bereich eine Äußerung zugerechnet werden kann. Bevor man sich zu einer bestimmten Maßnahme entschließt um zu „korrigieren", müssen die Pferde und ihre Umwelt immer wieder beobachtet werden, denn nur dann wird man zu richtigen Erkenntnissen kommen.

Wichtig ist, den Charakter eines Pferdes zu erkennen und ihn richtig zu beeinflussen. 122

In der Literatur werden die Charaktereigenschaften der Pferde meist mit mutig, willensstark, gutartig, ausgeglichen, nervös, schreckhaft, ängstlich und böse umschrieben. – Kaum eine andere Eigenschaft kann jedoch durch die Umweltbedingungen so beeinflußt werden wie der Charakter, diese formen ihn von der Geburt des Fohlens an. – Mutige, gutartige Pferde kann man sich also erziehen, ebenso aber Fohlen von besten Elterntieren durch falsche Behandlung charakterlich verderben.

V. Wie ein Pferd lernt

Von Geburt an beginnt das Fohlen auf vielfältige Weise zu lernen. 123

Wir wollen das Wort „lernen" in einem sehr weiten Sinne gebrauchen und auch die natürliche Prägung, die Nachahmung und gewisse von außen wirkende Faktoren mit einbeziehen, die später sein Verhalten bestimmen. Genetisch hat das Neugeborene die Veranlagung für viele Verhaltensweisen mitbekommen, die nun entwickelt und vertieft werden, wie Nahrungserwerb, Schutz- und Sexualverhalten.

24 **Schon gleich nach der Geburt setzt beim Fohlen durch die von anderen Lebewesen empfangenen Reize ein Vorgang ein, den man als Prägung bezeichnet.**

Dieser Vorgang ist für das ganze spätere Verhalten des Fohlens entscheidend, denn das Neugeborene wird auf ein Vorbild ausgerichtet, das im natürlichen Fall die Mutter ist. Es ist hier nicht so sehr die Milchquelle von Bedeutung, sondern ein sich bewegendes Objekt, von dem das Neugeborene die verschiedensten Reize empfängt. Solche Objekte können außer dem Muttertier auch andere Tiere oder auch Personen sein.

25 **Die artgemäße Prägung muß ungestört verlaufen können; niemand sollte sich deshalb während der Geburt und in den folgenden vierzehn Tagen (außer bei Nothilfe, Fütterung und Pflege) in das Verhältnis Stute-Fohlen einmischen.**

Alles, was eine unnatürliche Prägung bewirken könnte, ist zu unterlassen. Man wird z. B. in dieser Zeit ein Fohlen möglichst nicht auf den Arm nehmen oder es häufig streicheln, um es mit Menschen vertraut zu machen. Vertrauen zum Menschen bekommt es am besten über die Mutterstute. So wie diese sich gebärdet, wird sich auch das Fohlen gegenüber Menschen verhalten. –
Wehrt die Stute während der ersten Tage nach dem Abfohlen ihr sehr vertraute Personen durch Drohgebärden ab, so werden diese instinktiv aus dem Prägungsgeschehen verdrängt. Solches Verhalten ist deshalb unbedingt zu respektieren.

26 **Damit es sich natürlich entwickelt, braucht das Fohlen nicht nur seine Mutter, sondern eine ganze Gruppe von Artgenossen unterschiedlichen Geschlechts.**

Nur so lernt es auch das Verhalten der verschiedenen Geschlechter kennen und sich in das Gruppenleben einzuordnen. Durch Nahrungssuche, Spiel, Erkundung, Austausch von Informationen und Abwehr von „Feinden" entwickelt sich artgemäß die Psyche des heranwachsenden Fohlens. Züchter sollten deshalb stets versuchen, natürliche Bedingungen für ihre Pferde zu schaffen.

Schädlich für die Entwicklung des Fohlens sind Artgenossen, die ein unnatürliches, krankhaftes Verhalten zeigen. 127

Ist die Mutterstute übermäßig nervös oder sehr ängstlich, so wird sich das auch auf das Fohlen übertragen; ebenso kann es sich Untugenden wie boshaftes Ausschlagen oder Beißen von Vorbildern angewöhnen. Es ist sehr schwer, solche Fehler durch spätere Erziehungsmaßnahmen korrigieren zu wollen. Mit Untugenden behaftete Pferde sind deshalb aus Zuchtbeständen auszusondern und Stuten mit derartigen Fehlern dürfen erst gar nicht zur Zucht verwendet werden.

Ist ein natürliches, artgemäßes Verhalten im Fohlen gefestigt, das wird etwa im Alter von 3–4 Monaten sein, beginnen wir allmählich mit seiner Erziehung. 128

Alle Forderungen, die wir stellen, müssen auf den Entwicklungsstand des Fohlens abgestimmt sein; denn Lernen ist mit Gedächtnisleistungen, die sich erst ganz allmählich herausbilden, verbunden (Tembrock).

Das Fohlen hat zunächst einmal das Obligatorische gelernt, um sich am Leben zu erhalten. 129

So z. B. bei der Nahrungssuche das richtige Futter auszuwählen, in der Gruppe den Platz zu finden, an dem es am sichersten ist, anstelle der Muttermilch Wasser aus der Tränke aufzunehmen und abwechselnd Sonne und Schatten aufzusuchen.

130 **Im Pferd ist aber auch ein Streben vorhanden, Unbekanntes aufzuspüren, so daß sich zu dem notwendigen Lernen die Bereitschaft zum freiwilligen Lernen paart, die wir als Neugierde bezeichnen.**

Die Neugierde macht man sich bei der Ausbildung seines jungen Freizeitgefährten zunutze. Je abwechslungsreicher die Ausbildung ist, desto besser wird die Lernbereitschaft sein.

131 **Die Lern- und Gedächtnisleistungen sind nicht bei allen Pferden gleich, sie lassen sich aber trainieren.**

Als Gedächtnis wollen wir die Fähigkeit bezeichnen, etwas Wahrgenommenes zu speichern und auch wieder abrufen zu können. Das Pferd kann sich jedoch nicht in gleicher Weise wie der Mensch, der als einziges Lebewesen über die Fähigkeit zur Wortsprache und zum logischen Denken verfügt, an etwas zurückerinnern. Bei dem Pferd muß stets ein dem früheren Umstand ähnlicher eintreten, wenn das Erinnerungsvermögen einsetzen soll.

132 **Das Erinnerungsvermögen der Pferde ist mannigfaltig.**

Besonders ausgeprägt sind Orts- und Zeitgedächtnis. An bestimmte örtliche Gegebenheiten erinnern sie sich noch nach zehn und mehr Jahren. Bestimmte Ereignisse bleiben gekoppelt an Ort, Tageszeit und Personen unauslöschlich in ihrem Gedächtnis haften. Der Personengedächtnis ist weniger gut; trotzdem kann es vorkommen, daß sich z. B. ein Pferd gegen einen Menschen „bösartig" verhält, den es nach Jahren einmal wiedersieht; dieser hatte es früher offensichtlich einmal sehr mißhandelt. Noch schärfer werden Erinnerung und Abwehrhandlungen des Pferdes sein, wenn noch andere Umstände vorhanden sind, die den damaligen gleichen (z. B. gleiche Tageszeit, gleicher Stall).

133 **Wählt man zur Ausbildung des jungen Pferdes Tageszeit und Dauer richtig, so werden auch die Gedächtnisleistungen gut sein.**

Während des Lernens verändert sich die Aufmerksamkeit, sie läßt ständig nach. Deshalb sollten Übungen nie länger als 30–40 Minuten

dauern, dafür kann man zweimal täglich und insgesamt 5–6mal wöchentlich üben. Niemals darf man nur einmal wöchentlich und dann mehrere Stunden hintereinander ausbilden wollen. Das Pferd würde „sauer" werden und nur Schwierigkeiten machen.

Die Lernleistungen lassen sich steigern, wenn man 134
während der Übungen anderweitige Einflüsse vom Pferd fernhält.

Es ist deshalb richtig, ein Pferd am Anfang (longieren) zunächst einzeln auszubilden und es nicht durch Artgenossen ablenken zu lassen. Der gewohnte Auslauf oder ein anderer dem Pferd gut bekannter Platz eignen sich für die Übungen. Unmöglich wird es sein einen Hengst dort auszubilden, wo er die Witterung von rossigen Stuten bekommt. Nach der Ausbildung muß das Pferd völlige Ruhe haben; die gewonnenen Eindrücke können sich so besser festigen und werden nicht durch neue verwischt.

135 **Von einem bestimmten Ausbildungsstand an läßt sich manches leichter erreichen, wenn sich das junge Pferd nach einem älteren, gut ausgebildeten orientieren kann.**

Ein älteres dient z. B. gut als Schrittmacher für eins, das eingeritten werden soll. Kann ein junges Pferd des öfteren zusehen, wie ein älteres gesattelt wird, so widersetzt es sich beim ersten Aufsatteln meist weniger als üblich; umgekehrt sollte ein junges Pferd niemals zugegen sein, wenn ein störrisches gesattelt wird.

136 **Pferde unterscheiden sich oft sehr in ihren psychischen Leistungen.**

Nicht alle Pferde lassen sich deshalb gleich gut nach einem Schema mit Erfolg erziehen und ausbilden. Dieses kurze Kapitel über die Psyche des Pferdes soll auf die Vielfalt der Erscheinungen hinweisen und zu ihrem Erkennen beitragen. Sicher wird mancher Pferdefreund Erklärungen für Beobachtungen finden, die er bisher nicht deuten konnte. – Das Gebiet der Tierpsychologie wird täglich durch neue Erkenntnisse bereichert. Der Autor war bemüht, solche Erkenntnisse praxisnah und für den Laien verständlich wiederzugeben, ohne daß Anspruch auf Vollständigkeit erhoben wird.

V. Physiologische Besonderheiten des Pferdes

Die Hautstruktur des Pferdes unterscheidet sich wesentlich von der anderer großer Haustiere. 137

Je cm^2 Hautfläche sind etwa 100 Schweißdrüsen und 15 Talgdrüsen vorhanden, das sind ebensoviel wie beim Menschen. Die Hautfläche im Verhältnis zur Körpermasse ist je nach Kaliber des Pferdes bis zu zwanzigmal kleiner als die des Menschen. Dadurch hat es von Natur aus, zusammen mit den dichten Wollhaaren, den besten Schutz gegen Kälte.

Erhitzt sich ein Pferd, bezieht es zum Ausschwitzen die Haare mit ein und vergrößert so seine Hautoberfläche. 138

Dieses Prinzip wird auch beim luftgekühlten Verbrennungsmotor in Form der „Rippen" genutzt. Damit die Feuchtigkeit von den Pferdehaaren verdunsten kann, ist eine trockene Luftbewegung erforderlich. Schwitzende Pferde sollten deshalb nie sofort in Warmställe mit hoher Luftfeuchtigkeit gebracht werden; es ist auch falsch, sie im Stall zusätzlich mit Decken einzuhüllen.

Von allen großen Haustieren besitzt das Pferd je kg Körpermasse die höchste Blutmenge. 139

Das Blut vermittelt den Stoffwechsel, transportiert Wirkstoffe und Gase, übt eine Abwehr- und Schutzfunktion aus und hat somit eine große Bedeutung für die Leistungsfähigkeit des Pferdes. Eine große Blutreserve befindet sich in der Leber und in der Milz und bildet eine Voraussetzung für schnelle Leistungssteigerung. Von der Haut wird ca. $^1/_3$ der sich im Kreislauf befindlichen Blutmenge aufgenommen.

Der Anteil der roten Blutkörperchen an der Blutmenge beeinflußt neben anderen bedeutenden Faktoren sehr das Leistungsvermögen des Pferdes. 140

Die roten Blutkörperchen werden im Knochenmark gebildet. Durch regelmäßige Nutzung des Pferdes oder freien Auslauf (Bewegung) wird das Knochenmark zur verstärkten Bildung von roten Blutkörperchen angeregt. Je intensiver dieser Vorgang ist, um so stärker steigt auch der Nährstoffbedarf des Pferdes an. Das ist bei der Fütterung immer zu berücksichtigen.

Das meiste Knochenmark befindet sich in den Röhrenknochen. 141

Starke Röhrenknochen sind deshalb nicht nur eine Voraussetzung für hohe Tragfähigkeit, sie sind auch wichtig für die Prozesse, die mit der Funktion der roten Blutkörperchen verknüpft sind. Bei einem Vergleich verschiedener Pferderassen zeigt sich, daß die Röhrenknochenstruktur der urwüchsigen Pferderassen (Ponys) anders ist als die unserer großen Hauspferde. Deutlich ist der Unterschied am Vordermittelfußknochen erkennbar.

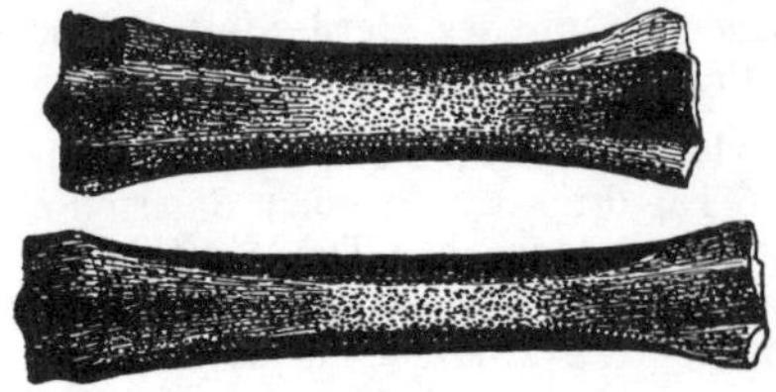

142 **Die der Wildform des Pferdes nahestehenden Ponyrassen haben keine runden Vordermittelfußknochen (Röhre), sondern mehr Schiene oder Flachbein (M. Schäfer/Speed).**

Dieses Flachbein weist eine große Markhöhle auf, so daß im Verhältnis zum Körpergewicht mehr rote Blutkörperchen als beim Großpferd produziert werden können. Das Großpferd hat bei einem etwa 25 % größeren Röhrbeinumfang eine runde Röhre mit enger Markhöhle, seine Körpermasse ist jedoch meist doppelt so groß wie die eines mittleren Ponys.

143 **Der flache Vordermittelfußknochen des Ponys hat eine relativ größere Gelenkfläche als der Röhrenknochen des Großpferdes.**

Das Vorderfußwurzelgelenk hat bei einem vorwärts tretenden Pferd die größte Last aufzunehmen. Je größer die Gelenkfläche im Verhältnis zur Körpermasse ist, um so besser wird die Belastung verteilt, eine Erklärung mehr für das relativ höhere Tragevermögen der Ponys und vieler Kleinpferde. Jedoch sind die Gelenke der Ponys nicht so gut wie beim Großpferd verzahnt und so weniger geeignet für ausgedehnte Galoppritte und häufige Sprungübungen.

144 **Der Umfang des Vordermittelfußes gilt auf Grund des Vorstehenden als ein wichtiges Maß zur Beurteilung aller der Wildform des Pferdes nahestehenden Pferderassen.**

In allen Rassebeschreibungen wird deshalb der gewünschte Umfang des Vordermittelfußes angegeben. – Bei vielen Großpferden weist man jedoch mit Recht darauf hin, daß das Röhrbeinmaß wenig aussagekräftig ist, denn die Festigkeit ihrer Röhrenknochen ist sehr unterschiedlich und harte, elastische, feine Knochen sind belastbarer als aufgeschwemmte, weichere, rein äußerlich stärkere. – Ponys und viele Kleinpferde haben jedoch einen gleichartigen, festen Knochenaufbau.

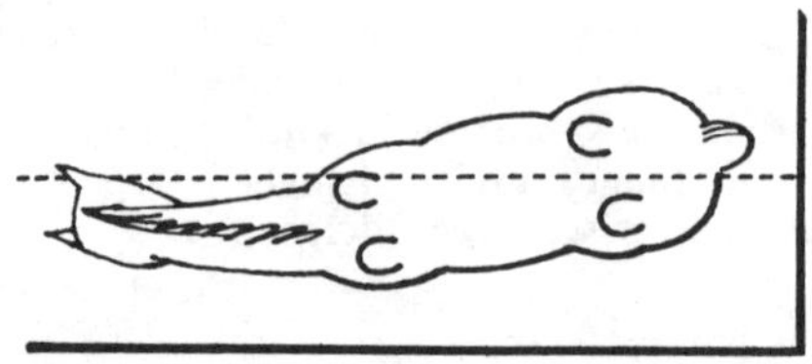

Jeder Mensch gebraucht vorzugsweise eine seiner Hände, auch das Pferd benutzt ein bestimmtes Vorderbein stärker als das andere. 145

Die Menschen sind in der Mehrzahl Rechtshänder. Die meisten Pferde belasten bevorzugt den rechten Vorderfuß. Ein Pferd das links galoppiert (der linke Fuß wird am weitesten vorgestreckt und versetzt das Pferd in den Schwebezustand) fängt mit dem rechten Fuß nach der Schwebe die Hauptlast auf, es ist „Rechtsfüßer“. Die Ursache für das einseitige Bevorzugen eines Fußes ist die natürliche Schiefe des Pferdes; die Linie Hals-Wirbelsäule-Schweif ist von Natur aus nicht gerade, sondern zeigt z. B. bei einem rechtsfüßigen Pferd eine Stellung nach links.

Die Bevorzugung bestimmter Gliedmaßen ist nicht mit den reiterlichen Begriffen „Auf der linken Hand gehen“ oder „Auf der rechten Hand gehen“ identisch. 146

Die reiterlichen Bezeichnungen geben eine Bewegungsrichtung in der Reitbahn an, die von der Bewegungsrichtung beim Longieren abgeleitet worden ist. Ein Pferd geht auf der linken Hand, wenn der Longenführer es links herum im Kreise laufen läßt, dabei hält er die Leine in seiner linken Hand, die Peitsche in der rechten; rechts herum (im Uhrzeigersinn) ist es umgekehrt, das Pferd geht auf der rechten Hand... des Longenführers!

147 **Vor- oder Vorderhand und Hinter- oder Nachhand sind ebenfalls reiterliche Begriffe.**

Die Vorhand ist der Teil des Pferdes, der sich vor dem aufgesessenen Reiter befindet (der vor seiner Hand ist), die Hinterhand dementsprechend alles, was hinter ihm (hinter seiner Hand) ist; manche Leute sprechen zuweilen auch von Mittelhand. Besser ist es allerdings, sich der Meinung anzuschließen, daß es eine Mittelhand beim Skat gibt oder daß sie ein Teil der menschlichen Hand ist.

148 **Die natürliche Schiefe des Pferdes ist bei jeder Ausbildung zu berücksichtigen (siehe Longieren).**

Die Pferde sind für die spätere Verwendung zum Reiten „geradezurichten", damit eine gute Kraftübertragung von den hinteren Gliedmaßen nach vorn gewährleistet wird und die Gelenke nicht vorzeitig verschleißen. – Ein rechtshändiger Mensch geht von Natur aus, wenn er die Richtung verloren hat, nach links; ein rechtsfüßiges Pferd macht das ebenfalls, auch scheut es nach links und weicht überhaupt bevorzugt nach links aus. Im Zweigespann schirrt man deshalb rechtsfüßige Pferde rechts und linksfüßige Pferde links an, damit sie beim Scheuen zusammen und nicht auseinander drängen. Deshalb wird auch vorwiegend links gesattelt, auf der linken Hand mit dem Longieren begonnen usw. (320, 325, 334). Jeder Pferdehalter sollte deshalb wissen, ob sein Pferd links- oder rechtsfüßig ist.

149 **Atmung und Pulsschlag des Pferdes sind in der Ruhe und bei der Nutzung des öfteren zu beobachten.**

Ein Pferd atmet im Ruhezustand 10–14mal in der Minute und wechselt mit jedem Atemzug 4–6 Ltr. Luft aus. Das ist mehr als jedes andere Haustier benötigt. Die Atmung wird durch hohe Leistung, aber auch durch Krankheiten beschleunigt. – Im Ruhestand hat das Pferd 30–40 Pulsschläge in der Minute; bei hoher Leistung steigt der Pulsschlag schnell an (463).

Nur ein Tier, das nicht übermäßige Mengen Futter aufnimmt, wird mühelos laufen können. 150

Der Magen des Pferdes ist deshalb relativ klein. Dieser Umstand sowie die hohe Körperaktivität veranlassen das Pferd mehrmals am Tage abwechslungsreiches Futter eufzunehmen. Falsch verstanden hat das leider unserem Freizeitgefährten den Stempel der „Gier" aufgedrückt. Gier ist aber niemals charakteristisch für das Pferd sondern ein Hinweis darauf, daß falsch gefüttert wird oder daß es erregt ist (97–99).

VII. So werden Freizeitpferde gehalten und gepflegt

Freizeitpferde sollten möglichst viel Gelegenheit zum Aufenthalt im Freien bei jedem Wetter, zu jeder Tages- und Nachtzeit haben. 151

Deshalb darf nur der auch Pferdehalter sein, der einem Pferd nicht nur vorbildliche Lebensbedingungen bieten kann, sondern darüberhinaus auch bereit ist, ein enormes Maß an Freizeit diesem Pferd zu opfern.

Pferde werden ständig im Massivstall gehalten, wenn es die örtlichen Gegebenheiten und die Nutzungsart erfordern. 152

In Groß- und Kleinstädten, inmitten von Gebäuden auf dem Dorfe sowie bei ganzjähriger und fast täglicher Pferdenutzung kommt meistens nur eine Massivstallhaltung in Frage. Der Stall

muß so beschaffen sein, daß sich der Aufenthalt (täglich oft 16 Stunden) für die Pferde nicht zu schädlich auswirkt.
Er soll trocken und nicht zu warm sein; für die einzelnen Pferderassen unterschiedlich sind Stalltemperaturen zwischen +4 °C und +15 °C günstig. Eine gute Durchlüftung ist notwendig, ohne daß Zugluft entsteht. „Das gesundheitlich beste Baumaterial für Pferdeställe sind gebrannte Ziegel, Lehm und Holz. Feldsteine und Beton sind durch Isolierschichten gesundheitlich zu verbessern“, (G. v. Lengerken).

153 **In einem Massivstall sollen geräumige Boxen den Pferden eine unbehinderte Bewegung ermöglichen.**

Die Box für ein Großpferd muß etwa 3,50 mal 4,00 m, die für ein Kleinpferd etwa 3,00 × 3,30 m und die für ein kleines Pony (Shetländer) 1,80 mal 2,20 m Grundfläche haben.
Je nach der Größe der Pferde wird eine Deckenhöhe von 3–4 m empfohlen.
Die Fenster, je Pferd etwa 1 m² Fensterfläche, sollten so angebracht sein, daß sehr viel Licht einfällt ohne die Pferde zu blenden. Andererseits müssen sie Anteil am Umweltgeschehen nehmen können.

154 **Der Boden der Box wird aus festen Baustoffen angelegt, er soll undurchlässig und kälteisolierend sein und leicht schräg (etwa 1 cm pro Meter) zu einer Jaucherinne mit dem gleichen Gefälle abfallen.**

Gut bewährt haben sich Fußböden aus geriffelten Klinkersteinen oder hochkant eingesetzten gebrannten Ziegelsteinen. Auf diese schüttet man als Einstreu Kurzstroh. Die Box ist täglich zu säubern und die Abflußrinne für den Harn stets frei zu halten. In der vom Pferd am wenigsten aufgesuchten Ecke kann versuchsweise für ein paar Tage etwas Kot liegen bleiben. Manche Pferde äpfeln dann nur noch auf diese Stelle, das erleichtert die Reinigung der Box.
Eine Arbeitserleichterung bieten auch automatische Tränkanlagen, die eine ständige Wasserversorgung der Tiere gewährleisten. Im Winter frieren jedoch solche Einrichtungen manchmal ein.

In Massivställen gehaltene Pferde sollten mindestens fünfmal wöchentlich und dann mehrere Stunden genutzt werden. Nur so läßt sich krankhaftes Verhalten auf die Dauer vermeiden, gleichzeitig kann man die Stallräume rationeller nutzen. 155

Ist eine solche regelmäßige Nutzung über Jahre garantiert, so kann man die Pferde aus Gründen der Raumersparnis auf Ständen unterbringen, die mit etwa 1,40 m hohen Bohlenwänden zu trennen sind. Die Pferde werden dann am Futtertisch an eine Kette gebunden, die beweglich durch einen Eisenring laufen soll und mit einem Anbinder beschwert wird, damit sie die Kette nicht übertreten.
Die Standfläche ist für ein Pferd je nach seiner Größe etwa 3 m lang und 1,80 m breit. Sie schließt an den Stallgang an, der ca. 2,00 m breit sein soll.

In der Box werden Krippe und Heuraufe so angebracht, daß man sie vom Gang aus mit Futter versorgen kann. 156

Für Kleinpferde wird die Krippe in einer Höhe von 60 cm über dem Fußboden befestigt, für Großpferde etwa 20 cm höher, jedoch für Pferde aller Größen nicht niedriger, da sie sich sonst mit den Vorderbeinen hineinstellen. Die Raufen werden nicht über der Krippe, sondern daneben in etwa 1 m Höhe/Unterkante angebracht. Hochangebrachte Heuraufen schaden der Gesundheit der Pferde, da ihnen beim Fressen Staub und Heureste in die Augen fallen; bei jungen Pferden führt die unnatürlich hohe Kopfhaltung außerdem zur Bildung von Senkrücken.

157 **Fell, Langhaar und Hufe der Stallpferde sind täglich einmal zu putzen bzw. zu reinigen.**

Nasse Körperpartien reibt man mit einem Strohwisch trocken. Das Fell wird mit einer Kardätsche beginnend am Kopfansatz in Richtung des Haarstriches über Hals, Rücken, Kruppe, Brust, Bauch, Hinterbacke und Gliedmaßen gebürstet; die Striche sollten stets leicht geführt und lang sein. Die Kardätsche wird auf dem Striegel abgestrichen. Die Strahlfurchen reinigt man mit einem Hufräumer, ein fester Holzspan ist auch geeignet, niemals aber ein Taschenmesser. Das Langhaar wird mit der Hand verlesen. Die unbehaarten, empfindlichen Körperteile werden mit Schwamm, Lappen und warmen Wasser gereinigt (Nüstern, Augenlider, Euterfurche und After).

158 **Hält man die Pferde im Stall, so ist es ratsam, das Langhaar der Pferde zu kürzen.**

Wird die Mähne gestutzt, so erleichtert das die Pflege des Halsfelles und beugt einem Parasitenbefall vor. Kurze Schweifhaare sind ebenfalls leichter zu pflegen als lange. – Eine dicke, lange Mähne wird entweder dünn und kurz gezupft (es tut den Pferden nicht weh) oder geschoren, wie es aus der Abbildung ersichtlich ist. Der Stirnschopf sollte jedoch höchstens bis in Augenhöhe zurückgeschnitten werden, da er die Stirnpartien vor starker Sonneneinstrahlung und anderen Witterungseinflüssen schützt.

**Gewerbliche Pferdehalter wie Fuhrunternehmen, 159
Reitschulen, Ferienpensionen und Touristikbetriebe bringen ihre Pferde bevorzugt in Massivställen unter.**

Die Pferde sind jederzeit verfügbar und unter Kontrolle, auch können die Futtermengen genau auf die Leistung abgestimmt werden. Das Leistungsvermögen der Pferde ist während des ganzen Jahres gleich, da sie nicht ein so starkes Winterfell bekommen wie die robustgehaltenen. Stallpferde sind auch relativ leicht so sauber zu halten, wie es in gewerblichen Betrieben erforderlich ist.

a b c

a Hufeisen mit Splintverband
b Deckelhufeisen
c Falzhufeisen – ausgeplattet

**Wenn Pferde ständig auf befestigten Straßen ge- 160
hen, so müssen die Hufe beschlagen werden.**

Asphalt, Beton und Pflaster nutzen sie stärker ab als der natürliche Boden. Die Hufeisen haben oft eine spezielle Form, je nach Beschaffenheit der Hufe und dem Verwendungszweck der Pferde. Die Hufeisen sind alle 6 Wochen zu erneuern. Steht ein Wettkampf bevor, so sollten die Pferde mindestens acht Tage vorher beschlagen werden; der Beschlag verändert die Stellung der Fußknochen, eine Anpassung daran erfordert mehrere Tage.

161 **Junge Pferde sind allmählich auf den ersten Hufbeschlag vorzubereiten.**

Man beginnt 1–2 Monate vor dem ersten Hufbeschlag das Pferd mit dem Schmiedegeruch vertraut zu machen, indem vorsichtig in seiner Nähe Hornspäne oder Hühnerfedern angesengt werden, gleichzeitig läßt jemand das Pferd die Hufe anheben. Ist es aufgeregt, wird es mit vielen sanften Worten und Leckerbissen beruhigt. Widersetzt es sich in der Schmiede immer noch, wird man nicht strafen, sondern es mit Leckerbissen ablenken und beruhigen. Eine Nasenbremse ist abzulehnen.

162 **Der Massivstallhaltung völlig entgegengesetzt ist der Aufenthalt der Pferde auf einer Ganzjahresweide.**

Indem die Pferde beim Weiden ständig dahinziehen, nehmen sie auf natürliche und damit auf gesundeste Weise ihre Nahrung auf; die Ganzjahresweide bietet ihnen auch die Möglichkeit, sich auf natürliche Weise zu pflegen. Die Pferde haben auf großen Weideflächen die notwendige Bewegungsfreiheit und alle notwendigen Umweltreize, die ein artgemäßes und gesundes Verhalten fördern. Eine solche Haltung ist für alle Pferde zu empfehlen, die nicht gewerblich genutzt werden.

163 **Ein fast ganzjähriger Weidegang setzt große Weideflächen voraus.**

Je Pferd sind nach Futterbedarf und Ergiebigkeit des Weidelandes etwa 0,5 bis 1,0 ha erforderlich. Die Pferde bleiben von April bis Ende Februar ständig auf der Weide (siehe auch 169.). Zum Schutz dienen ihnen zugfreie Schuppen, dichtschließende Hecken und Baumgruppen, die auch notwendigen Schatten in der heißen Jahreszeit bieten; denn niemals dürfen Pferde den ganzen Tag über in der Sommersonne auf schattenlosen Koppeln sein. Es ist auch dafür zu sorgen, daß ständig gutes Tränkwasser vorhanden ist.

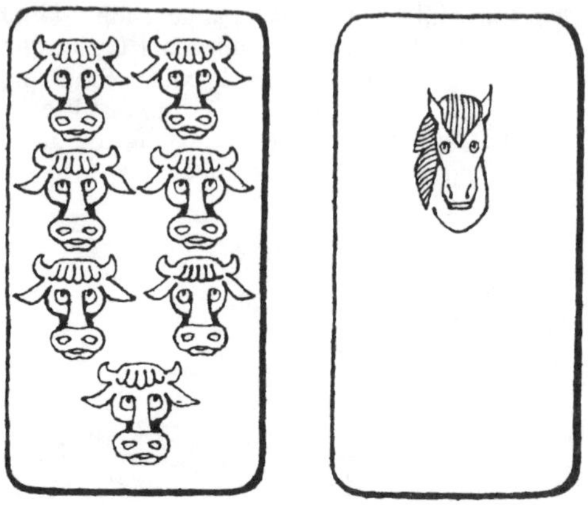

Die Haltung auf der Ganzjahresweide ist nicht nur im allgemeinen für die Pferde am gesündesten, sondern auch für den Pferdehalter mit dem geringsten Aufwand verbunden. 164

Deshalb lohnt es sich immer, nach einer solchen Möglichkeit zu suchen. Große Landwirtschaftsbetriebe nehmen oft Pensionspferde für ihre Rinderweiden auf. Pferde weiden das nach, was die Rinder stehen lassen. Auf sieben Rinder rechnet man etwa ein Pferd.

Die Kosten für die Pferdehaltung auf einer Pensionsweide sind relativ niedrig, sie sollten jedoch auch nicht unterschätzt werden. 165

Im Jahre 1976 wurden in allen Ländern Mitteleuropas für eine Pensionsweide pro Pferd und Tag 2,– bis 3,– Mark gezahlt. –
Hinzurechnen muß man in den Wintermonaten die Kosten für das Beifutter (Heu und Stroh); davon werden für die Zeit von Oktober bis Februar etwa 4–6 Zentner benötigt. Bei häufiger Nutzung der Pferde ist auch für Kraftfutter zu sorgen. Ebenso sind Kosten für den manchmal recht langen Anfahrtsweg zu berücksichtigen.

Die Pensionsweide bietet den Eigentümern der Pferde den großen Vorteil, daß sie nicht täglich für sie sorgen müssen. 166

Die Pferde sind in sicherer Obhut und behindern die Berufsausübung sowie die sonstige Freizeit- und Urlaubsgestaltung nicht. Man muß jedoch gerade solche Pferde sehr gründlich erziehen, da der Kontakt zu ihnen nicht so eng wie bei einer Stallhaltung ist und Widersetzlichkeiten z. B. beim Einfangen, Satteln und Wegreiten erhebliche Zeitverluste und andere Ärgernisse bringen.

167 **Die auf großen Weideflächen gehaltenen Pferde müssen sich Halter und Nutzer auf Zuruf nähern, zumindest dürfen sie bei einem Näherkommen dieser Personen nicht entfliehen.**

Pferde lernen im Verlaufe von einigen Wochen auf Zuruf zu folgen, indem man sie jedesmal bei einer Annäherung belohnt, sie erhalten dann Würfelzucker, Hartbrotstückchen, Möhrenscheiben oder Kernobst. Niemals sollte man sofort bei Annäherung auftrensen, besser ist es dem Pferd einen Halsriemen umzuschnallen und es noch ein paar Minuten am Strick weiden zu lassen.

168 **Auch große Weideflächen bieten nicht die vielfältige Nahrung, die freischweifende Wildpferde vorfanden.**

Während des ganzen Jahres müssen den Pferden deshalb Minerallecksteine zur Verfügung stehen. Nach Bedarf ist auch im Frühjahr Futterstroh in die Raufen der Schutzhütte zu geben. Sät man Weideflächen neu an, so ist für eine günstige Samenmischung zu sorgen (221).

169 **Mit zunehmender Kälte steigt bei den freigehaltenen Pferden in den Wintermonaten der Rauhfutterbedarf.**

Ab Ende Oktober gibt man deshalb reichlich Heu und Stroh in überdachte Raufen und ergänzt dieses Futter ständig. Starke Fröste lassen die Tränken einfrieren, so daß man sie täglich aufschlagen muß. Ab Ende Februar kommen die Pferde von der Weide in einen Auslauf, damit die Grasnarbe eine Erholungspause erhält und im Frühjahr ordnungsgemäß bearbeitet werden kann.

Stallpferde sind stets allmählich an einen fast ganzjährigen Weidegang zu gewöhnen. 170

Man kann sie nicht von heute auf morgen auf eine große Weidefläche bringen und dort sich selbst überlassen. Wenn Stallpferde plötzlich die gewohnte Fütterung entbehren müssen, fallen sie körperlich stark ab und sind anfällig gegen Krankheiten, so daß das Gegenteil von dem eigentlich Bezweckten erreicht wird. Stallpferde werden deshalb zunächst halbtags auf eine Koppel gebracht, ständig nachts zugfrei bei offener Stalltür gehalten und im Stall immer weniger gefüttert, bis der Übergang ohne Komplikationen vollzogen ist.

Die Umstellung von Stall- auf Robusthaltung soll im Frühsommer erfolgen. 171

Die Pferde können sich dann allmählich härteren Bedingungen anpassen, finden reichlich nährstoffreiches Futter und gehen nicht geschwächt in den Winter. Kommt es zwischen erstmalig zusammengeführten Pferden zu Rangordnungskämpfen, so greift man nur dann ein, wenn ernste Gefahren für ein Pferd entstehen; sie ordnen sich meistens besser ein, wenn Menschen nicht zugegen sind.

Während lang andauernder Schlechtwetterperioden ist das Verhalten des Leittieres zu beobachten. 172

Die Pferdegruppen auf großen Weideflächen sind meist willkürlich aus Familien- und Schicksalsgemeinschaften zusammengeführt, die Pferde weisen recht unterschiedliche Eigenschaften auf. Ist das Leittier in einer bunt zusammengewürfelten Herde das härteste, robusteste, so kann das für weniger widerstandsfähige Pferde nachteilig sein.

173 **Bleibt das Leittier tage- oder wochenlang selbst bei kaltem Dauerregen draußen auf der Weide, so werden auch die anderen nicht den schützenden Schuppen aufsuchen.**

In solchen Fällen greift man ein und sperrt die Pferde, reichlich mit Rauhfutter versorgt, über Nacht oder zumindest bis sie völlig trocken sind, in den Schuppen.

174 **Häufig werden Freizeitpferde in Offenställen mit Auslauf in der Nähe der Wohnhäuser gehalten.**

Diese Haltungsmethode nimmt eine Mittelstellung ein. Sie bietet den Vorteil der Ganzjahresweide, die Pferde können sich nach ihrem Belieben im Freien aufhalten, sowie den Vorteil des Massivstalles, die Pferde sind ständig verfügbar. Im Gegensatz zu den immer im Massivstall gehaltenen bekommen diese Tiere jedoch auch einen dicken Winterpelz und sind dann nur begrenzt leistungsfähig.

175 **Offenstall und Auslauf liegen meist inmitten von Wohnsiedlungen.**

Bei ihrer Einrichtung sind die baupolizeilichen Bestimmungen sowie die Belange der Anlieger zu beachten. Eine Belästigung der Nachbarn kann das zu diesen bestehende gute Verhältnis gefährden und die Freude am Besitz der Pferde trüben. Der Offenstall wird deshalb möglichst in der Mitte des eigenen Grundstückes gebaut. Doppelte Abzäunungen zum Nachbarn werden evtl. notwendig, auch der Dunghaufen sollte nicht am nachbarlichen Zaun angelegt werden.

Als Offenstall bezeichnen wir eine dreiseitig ge- 176
schlossene Unterkunft mit einem festen Dach, zugfrei und vom Untergrund her trocken.

Einen solchen Stall kann man aus Brettern, Ziegelsteinen oder Bauplatten ohne großen finanziellen Aufwand bauen. Er darf nicht in einer Bodensenke errichtet werden, denn dort sammelt sich nachts Kaltluft oder es staut sich bei Niederschlägen Nässe. Die offene Seite des Stalles ist nach Süden gerichtet.

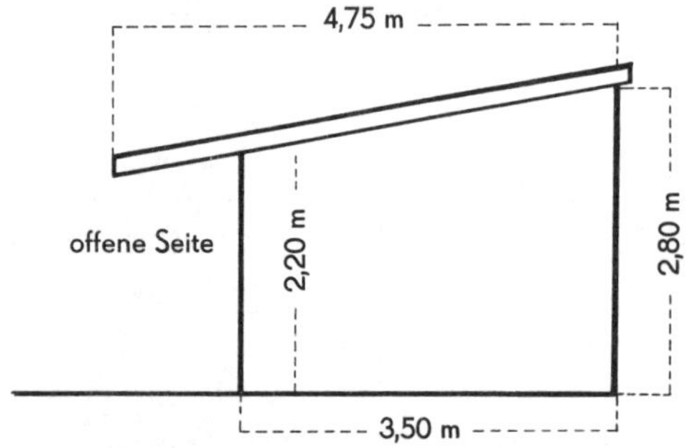

Jedes Pferd braucht im Offenstall einen genügend 177
großen Platz für sich.

Deshalb sollte ein Großpferd eine Grundfläche von 3,00 m Breite × 4,00 m Länge, ein Kleinpferd eine von 2,50 m Breite × 3,50 m Länge, ein Shetlandpony eine von 1,50 m Breite × 3,00 m Länge

zur Verfügung haben. Solche Grundflächen kann man, wie im Massivstall die Stände, durch Trennwände aus festgefügten Bohlen unterteilen; die Höhe der Trennwände soll gleich der Widerristhöhe der Pferde sein. Soll im Offenstall gefüttert werden, so erhält jedes Abteil eine Krippe und eine Heuraufe. (Besser 207 u. 208).

178 **Das Dach des Offenstalles muß gegen Nässe und gegen starke Sonneneinstrahlung schützen.**

Eine einfache Abdeckung, z. B. mit Wellblech, ist deshalb nicht geeignet; unter einem Blechdach steigen durch die starke Sonneneinstrahlung in den Sommermonaten die Temperaturen so hoch, daß sie für Pferde unerträglich werden. Man isoliert deshalb jede leichte Dachbedeckung von unten mit Rohrmatten u. ä. geeigneten Materialien. Das Dach wird nach Süden so weit übergebaut, daß die im Sommer hochstehende Sonne nicht in den Stall hineinscheinen kann, wohl aber die tiefstehende Wintersonne. Allerdings dürfen auch die Pferde in normaler Körperhaltung die Dachkanten nicht berühren können.

179 **Als Untergrund für den Offenstall eignet sich ein durchlässiger Boden am besten.**

Wer also Kies- oder Sandboden hat, kann unbesorgt darauf bauen. Solche Böden gräbt man nur einmal um und harkt sie glatt und erhöht so ihre Durchlässigkeit; eine evtl. vorhandene Humusschicht wird abgetragen und durch Kies und Sand ersetzt. Der Stallboden soll etwa 10 cm höher als der angrenzende Erdboden sein.

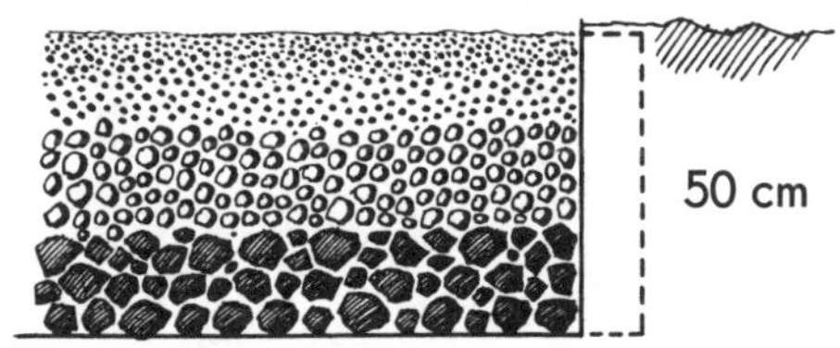

Auf völlig undurchlässigem Boden, wie z. B. auf schwerem Lehm, lassen sich Offenstall und Auslauf nur mit erheblichem Aufwand errichten. 180

In diesem Falle muß der Lehm für die Grundfläche des Stalles bis etwa 50 cm tief ausgehoben werden. Diese Grube füllt man mit durchlässigen Materialien wie Schotter, grobe Schlacke, Kies und Sand (Reihenfolge von unten nach oben) an; der Harn sickert dann bis zum Schotter durch und fließt von dort durch Röhren in eine Auffanggrube. – Außerdem ist der gesamte Auslauf etwa 25 cm tief auszuheben und mit Schlacke, Kies und Sand aufzufüllen.

Wurde die natürlich vorhandene sandige Erde als Stallboden belassen, sind häufig ergänzende Arbeiten erforderlich. 181

Bei guter Durchlässigkeit säubert man während der Sommermonate die Sandfläche lediglich vom Kot und harkt sie leicht auf.
Halten sich jedoch die Pferde über längere Zeit des Tages (z. B. bei Stundenweidegang) im Offenstall auf, so kann meistens der Boden die Harnmengen nicht aufsaugen; dann bringt man an Stelle der sandigen Erde eine ca. 20 cm hohe Schicht Hobel- und Sägespäne ein und überzieht diese leicht mit Sand.

Sobald im Herbst die ersten Nachtfröste einsetzen, richten wir den Offenstall für den Winter her. 182

Alle im Verlaufe des Sommers entstandenen Ritzen in den Seitenwänden, besonders auch die zwischen Seitenwänden und Dach, werden abgedichtet. Im Stall reinigt und lockert man den festgetretenen Boden noch einmal gründlich, für den Winter bekommt er dann eine gut isolierende und Feuchtigkeit saugende Auflage.

Die Bodenauflage für den Offenstall bezeichnen wir als Matratze. 183

Das ist eine 20–25 cm starke Schicht aus getrocknetem Moos und Kiefernnadeln oder ein Gemisch aus Torf und Hobelspänen oder aus

Hobel- und Sägespänen, darauf streut man kurzes Stroh 10 cm hoch. Die Pferde treten alles innerhalb weniger Tage fest. Die untere Schicht verbleibt unberührt bis März im Stall. Gereinigt wird immer nur die Strohauflage, nach Bedarf wird Kurzstroh nachgestreut.

184 **Ende März wird die Matratze aus dem Offenstall entfernt und dieser gründlich gereinigt.**

Mit den steigenden Temperaturen im Frühling beginnt in der Matratze ein starker Zersetzungsprozeß, der Gase absondert. Die Pferde beginnen den Stall zu meiden. Jetzt ist es an der Zeit, die Bodenauflage restlos zu entfernen. Als Komposthaufen aufgesetzt und im Verlaufe des Sommers des öfteren mit Jauche oder Wasser begossen, ergibt sie zum Herbst einen nährstoffreichen Dünger für den Garten.

Sind Pferde „stallrein“? 185

Oft versuchen Pferdehalter ihre Pferde „stallrein“ zu erziehen. Das ist meistens ein vergebliches Bemühen, da es gegen die Natur dieser Tiere ist. Viele legen sich oft auf ihrem Lagerplatz in ihren Kot (vor allem Hengste), anscheinend hängt dieses Verhalten mit der Rolle des Kotes als Nachrichtenträger zusammen. Alle, ganz gleich ob Stute, Wallach oder Hengst, harnen bevorzugt im Stall. Da jedoch der Kot sehr gern dort abgesetzt wird, wo schon welcher liegt, sollte man den Offenstall stets sehr sauber halten und dafür einen kleinen Haufen in einer schattigen Ecke des Auslaufes liegen lassen; manchmal setzen Pferde ihren Kot dann nur noch dort ab.

Im Freien gehaltene Pferde werden nicht wie die in Massivställen gehaltenen geputzt. 186

Sie haben die Möglichkeit zur natürlichen Fellpflege, die sie durch Wälzen, Scheuern, gegenseitiges Beknabbern und durch Baden im Tümpel wahrnehmen. Je nach Jahreszeit und Witterung machen sie das mit unterschiedlicher Intensität. Das, was man mit Kardätsche, Striegel und Schwamm täglich für die Stallpferde tut, ist nichts weiter als ein Ersatz für die dem Pferd genommene Möglichkeit, sich auf natürliche Weise zu pflegen.

Das Fell der im Freien gehaltenen Pferde ist so beschaffen, daß es sich den Jahreszeiten mit ihren unterschiedlichen Witterungsbedingungen anpaßt. 187

Im Sommer ist es fein und kurz und begünstigt so die Wärmeabführung.
Im Herbst wächst es in zwei Stufen (die eine

lang, die andere dicht) zum Winterfell. Dann dient es nicht nur als Schutz gegen Kälte, sondern auch als Regendach: Das lange Deckhaar legt sich nach einem bestimmten System über das dichte, kurze und fettige Unterhaar (Wollhaar). – Putzte man dieses Fall mit der Kardätsche, so würde die natürliche Fellstruktur zerstört. Soweit es zur Nutzung erforderlich ist, kratzt man deshalb nur stark verschmutzte Stellen mit einem Striegel vorsichtig ab. Gesunde Robustpferde haben auch im Winter kein übermäßig langes, wohl aber sehr dichtes Fell.

188 **In dem dicken Winterpelz der Robustpferde siedeln sich häufig Parasiten, wie Milben und Läuse, an.**

Diese Schädlinge bevorzugen die Hautpartien unter dem Langhaar an Schweifrübe und Mähnenkamm. Wenn das Winterfell abgeworfen ist (Mitte Mai) und kurz bevor es wieder gebildet wird (Mitte September), wäscht man jeweils einmal die Pferde mit einem vom Tierarzt empfohlenen Präparat. Der Tierarzt gibt die Dosierung und die Einwirkzeit an und weist auch auf evtl. erforderliche Schutzmaßnahmen für empfindliche Körperteile hin.

189 **Während der Sommermonate peinigen Fliegen, Mücken, Bremsen und andere Insekten die Pferde.**

Hiergegen gibt es alte bewährte Hausmittel und auch neue Handelspräparate. Mit solchen Mitteln müssen immer wenn notwendig alle von den Insekten bevorzugten Körperteile der Pferde wie Kopf, Bauch und Gliedmaßen eingerieben werden. Manche Präparate verlieren sehr schnell ihre Wirksamkeit. Geeignete Mittel sind Bremsenöl, verdünntes Tierlysol, Petroleum mit fetter frischer Milch im Verhältnis 1 : 1 gemischt sowie spezielle Handelspräparate. Sprayflaschen sind stets mit großer Vorsicht anzuwenden, da viele Pferde auf das zischende Geräusch mit einer Flucht reagieren (Schlangenfurcht).

Aus dem Offenstall müssen die Pferde jederzeit in den Auslauf gelangen können. 190

Sie werden nur in Ausnahmefällen im Offenstall angebunden. Mittels stabiler Querstangen, mit der die offene Seite des Stalles verschlossen werden kann, lassen sich auch behelfsmäßig Boxen einrichten. Das wird zum Beispiel notwendig, wenn Stuten abfohlen sollen, ohne von den anderen gestört zu werden. Abgesehen von diesen Ausnahmen bleibt der Stall das ganze Jahr über auf der einen Seite offen.

Drei Kleinpferde mittlerer Größe benötigen einen Auslauf mit einer Grundfläche von 15 m mal 50 m. 191

Nur ein so großer Auslauf reizt die Pferde zur Bewegung. Je länger er sein kann, um so besser ist es. Undurchlässiger Boden ist nicht als Auslauf geeignet, er würde sich bei starken Niederschlägen in Morast verwandeln. Die ständige Bodennässe hat auch auf die Beschaffenheit und Gesundheit der Hufe einen ungünstigen Einfluß, Strahlfäule ist z. B. eine der Folgen (siehe 586./587.).

Die Umzäunung des Auslaufes muß sehr stabil sein, da sie täglich strapaziert wird. 192

Das gilt für die Pfosten und auch für die Querstangen. Außerhalb des Auslaufes reizen viele Grashalme und Kräuter die Pferde, sich mit großer Kraft gegen die Querstangen zu pressen. An hölzernen Stangen nagen Pferde aus Langeweile, zur Förderung des Zahnwechsels oder um den Nährstoffbedarf zu decken. Am besten bewähren sich deshalb Zementpfosten mit Eisenrohren als Querstangen. Auch harte, kernige Hölzer sind geeignet, wenn sie des öfteren einen Schutzanstrich von Karbolineum und Teer, im Verhältnis 1 : 1 gemischt, erhalten.

193 **Viele chemische Anstrichstoffe kann man nicht als Schutzmittel für die Hölzer verwenden.**

Die meisten dieser Stoffe sind stark giftig. Sie ziehen in das Holz ein, bieten dann den vorgesehenen Schutz gegen Witterungseinflüsse, Holzwürmer, Brand usw., halten jedoch die Pferde auf die Dauer nicht davon ab, das Holz anzunagen; dabei nehmen sie dann auch die giftigen Stoffe auf. Auch abgelassenes Motorenöl sollte man nicht zum Anstreichen verwenden, da es giftige Metallspäne enthält.

194 **Der Auslauf muß sich, wenn erforderlich, auch unterteilen lassen.**

Werden im Auslauf die Pferde als Familie gehalten (Hengst-Stuten-Jährlinge-Fohlen), ist es ab und zu notwendig, sie auseinanderzusperren; z. B. ist es immer angebracht, hochtragende Stuten von einem unerfahrenen, stürmischen Hengst zu trennen. Der Auslauf erhält deshalb auch mehrere Zugänge.

VIII. Sachgemäße Fütterung, Futter gewinnung und Weidebewirtschaftung

Wie die Pferde zu füttern sind, ist von ihrer Größe (und Kaliber), ihrer Haltung und ihrer Nutzung abhängig. 195

Futteraufwand und sein Verhältnis zum Leistungsvermögen sind bei den einzelnen Rassen und selbst innerhalb derselben unterschiedlich, so daß sich nur schwer allgemeingültige Normen für die Fütterung aufstellen lassen. – Ein Panjepferd von etwa 135 cm Widerristhöhe kann z. B. beim therapeutischen Reiten durchaus das gleiche leisten wie ein warmblütiges Großpferd oder wie ein Vollblüter, benötigt gegenüber diesen aber nur die halbe Kraft- und Saftfuttermenge, ohne an Kondition einzubüßen.

Der wichtigste Grundsatz ist bei jeder Fütterung, Menge und qualitative Zusammensetzung des Futters nach der Leistung der Pferde zu bemessen. 196

An Großpferde gibt man bei mittlerer Leistung (z. B. etwa fünfstündige Nutzung zum Reitunterricht) je Tag und Pferd 5 kg Hafer, 5 kg Heu und nach Bedarf bis zu 4 kg Futterstroh.
Bei größeren Leistungen ist die Haferration um 1–2 kg zu erhöhen.
Während wochenlanger Ruhepausen kann die Haferration auf 2–3 kg täglich reduziert werden, als teilweisen Ersatz gibt man dann ca. 5 kg Runkeln.
Etwa $^2/_3$ der Rauhfuttermenge erhalten die Pferde abends, weil sie dann die meiste Zeit zum Fressen haben. – Zur Fütterung der Zuchttiere siehe Kapitel Pferdezucht.

Regelmäßig gewerblich genutzte Kleinpferde wie z. B. Bosniake, Haflinger, Isländer und Panjepferd erhalten etwa die Hälfte der für Großpferde üblichen Kraftfuttermenge. 197

Ihre Tagesration beträgt $2^1/_2$ kg Kraftfutter (50 % Hafer und 50 % Getreideschrote aus Gerste, Mais und Weizen), 2–3 kg Runkeln (Saftfutter) und bis zu 7 kg Heu und Futterstroh (Rauhfutter) zu gleichen Teilen. Je nach Schwere der Arbeit ist die Kraftfuttermenge von dem genannten

Mittel um 50% zu senken oder zu erhöhen; das Rauhfutter wird bei leichter Arbeit um 2–3 kg reduziert. Für Haflinger sind jedoch 7 kg Rauhfutter ein stets gleichbleibendes Minimum. – Wer fabrikfertige Kraftfuttergemische verfüttert, muß immer die Empfehlungen des Herstellers beachten.

198 **Während der Sommermonate werden Rauh- und Saftfutter durch frisches Grünfutter ersetzt.**

Ein Kleinpferd oder Pony bekommt davon pro Tag etwa 15–20 kg auf drei Mahlzeiten verteilt, die Hauptmenge abends; ein Großpferd erhält bis zu 30 kg täglich. – Das Kraftfutter wird immer vor dem Grünfutter gegeben; die Pferde verwerten es am besten, wenn es mit Strohhäcksel oder anderem sperrigen Futter vermischt wird. Um Verdauungsstörungen vorzubeugen, gibt man das Grünfutter erst etwa eine Stunde nachdem das Kraftfutter aufgefressen ist.

199 **An jedes Futtermittel sind gewisse Mindestanforderungen zu stellen, damit es auch verträglich ist und keine Verdauungsstörungen oder andere Erkrankungen hervorruft.**

So sollte Heu möglichst staubfrei sein, von grüner Farbe und frisch duften; keinesfalls darf schimmliges Heu verfüttert werden. –
Als Futterstroh eignen sich am besten Hafer- und Sommergerstenstroh, jedoch sind auch einwandfreies Roggen- und Weizenstroh verträglich; nicht verfüttern sollte man das Stroh von Leguminosen, das oft von Schimmel und anderen Pilzen befallen ist. –
Die Rüben sind stets sorgfältig zu reinigen, so daß keine Erdreste mehr anhaften. Das gilt auch für alle anderen Hackfrüchte. –
Gefrorene oder über Nacht in der Krippe verbleibende Futterreste sind morgens restlos zu entfernen.

200 **Weit individueller als die gewerblich genutzten können die Freizeitpferde gefüttert werden.**

Sofern kein ständiger Weidegang in Frage kommt, bildet die Basis für die Fütterung dieser Pferde das Grund- oder Erhaltungsfutter.

Das Grundfutter der Großpferde besteht aus 8–10 kg Saftfutter (Rüben) und 6–8 kg Rauhfutter (Heu und Stroh) oder im Sommer aus etwa 30 kg Grünfutter pro Tag und Pferd. Wiesengras kann man bei Bedarf auch noch in größeren Mengen (bis zu 50 kg) verfüttern. Gibt man jedoch Pflanzen mit höherem Eiweißgehalt, wie z. B. Klee, Wicken und Luzerne, so ist die Tagesration je nach Verträglichkeit zu reduzieren. Erste Anzeichen der Unverträglichkeit sind meist dünnbreiig werdender Kot. Das Grundfutter der Kleinpferde und Ponys besteht aus 2–4 kg Saftfutter und 3–4 kg Rauhfutter oder im Sommer aus 15–20 kg Grünfutter.

Je nach Leistung wird dann an den Nutzungs- 201
tagen zum Grundfutter das Leistungsfutter in Form von Hafer und Getreideschroten hinzugegeben.

Für zwei Stunden mittlere Arbeitsleistung gibt man einem Großpferd 1,5–2,0 kg und
einem Kleinpferd 0,8–1,0 kg Leistungsfutter.
Beim Training für Distanzritte (Kapitel XV) erhalten Großpferde die doppelte bis dreifache Menge wie oben genannt; bei den Kleinpferden wird sie nur erhöht, wenn der Vorwärtsdrang merklich gesteigert werden soll.
Die Pferde erhalten das Kraftfutter immer nach der Arbeitsleistung, evtl. einen Teil als Zwischenmahlzeit, wenn die Nutzung länger als vier Stunden dauert.

Wichtig ist, Kraftfuttergaben und Weidegang 202
richtig in Einklang zu bringen.

Wird das Pferd nur vormittags nach dem morgendlichen Weidegang genutzt, so erhält es das Kraftfutter mittags; nachmittags bleibt es dann im Auslauf bis zur Abendweide.
Wird es ganztags genutzt, so erhält es mittags und abends je eine Kraftfutterportion und kommt dann abends für etwa 2 Stunden auf die Weide

(198). Zur Nacht gibt man etwa 1–2 kg Futterstroh in die Raufe. – Für die meisten Kleinpferde und Ponys ist reiner Hafer als Leistungsfutter wenig geeignet, er wirkt auf sie wie auf die meisten Menschen der Alkohol. Besser sind deshalb gemischte Getreideschrote (197), Weizenkleie und eingeweichte Trockenschnitzel.

203 **Das Futter für Robustpferde muß vielseitiger sein als dasjenige für Stallpferde.**

Der ständige Aufenthalt im Freien und der starke Fellwechsel erfordern eine vielseitige Kost. Das bedeutet nicht, daß man täglich etwas anderes füttern kann, etwa heute nur Mohrrüben, morgen nur Hafer und übermorgen nur Kohlstrünke. Zu empfehlen ist eine mannigfaltige Kost, die in ihrer Zusammensetzung über längere Zeit beibehalten wird. Neue Zutaten sind immer erst in geringer Menge zu geben. So kann man z. B. morgens Möhren und Falläpfel zusammen verfüttern, mittags Kartoffelschalen und andere Küchenabfälle mit etwas Getreideschrot mischen und abends zu den Möhren einige Kohlstrünke sowie zum Rauhfutter im Herbst und Winter Eicheln geben.

204 **Ein privater Halter wird an seine Robustpferde alle geeigneten Abfälle verfüttern, die im Verlaufe des Gartenjahres anfallen.**

Viele Pferdehalter sind Kleingärtner oder Siedler. Vom Frühjahr bis Herbst fallen im Garten – das ganze Jahr über auch im Haushalt – Abfälle an, die sich gut als Pferdefutter verwerten lassen. Kartoffel-, Kohlrüben- und Sellerieschalen fressen Pferde gern, ebenso die Abfälle von gekochten Kartoffeln sowie Küchenkräuter und Obstreste. Auch kann man die Strünke von verschiedenen Kohlarten, Fall-Kernobst und Salatreste verfüttern.

205 **Blumenabfälle verfüttern wir nicht an unsere Pferde, wohl aber Früchte des Waldes.**

Viele Blumen sind für Pferde sehr giftig, deshalb kommen Blumenabfälle auf den Komposthaufen. – Im Herbst lohnt es sich Eicheln zu sammeln, sie sind ein gutes Futter für kalte Tage. Ab Ende Oktober kann man abends je Pferd ein

1-Litermaß voll Eicheln geben. Die Pferde müssen allmählich daran gewöhnt werden, die Verträglichkeit ist zu kontrollieren. – Einige Ponys wie Isländer und Gotländer fressen Eicheln ausgesprochen gern.

Die im Offenstall gehaltenen Pferde benötigen im Winter mehr Rauhfutter als die im Massivstall gehaltenen. 206

Rauhfutter wird von ihnen bei zunehmender Kälte in größeren Mengen aufgenommen. Kleinpferde wie Panje, Huzulen und Isländer benötigen dann etwa bis zu 6 kg täglich, Haflinger und Großpferde bis zu 10 kg. – Werden die Pferde bis spät in den Winter hinein häufig genutzt, so sollten sie in dieser Zeit nur gehaltvolle Rüben wie Möhren, Rote Beete und Zuckerrüben erhalten und Runkeln erst während der allgemeinen Winterruhe (90).

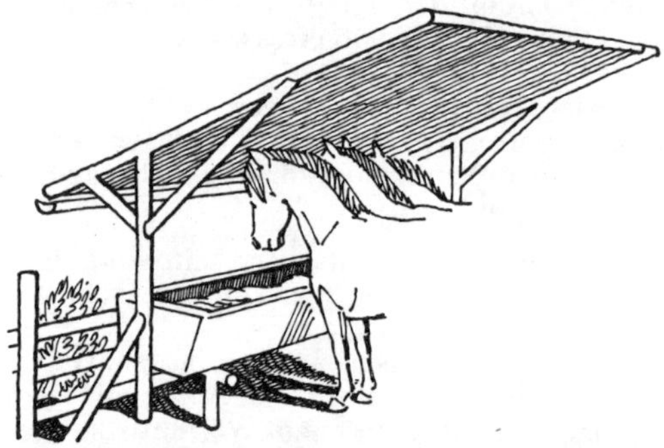

Die Fütterungseinrichtungen für die in Offenställen gehaltenen Pferde bauen wir so, daß auch gelegentliche Helfer mit ihnen zurechtkommen. 207

Bringt man Krippen und Raufen an der Rückwand des Offenstalles an, sind sie vor jeder Witterung geschützt; für den Pfleger ist das allerdings unbequem eingerichtet, da er Auslauf und Stall jedesmal beim Füttern betreten muß. Eine Futterklappe von außen an der Stirnseite des Stalles bringt nur für kurze Zeit Vorteile, da sie sich auf die Dauer nie zugfrei verschließen läßt. Deshalb ist es am besten, die Fütterungseinrichtungen an der Umzäunung des Auslaufes anzubringen und auch dort zu tränken.

Der Führer eines Pferdes muß das 16. Lebensjahr vollendet haben. Ein Pferd, auf dem ein Kind sitzt, wird richtig am kurzen Zügel und im Schritt geführt.

Im Verlauf von hunderttausenden von Jahren prägte das Leben in Steppen und Savanen das Pferd. Pferde fühlen sich deshalb in weiträumiger Landschaft am wohlsten (76, 80, 162–168).

Bei der offiziellen Beurteilung werden die Pferde nach einem einheitlichen Verfahren vorgestellt. Erforderlich ist z. B., den Richtern das Pferd in offener Stellung vorzuführen (314).

Am reizvollsten für den Reittouristen sind Ausritte in Wald und Flur (503–508).

Die Reiter dieser Gruppe tragen beim Ausritt ins Gelände den vorgeschriebenen Kopfschutz und sind ordnungsgemäß mit festem Schuhwerk bekleidet. Wenn sie darüber hinaus noch mit dem notwendigen theoretischen Rüstzeug ausgestattet sind und auf gut vorbereiteten Pferden reiten, wird eine erfolgreiche Saison vor ihnen stehen (499–506).

Sicher erzählen die kleinen Reiter noch lange Zeit vom ersten Ritt auf einem Pony am Rande der Rennbahn. Doch müssen vom Veranstalter des Ponyreitens die Sicherheitsbestimmungen eingehalten werden: Kinder bis zu 4 Jahren dürfen noch nicht reiten; im Alter von 4 bis 7 Jahren dürfen sie reiten, die Reittiere müssen aber von Personen, die das 16. Lebensjahr vollendet haben, am kurzen Zügel geführt werden. Ab vollendetem 7. Lebensjahr darf der kleine Reiter sein Pferd selbst am Zügel lenken, allerdings immer unter Aufsicht und möglichst im geschlossenen Ring.
(Anordnung über die Touristik mit Reit- und Zugtieren vom 31. 10. 1974, GBL Nr. 56 vom 21. 11. 74).

Ob bei der Namensgebung für das junge Fohlen oder bei einer zünftigen Kutschfahrt, Kinder sind immer mit Begeisterung dabei.

Beim wettkampfmäßigen Gruppenritt wird in mehreren kleinen Gruppen im Abstand von jeweils 10 Minuten gestartet (459). Während des Rittes sind die vorgeschriebenen Pausen und die notwendigen tierärztlichen Untersuchungen einzuhalten.

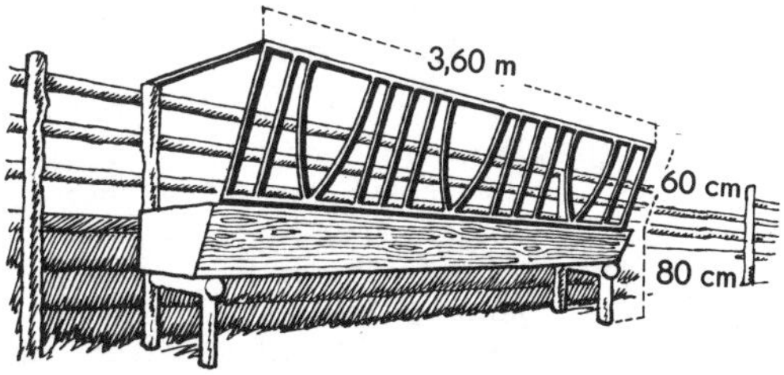

08 **Pferde fressen ruhiger und kauen gründlicher, wenn sie nicht durch andere Artgenossen bedrängt werden.**

Ein Gitter vor Doppel- und Mehrfachkrippen verhindert, daß sich die Tiere gegenseitig beim Fressen stören; auch kann man dann aus Eimern oder ähnlichen Behältern jedes Pferd individuell füttern. Eine individuelle Fütterung wird notwendig, wenn z. B. Fohlenstuten, Fohlen oder Zuchthengste ein hochwertigeres Futter erhalten sollen als nur wenig genutzte Reitwallache. Futterstellen außerhalb der Stallungen sind immer zu überdachen, damit das Futter vor Nässe geschützt ist. Ein größeres Dach schützt gleichzeitig die Pferde.

09 **Ob die Pferde gut kauen können, ist des öfteren beim Fressen zu überprüfen.**

Zähne können locker werden oder Backenzähne bekommen z. B. scharfe Kanten und reiben Zunge und Innenhäute der Maulhöhle auf. Die Nahrungsaufnahme wird dadurch sehr erschwert. Die Pferde verlieren Körpergewicht und lassen in der Leistung nach. Typische Anzeichen für Zahnmängel sind: die Pferde fressen langsam und halten den Kopf schief, sie knirschen häufig mit den Zähnen und in der Krippe lassen sie kleine Bällchen aus zusammengekautem Rauhfutter zurück. – Ein Tierarzt beseitigt solche Krankheitsherde schnell.

10 **Zwischen Fütterung und Nutzung der Pferde sollte man immer eine Pause einschieben.**

Bei einer Fütterung aus Krippen und Raufen nutzt man Kleinpferde und Ponys etwa zwei Stunden ab Fütterungsbeginn, sie benötigen $1–1^1/_2$ Stunden zur Sättigung. Großpferde sollten noch eine halbe Stunde länger Pause haben. – Will man die Pferde nach einem Weidegang nutzen, so sind sie zunächst für etwa eine Stunde in den Auslauf zu sperren oder auf dem Sattelplatz anzubinden.

Die Pferde richtig zu tränken ist nicht weniger wichtig wie sie richtig zu füttern. 211

Wann getränkt wird richtet sich ganz nach der Art der Fütterung. Bei der für Sportpferde üblichen Hafer-Heu-Fütterung wird grundsätzlich vor dem Füttern getränkt, da es sonst zu Verdauungsstörungen kommen kann. Bei reichlichen Saft- und Rauhfuttergaben (wenig oder kein Kraftfutter, nehmen die Pferde das Wasser am liebsten während oder nach dem Fressen auf; das gilt auch für den Weidegang. In diesen beiden Fällen kann man ihnen bedenkenlos ständig Wasser zur Verfügung stellen.

Fließende Gewässer und Tümpel sind selten eine geeignete Tränke für die Pferde. 212

Anlieger leiten mitunter Stoffe in diese Gewässer, die den Pferden schaden würden. Tümpel können durch andere Tiere mit Krankheitserregern verseucht sein. Am gesundesten ist deshalb Tränkwasser aus Quellen, aus Brunnen oder aus dem öffentlichen Versorgungsnetz. –
Im Sommer ist darauf zu achten, daß sich das Wasser in den Tränkvorrichtungen nicht über 18 °C erwärmt; warmes Wasser ist sauerstoffarm und wird von den Pferden nicht mehr gern

aufgenommen, so daß sie auf diese Weise unter Wassermangel leiden können. –
Überhaupt ist Wasser am verträglichsten mit Temperaturen von 8–10 °C.

213 **Auch im Winter sind die im Freien gehaltenen Pferde regelmäßig und ausreichend zu tränken.**

Quellen bleiben bei geringen Minusgraden noch offen, die Pferde zerschlagen auch mit den Hufen eine dünne Eisschicht. Sind mehr als drei Pferde im Auslauf oder auf der Weide, so lohnt es sich, eine von allen Seiten gut isolierte Badewanne hineinzustellen; die Pferde halten sich dann in der überfrierenden Wasseroberfläche ein Trinkloch offen.

214 **Ein bis drei Pferde werden bei Frostwetter am zweckmäßigsten aus einem Gummieimer getränkt.**

Man hängt ihn am frühen Vormittag an einen Haken in den Auslauf und gießt nach Bedarf Wasser nach. Gibt man auf 10 Liter kaltes Wasser einen Liter kochendes Wasser hinzu, so trinken die Pferde auf einmal mehr als vom kalten Wasser. Eis läßt sich leicht durch Zusammendrücken des Gummieimers entfernen. Nachts nimmt man den Eimer aus dem Auslauf.

Den meisten Personen, die Freizeitpferde am Haus im Offenstall halten, stehen keine großen Weideflächen zur Verfügung. 21

Soll sich ein Kleinpferd oder Pony von April bis Oktober hauptsächlich auf der Weide ernähren, so muß sie etwa 3000 m² groß sein; ein Großpferd benötigt ungefähr die doppelte Weidefläche. Solche kleinen Flächen lassen sich rationell nutzen, wenn man das Pferd nicht Ganztags auf die Weide läßt, sondern nur morgens und abends jeweils 1–2 Stunden. Diese Zeit reicht bei normalem Graswuchs aus, um ein Pferd zu sättigen. – Ist es länger auf der Weide, so zertritt es viel Futter, weil es dann nur noch Leckerbissen sucht.

Zur noch rationelleren Weidenutzung kann die Stundenweide durch die Portionsweide ergänzt werden. 21

Die zur Verfügung stehende Fläche wird mit Hilfe einfacher Stangen oder durch Elektrozäune in kleine Parzellen von etwa 400–600 m² unterteilt. Wenn die eine Parzelle abgeweidet ist, kommt das Pferd auf die andere. Auf der abgeweideten Parzelle werden die Geilstellen nachgemäht, der Kot wird mit einer Kartoffelforke sauber abgesammelt, dann werden die Disteln ausgestochen und die Fläche wird mit etwa 1 kg Kalkammonsalpeter je 200 m² nachgedüngt.

Beweiden Pferde jahraus, jahrein dieselben kleinen Flächen, so ist das für die Grasnarbe außerordentlich schädlich. 21

Kleine Weideflächen müssen deshalb besonders intensiv gepflegt werden. Vor allem sollte man sie abwechselnd als Weide und als Wiese zum Heuen nutzen. So wird z. B. das Gras von einer Parzelle als Vormahd geheut; ist das Heu abgefahren, düngt man die Fläche mit Kalkammonsalpeter und nutzt sie etwa 4 Wochen später als Weide. Andere Parzellen läßt man im Frühjahr und Sommer abweiden und heut dann im Spätsommer das Gras als Nachmahd.
Verbißschäden auf Weideflächen vermeidet man am besten durch gemeinsamen Weidegang von Schafen und Pferden.

Richtige Düngung des Weidelandes ist die Voraussetzung für hohe Erträge und ein mineralstoffreiches Futter. 21

Gedüngt wird mit Phosphor-, Kali- und Stickstoffdüngemitteln, auch ist das Weideland nach

Bedarf mit Kalk und möglicherweise auch mit Humus zu versorgen.
Für leicht saure bis neutrale Böden sind an Düngemitteln (genaue Angaben liefert die Bodenuntersuchung) je
1000 m² Fläche und Jahr erforderlich:
25 kg Thomasmehl oder Superphosphat,
20 kg 50 %iger Kalidünger, beide werden ab Ende Oktober bis Ende Februar ausgestreut; außerdem gibt man
20 kg Kalkammonsalpeter, von dieser Menge 10 kg Mitte März und jeweils 5 kg nach dem ersten und dem zweiten Weideumtrieb bzw. der Mahd.
Alle vier Jahre im Herbst streut man etwa 2 bis 3 Doppelzentner kohlensauren Kalk auf 1 000 m² Weidefläche aus. – Wenn notwendig, erhalten die Weideflächen ein Jahr vor der Kalkung auch Kompost, ihr Gras wird dann zur Heugewinnung genutzt.

219 **Über die Düngung und Nutzung der Weideflächen führt man ein Buch.**

Die einzelnen Parzellen werden skizziert und numeriert. Jedesmal wenn Dünger ausgebracht wird, trägt man Art, Menge und Datum der Düngung unter der Parzellennummer ein. Ebenfalls werden Jahr und Art der Nutzung eingeschrieben, so daß man Übersicht über die abwechselnde Nutzung der Weideflächen hat.
Von den Handelsdüngern bevorzugt man solche, die neben dem Hauptnährstoff noch Kalk und Spurenelemente enthalten wie z. B. Thomasmehl.
Handelsfertige Mischdünger sollen verwendet werden, wenn ihre Zusammensetzung bekannt ist und diese dem Pflanzenbestand entspricht.

220 **Das Ausbreiten unerwünschter Pflanzen schränkt man durch richtige Weidebewirtschaftung ein.**

Einige dieser Pflanzen sind giftig, andere als Futter wertlos. – Weit verbreitet, jedoch nur im grünen Zustand giftig sind die Hahnenfußgewächse; durch das Trocknen beim Heuen

geht die Wirksamkeit des Giftes verloren. Sehr giftig für Pferde sind Maiglöckchen, Herbszeitlose (Herbstkrokus), Hyazinthen. Treten sie in großen Mengen auf, sind sie mit Totalherbiziden zu vernichten; wenige Pflanzen sticht man aus.
Von den Büschen sind Eibe, Akazie, Buchsbaum, Tollkirsche, Liguster, Goldregen, Lebensbaum, Oleander und Rhododendron giftig. Diese Gehölze dürfen nicht zu Einfriedungen oder als Schattenspender für Koppeln verwendet werden.
Andere unerwünschte Pflanzen, wie Disteln, Brennesseln und Huflattich, vernichtet man durch häufiges Nachmähen, wenn die Pflanzen kurz vor der Blüte stehen. Huflattich wird zusätzlich mit Dränagemaßnahmen bekämpft.
Auch richtiges Kalken schränkt die Ausbreitung vieler Unkräuter ein.

Auf den Weideflächen müssen die Pferde reiche Auswahl an Gräsern und Kräutern finden. 221

Neue Flächen sät man im Herbst oder zeitigen Frühjahr an, dafür ist folgende Samenmischung zu empfehlen:

Mengenangabe für 1000 m², leichte Böden
1,5 kg Wiesenrispengras
1,0 kg Wiesenschwingel
0,6 kg Deutsches Weidegras
0,4 kg Gelb- und Weißklee 1 : 1 (Aussaat im Frühjahr)
0,5 kg Wiesenlieschgras (Timothe)

4,0 kg insgesamt

Dazu gibt man etwa 500 Gramm Wildkräutersamen von Schafgarbe, Wilde Möhre und Wiesenkümmel, und sät allein für sich an den Rand der Weideflächen Beifuß. –
Für schwere Böden ist zu raten, das Mengenverhältnis Wiesenrispengras: Deutsches Weidelgras genau umgekehrt zu nehmen. –
Als Schattenspender werden an die Zäune Erlen und Weiden gepflanzt. Inmitten großer Weideflächen lassen sich ebenfalls Buschgruppen anlegen, sie sind während der ersten Jahre durch Stangenzäune gegen Verbiß zu schützen.

Was wir für die Weideflächen sonst noch tun müssen. 222

Haben sich Moosstellen gebildet, so eggt man diese im Spätherbst auf und streut etwas Deut-

sches oder Welsches Weidelgras als Nachsaat ein. – Sobald im Februar/März die Weideflächen abgetrocknet sind, werden die Maulwurfshaufen glattgeharkt oder mit einer Schleppe (alte Eisenradreifen eignen sich gut) eingeebnet. Gibt es während des Sommers längere Dürreperioden, so sind die Weideflächen ausreichend zu bewässern.

223 **Für kleine Weideflächen muß die Umzäunung besonders stabil sein.**

Versuche, die Umzäunung zu durchbrechen, gehören beim Weidegang auf kleinen Koppeln zum Tagesgeschehen. Weidezäune aus gesunden Derbstangen bewähren sich gut, wenn sie geschält, getrocknet und mit einem Karbolineum-Teer-Anstrich versehen worden sind. Es genügen drei Stangenreihen, von denen die untere einen Bodenabstand von 40 cm hat und die zweite von dieser 30 cm und die obere von der zweiten ebenfalls 30 cm entfernt ist. Die Zaunpfähle werden im Abstand von 2,5–3,0 m gesetzt. Die Stangen nagelt man von innen (zur Weidefläche hin) an, damit sie die Pferde nicht vom Pfosten wegdrücken können.

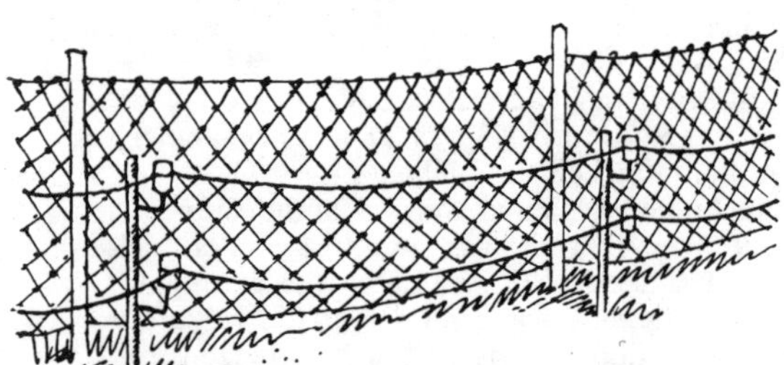

224 **Als Koppelzäune sind auch fabrikmäßig gefertigte Drahtgitter geeignet.**

Zur Umzäunung kleiner Weideflächen werden sie ebenso wie Maschendrahtzäune nach innen zur Weidefläche hin mit einem Elektrozaun abgesichert. Grenzt man mit Drahtgitterzäunen sehr große Weideflächen ab, so sollte auf der Innenseite zusätzlich noch eine Stangenreihe in ca. 80 cm Höhe angebracht werden. – Stacheldraht darf man niemals als Umzäunung verwenden.

Nur Elektrozäune zu verwenden ist auch nicht ratsam. 225

Sie haben sich bei der Einteilung von Portionsweiden gut bewährt (meistens ist noch eine feste Umfriedung für den gesamten Komplex vorhanden) und als zusätzliche Sicherung bei Zäunen aus Drahtgeflechten.
Täglich ist zu kontrollieren, ob der Elektrozaun auch funktioniert. Unter den Drähten nachwachsende Pflanzen müssen regelmäßig ausgemäht werden. – Damit die Pferde von Anfang an Respekt vor den dünnen Drahtlitzen bekommen, sollte sie jemand mehrmals so heranlocken, daß sie einen Schlag erhalten.

Nach dem Winter kommen die Pferde erstmals wieder Mitte oder Ende April auf die Weide, wenn das Gras etwa 20 cm hoch ist. 226

Auf diesen Weidegang sind sie allmählich vorzubereiten, denn ein plötzlich hohes Eiweißangebot würde zu Koliken und anderen Erkrankungen führen. Die Pferde bekommen zur allmählichen Anpassung zunächst eine Woche lang etwas Gras in die Raufen, die Menge wird im Verlaufe einer Woche von etwa 2 kg auf 5 kg erhöht.
In der zweiten Woche lassen wir dann die Pferde täglich eine Stunde weiden und dehnen das bis zum Ende der Woche auf zwei Stunden aus. In der dritten Woche können sie den ganzen Tag über auf der Weide bleiben, wenn diese groß genug ist.

Anfang Juni wird auf den Wiesen die Vormahd geschnitten. Das Heu wollen wir verlustarm lagern, auch wenn keine Scheunen oder Heuböden vorhanden sind. 227

Ist das Heu trocken, so bringen wir es auf einer sperrigen, ca. 30–40 cm hohen Unterlage in

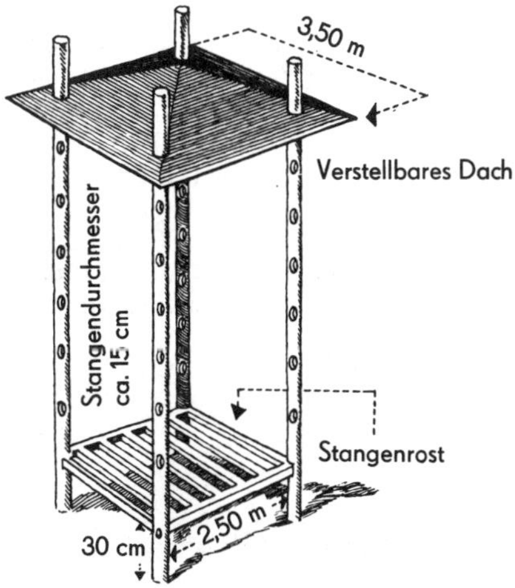

einen Haufen; in solch einen Haufen kommt das Heu von etwa 2500 m^2 Fläche. Während der ersten 10 Wochen darf er nicht mit Folie abgedeckt werden. Das Heu schwitzt in dieser Zeit stark, so daß es unter der Folie faulen würde. Die geeignete Abdeckung ist deshalb zunächst Langstroh oder Schilfrohr, später kann man dann Folie verwenden. Praktisch ist eine Heuhütte wie sie die Abbildung zeigt; sie läßt sich mit geringem Kostenaufwand errichten.

228 **Alle Ratschläge, die zur Haltung, Fütterung, Pflege und Futtergewinnung gegeben wurden, sind als Regel anzusehen.**

Von diesen Regeln kann es individuell ziemliche Abweichungen geben. Das Befolgen der Ratschläge enthebt keinem der Pflicht, die Pferde zu beobachten, und zu prüfen, inwieweit sie sich unter den gegebenen Bedingungen auch wohlfühlen. –
Wohlbefinden drückt sich in lebhafter Anteilnahme am Umweltgeschehen, in der Lust zur Bewegung, in einem guten körperlichen Zustand (fette Pferde lehnen wir jedoch ab), in einem glänzenden Fell und in ruhigen, klaren Augen aus.

IX. Pferdezucht ist interessant, jedoch nicht ohne Wagnis

Viele Besitzer von Freizeitpferden haben den Wunsch, Pferde auch zu züchten. 229

Das ist wegen des möglichen zusätzlichen Verdienstes verständlich, denn er soll die Kosten für die Pferdehaltung teilweise decken. –
Mehr wohl noch ist der Grund die Liebe zum Tier; denn was gibt es für einen Pferdefreund schöneres als ein Fohlen zu besitzen und zu erziehen. –
Der Besitzer von nur wenigen Pferden hat jedoch durch die Zucht meistens mehr Nach- als Vorteile. Sehr gründlich ist deshalb zu erwägen, ob man eine Stute bedecken läßt oder nicht.

Wer züchten will übernimmt eine große Verantwortung, denn das Fohlen muß seinen natürlichen Bedürfnissen gemäß aufwachsen können. 230

Im Kapitel VII wurden die notwendigen Voraussetzungen für eine erfolgreiche Haltung genannt; Zuchttieren müssen von den verschiedenen Möglichkeiten die besten geschaffen werden. Nur wer seine Pferde in gesunden Ställen halten und sie ständig ins Freie lassen kann, nur wer über gute Weideflächen verfügt und ausreichend nährstoffreiches, vitamin- und mineralstoffhaltiges

Futter zur Verfügung hat, sollte züchten. Niemals dürfen Fohlen in engen Stallungen, auf kleinen Hinterhöfen, ohne Möglichkeit zur schnellen Bewegung, ohne frische Luft und Sonne zur Welt kommen und aufgezogen werden.

231 **Wer Zucht als Freizeitbeschäftigung betreibt, geht immer ein großes Risiko ein.**

Läßt man z. B. eine Stute bedecken, muß man für die Deckgebühr und die Transportkosten bei ungünstiger örtlicher Lage schon einen beträchtlichen Teil des zu erwartenden Preises für das Absatzfohlen bezahlen. Nach dem Bedecken kann die Stute umrossen, so daß sie noch einmal belegt werden muß. Ist sie trächtig, so fällt sie als Reitpferd mindestens fünf Monate aus (3 Monate vor und 2 Monate nach dem Abfohlen). Das Fohlen kann tot geboren werden, auch für die Stute kann das Abfohlen tödlich verlaufen. Das alles sollte man beizeiten bedenken, um von späteren Enttäuschungen verschont zu bleiben.

232 **Der Pferdezüchter muß die gesetzlichen Zuchtbestimmungen beachten.**

Sie dienen dazu, die guten Eigenschaften der vorhandenen Pferdebestände zu erhalten und zu verbessern und leichtsinniges und willkürliches Experimentieren zu unterbinden. In der DDR ist das Zuchtgeschehen durch das Gesetz über die Organisierung und Leitung der Tierzucht (Tierzuchtgesetz) vom 20. Juni 1962. GBl. I Nr. 5 Seite 60 und durch Ergänzungsbestimmungen wie die Anordnung Nr. 1 über die Körung und Verwendung von Vatertieren geregelt. – In anderen Ländern ordnen ähnliche Gesetze oder aber Bestimmungen der Zuchtverbände das Zuchtgeschehen.

233 **Die Pferdezucht wird in der DDR von der Zentralstelle für Pferdezucht beim Ministerium für Land-, Forst- und Nahrungsgüterwirtschaft sowie von den ihr unterstellten Pferdezuchtdirektionen Nord, Mitte und Süd geleitet** (siehe Anhang).

Bei den Pferdezuchtdirektionen werden die Stammbücher geführt. Das sind z. B. Vorbuch, Stammbuch und Hauptstammbuch. Die Direktionen stellen auch die Fohlenscheine und gesonderte Abstammungsnachweise aus. Jedoch erhalten nur die im Fachbereichsstandart Pferdezucht/Zuchtziele (TGL 26 900) genannten Pferderassen „Papiere“. Das sind z. Z. Englisches und Arabisches Vollblut, Traber, Warm- und Kaltblutpferde sowie Haflinger und Shetlandponys. Neuerdings besteht auch ein eigenes Zuchtbuch für nicht in der TGL genannte Ponys und Kleinpferde der Größen 107–147 cm, in das z. B. Kleinpferde osteuropäischer Herkunft eingetragen werden.

Jeder, der Pferde züchten will, muß sich auf den 234
jetzigen und auch auf den zukünftigen Bedarf einstellen.

Genutzt werden Pferde hauptsächlich im Sport und für das Freizeitreiten. Sportpferde (Großpferde) sollten Betriebe züchten, die über große Weideflächen verfügen, da nur dort die Voraussetzungen zur Aufzucht leistungsfähiger Tiere bestehen. –
Freizeitpferde werden sowohl von gewerblichen bzw. landwirtschaftlichen Zuchtbetrieben, wie z. B. Gestüten, als auch aus Hobby von Privatpersonen gezüchtet. Für diese Hobbyzüchter sind hauptsächlich die folgenden Ausführungen gedacht.

Wie sehr die sich ändernde Nutzungsart die 235
Zuchtziele beeinflußt, wird in den Zuchtrichtlinien vieler Länder für Shetlandponys sehr deutlich.

Shetlandponys waren bis in die 50er Jahre hinein genügsame und leistungsfähige Zugkräfte in Gartenbaubetrieben; als Zugpferdchen wurden sie tief und massig gewünscht. Heute sind sie begehrte Spiel- und Reitpferde für Kinder oder flinke Traber vor der Kutsche; jetzt sollen sie trocken und drahtig sein mit nicht zu breiter und nicht zu tiefer Brust und einer Widerristhöhe von mehr als einem Meter.
In der DDR ist für die Zucht der Shetlandponys die TGL 26 900 v. Juni 1971 maßgebend. Das Höchstmaß beträgt hier 107 cm.

236 **Bei den Zuchtzielen für Freizeitpferde sind besonders die allgemeinen Leistungseigenschaften zu beachten.**

Die Zuchttiere müssen robust, genügsam, zäh und ausdauernd sein, sie sollten schonende und fördernde Gangarten und ein widerstandsfähiges Hufhorn besitzen, leistungsbereit, lernfreudig und gutartig sein sowie Kontakt zum Menschen suchen, zumindest ihn nicht ablehnen. Da man diese Pferde meistens im freien Gelände reitet, dürfen sie nicht ängstlich, schreckhaft oder sehr wetterempfindsam sein. Kinder-Turnierpferde sollten sich durch gute Springeignung auszeichnen. – Zucht heißt keinesfalls nur Vermehrung, sie ist vielmehr eine zielgerichtete, verantwortungsvolle Aufgabe.

237 **Ob Pferde für die Zucht tauglich sind oder nicht, ermitteln die Zuchtleitungen oder Verbände durch Leistungs- und Zuchtwertprüfungen.**

Für die Züchter in der DDR sind die Verfahren durch die TGL 20 846 geregelt.
Soweit man die Pferde in der Wirtschaft verwendet, sind Zugleistungsprüfungen ein aussagekräftiges und erprobtes Verfahren. Für Freizeitpferde sind solche Prüfungen nicht ausreichend. Die TGL 20 846 sieht z. B. deshalb für Haflinger Zuchthengste außer Zugwilligkeits- auch Gang-, Rittigkeits- und Fahrprüfungen vor. Sehr aussagekräftig sind auch Tragleistungsprüfungen, wie sie z. B. in der Huzulenzucht üblich sind.

Die Zucht der Freizeitpferde wird auch gelegentlich von der Mode sowie durch Liebhaberwünsche beeinflußt. 238

So schließt sie die Zucht der Miniponys (hauptsächlich Shetlandponys unter 80 cm Widerristhöhe) und auch spezielle Farbzuchten wie die der Tigerschecken und Palominos ein. Hier findet der Hobbyzüchter ein besonders interessantes, aber auch kostspieliges Betätigungsfeld; denn Zwergponys bringen nicht unbedingt wieder Zwerge und bunte Pferde nicht unbedingt wieder bunte Fohlen.

Die Farbe eines Pferdes hat unter unseren geographischen Bedingungen wenig Einfluß auf seine Konstitution und sein Leistungsvermögen. 239

Jeder kann ein Pferd mit einer ihm zusagenden Farbe wählen. Allerdings erfordern helle Pferde, wie Schimmel, Isabellen und Falben, je nach den Haltungsbedingungen einen höheren Pflegeaufwand als dunkle. Bei hellen Pferden sind auch geringe Fellverunreinigungen deutlich sichtbar. – Dort, wo Pferde unter härtesten klimatischen Bedingungen gehalten werden müssen, wie in Sibirien und in der Mongolei, haben sich dunkle Pferde gegenüber den hellen durchgesetzt. Eine höhere Widerstandsfähigkeit dunkler Pferde gegenüber hellen wurde auch in europäischen Wildbahnen während der Wintermonate beobachtet.

240 **Die Züchtung der Farben läßt sich in bestimmter Weise steuern.**

So ergibt z. B. eine Paarung (gekürzt nach v. Wussow) von:

Fuchs × Fuchs = Fuchs

Rappe × Rappe = Rappe, auch Fuchs und Isabell möglich, wenn Eltern nicht erbrein

Brauner × Brauner = Brauner, auch Rappe, Fuchs, und Isabell möglich

Schimmel × Schimmel = Schimmel; waren beide Eltern erbrein, so wird dieser Schimmel mit Pferden aller Farben wieder Schimmel bringen.

(Weitere Variationen siehe spezielle Literatur).

Schecken ergeben wieder Schecken, wenn beide Eltern Schecken sind. Um Palominos zu bekommen (goldfarbenes Deckhaar und flachs- oder silberfarbenes Langhaar), läßt man Albinostuten von Fuchshengsten decken; eine Palominostute × Fuchshengst ergibt einen noch kräftigeren Goldton beim Fohlen. Sehr schwierig ist die Zucht der Tigerschecken. Ein Elternteil sollte immer ein klar gezeichneter Tigerschecke sein; aber selbst zwei Tigerschecken gepaart ergeben nicht immer ein Tigerscheckfohlen.

241 **Rasserein zu züchten oder aber zu kreuzen ist abhängig vom Bedarf und von der erblichen Situation im Zuchttierbestand.**

Rassereine Pferde – das trifft auch auf unsere Robusten zu – haben gefestigte Eigenschaften, die eine sichere Aussage über die Tauglichkeit für bestimmte Zwecke ermöglichen; bei Kreuzungsprodukten ist das nicht der Fall. Kreuzen sollten deshalb nur erfahrene Züchter, die auch das damit verbundene Risiko tragen können.

242 **Somit werden Züchter sich und der Nachwelt einen großen Dienst erweisen, wenn sie ihre Pferde rasserein züchten.**

Sie verfügen über ein Zuchtmaterial, das in seiner Ursprünglichkeit mit den besten natürlichen Eigenschaften in bisher wenig erschlossenen Gebieten bis in unsere Zeit erhalten blieb. Im heutigen Zeitalter der großen wissenschaftlichen, technischen und gesellschaftlichen Umwälzungen, die den ganzen Erdball erfaßt haben, wird in einigen Jahrzehnten von diesem ursprünglichen Material nur noch das vorhanden sein, was sorgsam behütet worden ist.

So verdienen z. B. in der DDR besonders die Bemühungen des Berliner Tierparks Achtung und Anerkennung, Fjordpferde und Gotlandponys durch Reinzucht in der DDR zu erhalten.

Kreuzen wird man dann, wenn ein geändertes Zuchtziel erreicht werden soll. 24

Wegen der damit verbundenen Problematik sollten solche Kreuzungsversuche nur Großbetriebe durchführen, denn dort können sie von den Zuchtleitungen besonders sorgfältig überwacht werden. – Ein Hobbyzüchter wird kreuzen müssen, wenn für seine Stute kein Deckhengst der gleichen Rasse vorhanden ist. Zweckmäßigerweise sollte er dann nicht urwüchsige nordische oder östliche Kleinpferd- und Ponyrassen durch Kreuzung mit orientalischen oder europäischen Vollblütern „veredeln" wollen. Vollblüter und die meisten anderen Zuchtprodukte sind den urwüchsigen Pferderassen in der Grundstruktur entgegengesetzt.

Kreuzt man Pferderassen, die in ihrer genetischen Struktur einander nahestehen, ist das weniger risikovoll. 24

So haben solche Kreuzungen, wie Shetländer × Panje, Fjordpferd × Panje, Konik × Dülmener, Isländer × Panje u. ä. befriedigende bis gute Ergebnisse gebracht. Ähnlich befriedigende Resultate gab es bei Kreuzungen mit Arabischen Hengsten oder kleinem Englischen Vollblut, wenn die Stuten Rassen angehörten, die schon einmal in länger zurückliegenden Zeiten eine starke Vollblutzufuhr erhalten hatten, wie z. B. die New Forest Pferde oder die Haflinger.

245 **Ein Stutenbesitzer sollte nie bei dem ersten besten Hengst decken lassen, sondern einen wirklich guten für seine Stute aussuchen.**

Neben den allgemeinen Eigenschaften eines Freizeitpferdes sollte eine Zuchtstute auch solche wie Mütterlichkeit, hohe Fruchtbarkeit und gute Anlagen zur Milcherzeugung aufweisen. Die Paarung einer solchen Stute mit einem passenden Hengst ihrer Rasse ist die Voraussetzung, ein Fohlen mit bester Veranlagung zu bekommen, jedoch noch keine Garantie. Bevor man die Stute decken läßt, sollte man nie versäumen, die schon vorhandene Nachzucht des Hengstes zu besichtigen; nicht alle Hengste vererben ihre guten Eigenschaften durchschlagend.

246 **Viele Hobbyzüchter streben eine eigene Hengsthaltung an, davon ist abzuraten.**

Ein guter Zuchthengst ist sehr teuer, und wenn er nicht z. B. in der Kleinpferdezucht im Jahr mindestens 20 Stuten decken kann, rentieren sich Anschaffung und Haltung selten. Wird so ein Hengst angeschafft und als Beschäler für ein größeres Gebiet gehalten, so müssen sichere Stallungen und Ausläufe vorhanden sein, um fremde Stuten in Pension nehmen zu können. Mit dem Tierarzt sind veterinär-hygienische Fragen zu besprechen; denn durch einen Deckbetrieb können sehr schnell Seuchen verbreitet werden.

Wer unbedingt mit einem eigenen Hengst züchten will, wird diesen zusammen mit den Stuten in einer kleinen Gruppe halten und auch mit diesen gemeinsam nutzen. 247

Er wird einen angekörten Hengst kaufen, wenn seine Stuten zuchtreif sind. Kleinpferd- und Ponyhengste sollten nicht vor dem vierten Lebensjahr zum Decken verwendet werden und bis zum achten nur innerhalb der kleinen Gruppe decken. Die Fohlen werden dann nach dem Absetzen verkauft. Auf diese Art und Weise sind Haltung und Nutzung des Hengstes ohne hohen Aufwand am ehesten möglich.

Wann eine Jungstute zum erstenmal bedeckt werden kann, hängt davon ab, ob sie einer früh- oder einer spätreifen Rasse angehört. 248

Frühreife Rassen, wie Haflinger, Fjordpferde, New Forest Pferde und die Kreuzungen Warmblütiges Großpferd × Kleinpferd, sollten frühestens nach vollendetem dritten Lebensjahr, spätreife, wie Isländer, Shetlandponys, Araber, Huzulen, nach vollendetem vierten Lebensjahr zum erstenmal bedeckt werden. – Es wird nun sehr deutlich, welche Geduld ein Züchter aufbringen muß; denn ein zur Zucht vorgesehenes Absatzfohlen wird frühestens nach drei Jahren bedeckt, hat nach fast wieder einem Jahr ein erstes Fohlen, das dann frühestens wieder nach drei Jahren zur Arbeit oder Zucht verwendet werden kann.

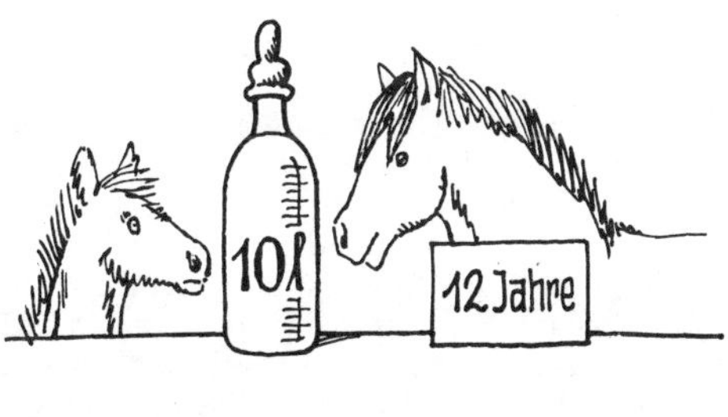

Die besten Zuchtjahre einer Stute sind die zwischen dem 6. und dem 16. Lebensjahr. 249

In dieser Zeit ist die Milchleistung am höchsten. Viele Stuten, besonders die robusten Pferde, bringen jedoch noch bis zum 20. Lebensjahr und darüber hinaus gute Fohlen und versorgen sie auch mit Milch. Ist ausreichend gutes Futter vorhanden und wird eine Stute nur in dem üblichen Freizeitrahmen, also etwa 10–15 Stunden wöchentlich (nicht mehr als 2–3 Stunden täglich, genutzt, so kann man sie jedes Jahr belegen lassen. Eine Zuchtstute wird man länger nutzen können, wenn sie nach dreimaliger Trächtigkeit ein Jahr pausieren kann, also jedes 4. Jahr nicht bedeckt wird.

250 **Die Rosse (Begattungsbereitschaft) setzt bei den robust gehaltenen Stuten im zeitigen Frühjahr ein.**

Die erste Rosse im Jahr dauert meist länger als eine Woche und ist wenig ausdrucksvoll. Mit fortschreitender Jahreszeit werden die Rossen, die sich alle 21 Tage einstellen, kürzer und auch heftiger (3–5 Tage). Ab Juni erlischt die Begattungsbereitschaft. Ist eine Stute unbefruchtet geblieben, so roßt sie meist Ende August/Anfang September noch einmal. Im Massivstall gehaltene Stuten rossen meist periodisch das ganze Jahr über.

251 **Die Rosse ist an verschiedenen Anzeichen erkennbar, sie zeigt sich jedoch nicht bei allen Stuten gleich deutlich.**

Beim Reiten oder vor dem Wagen kann man sie infolge einer reflektorischen Hemmung oft nur schwer bewegen. Sie harnen häufiger als üblich, setzen Schleim ab und blitzen mit den Schamlippen (zuckendes Öffnen und Schließen); die Scheide ist geschwollen, die Scheidenschleimhaut ist gerötet, die Stute ist auffallend unruhig. Einige unserer Robusten, wie die Fjordpferde, zeigen häufig eine stille Rosse, bei der die oben genannten Anzeichen nicht auftreten und auch die Schleimhaut blaß bleibt; in diesem Fall kann nur ein Tierarzt ein sicheres Urteil abgeben. Läuft ein Hengst mit solchen Stuten zusammen, so erkennt er unfehlbar auch die stille Rosse.

252 **Normalerweise stellt sich zwischen dem 6. und dem 10. Tag nach dem Abfohlen die sogenannte Fohlenrosse ein.**

Ein leichter Durchfall beim Fohlen ist ein Anzeichen dafür, daß die Stute wieder begattungsbereit wird. Während der Fohlenrosse läßt sich

die Stute am sichersten befruchten. Da sie jedoch in diesem Zeitraum übermäßig belastet ist (Hochträchtigkeit, abfohlen, Milchproduktion, Reproduktion des eigenen Körpers), wird die neue Frucht häufig wieder resorbiert. Die Stute sollte deshalb frühestens während der nächsten Rosse, die etwa einen Monat nach dem Abfohlen einsetzt, belegt werden. Erst recht dann, wenn sich auch noch der Haarwechsel der Robustpferde in dieser Zeit vollzieht. –
„In Großbetrieben wird dagegen die Fohlenrosse aus Sicherheitsgründen bei den stallgehaltenen Pferden stets zum Bedecken genutzt“ (G. v. Lengerken).

In der Pferdezucht werden mehrere Methoden angewendet die Stuten zu befruchten. 253

Je natürlicher man die Pferde hält, um so höher sind die Befruchtungsergebnisse. Bei den freilaufenden Pferden kann der Hengst selbst den günstigsten Zeitpunkt für die Bedeckung erkunden, auch ist die Möglichkeit für ein intensives Paarungsspiel gegeben, das sich gegenüber dem anderer Säugetiere durch seine Heftigkeit hervorhebt. Innerhalb kleiner Pferdegruppen ist es wegen der hohen Aktivität des Hengstes ratsam, die rossige Stute nach dem zweiten Sprung von ihm abzusondern und erst gegen Ende der Rosse wieder zurückzubringen, da mit der Häufigkeit der Deckakte auch die Gefahr der Infektion steigt, denn mit jedem Sprung überträgt der Hengst Bakterien in die Scheide der Stute.

254 **Wer seine Stute bei einem anderen Hengsthalter decken lassen will, sollte sie für etwa vier Wochen zu diesem auf die Weide geben.**

Sie kann dann auch hier mit dem Hengst in einer Gruppe frei laufen und wird mit Sicherheit befruchtet. Die Kosten für die Pensionsweide sind nicht höher als die Futterkosten zu Hause. Als Nachteil muß man jedoch in Kauf nehmen, daß der Befruchtungstermin nicht so gut bestimmt werden kann (beachte auch 72.).

255 **In der landwirtschaftlichen Leistungszucht ist der „Sprung aus der Hand“ üblich, doch auch der Hobbyzüchter wird ihn oft anwenden müssen.**

Bei diesem Verfahren wird der Hengst optimal genutzt, da er die Stute nur einmal deckt, die ihm nach drei oder sechs Wochen wieder zum Nachprobieren vorgeführt wird. Beim Sprung aus der Hand wird die Stute dem Hengst auf engem Raum vorgeführt; sofern die Stute rossig ist macht sich der Hengst sofort deckbereit und belegt die Stute.

256 **Beim Sprung aus der Hand geben meistens mehrere Personen Hilfeleistungen, indem sie die Stute festhalten, ihre Schweifrübe zur Seite ziehen und oft auch die Hinterbeine der Stute an Stricke legen.**

Dieses wirtschaftliche, aber unnatürliche Verfahren hat wesentlich geringere Befruchtungsergebnisse als die Paarung freilaufender Pferde; das vor allem deshalb, weil kein natürliches Paarungsspiel erfolgen kann, weil die Anwesenheit von Personen eine psychische Belastung zumindest für den Hengst darstellt und schließlich bleibt es immer ein Glücksfall, ohne tierärztliche Diagnose den günstigsten Begattungszeitpunkt für den Sprung aus der Hand zu erwischen.

Um beim Sprung aus der Hand Verletzungen des Hengstes zu vermeiden, sollte man ihn nie sofort mit einer vermutlich rossigen Stute zusammenführen. 257

Die beiden werden zunächst an eine Trennwand gestellt. Beginnt die Stute bei Annäherungsversuchen des Hengstes nach diesem zu beißen und auszuschlagen, so muß man an einem anderen Tag wieder neu probieren. Wegen der Verletzungsgefahr für den Hengst und die hilfeleistenden Personen müssen der Stute die hinteren, besser jedoch alle Hufeisen abgenommen werden.

Ein Hengsthalter darf niemals Stuten bedecken lassen, die mit ansteckenden Krankheiten behaftet sind. 258

Nur so läßt sich im Deckbetrieb eine Übertragung dieser Krankheiten vermeiden. Solche Krankheiten sind im Kapitel XX beschrieben; krankheitsverdächtig sind aber auch Stuten, die ihre Frucht resorbiert haben, die trotz zweimaliger Bedeckung güst geblieben sind, und solche, die verfohlt haben oder bei denen beim Abfohlen schwere Störungen aufgetreten sind wie z. B. eine Nachgeburtsverhaltung. Sollen krankheitsverdächtige Stuten bedeckt werden, so müssen die Besitzer eine tierärztliche Bescheinigung beibringen.
Besonders sei hier auf die Gefahr der Beschälseuche hingewiesen, die man je nach Stadium an unterschiedlichen Merkmalen erkennen kann. So zeigen Stuten zu Beginn der Krankheit einen

schleimigen eitrigen Belag in der Scheide, auch haben sie Ausfluß. – Bei Krankheitsverdacht ist sofort der Tierarzt zu informieren.

259 **Wurde eine Stute mit Erfolg belegt, so muß der Hengsthalter unverzüglich einen Deckschein ausstellen.**

Dem Hengsthalter ist dazu der Abstammungsnachweis der Stute vorzulegen, damit übereinstimmende Angaben in den beiden „Papieren“ enthalten sind. Eine spätere Erledigung dieser oft fälschlich als Papierkram bezeichneten Notwendigkeit kann zu Unstimmigkeiten führen und dem Stutenbesitzer Ärger einbringen.

260 **Die künstliche Besamung kommt für die Stute eines Hobbyzüchters kaum in Frage.**

Grundsätzlich ist eine künstliche Besamung auch beim Pferd möglich; sie wird vor allem in Großbetrieben angewendet, wenn in der Leistungszucht bestes Vererbergut rationell eingesetzt werden soll und auch, um evtl. drohenden Beschälseuchen entgegenzuwirken. Die künstliche Besamung hat bei Stuten nur zu einem ganz bestimmten kurzen Zeitpunkt während der Rosse Erfolg; nur ein Fachtierarzt kann diesen Zeitpunkt ermitteln. Das ganze Verfahren ist für einen privaten Halter deshalb ziemlich kostspielig.

261 **Ob eine Befruchtung erfolgt ist oder nicht, läßt sich schon etwa drei Wochen nach dem Bedecken ermitteln.**

Solch eine Frühdiagnose kann nur ein Fachmann stellen, der die Frucht ertastet. Zwischen dem 45. und dem 120. Tag nach dem Bedecken wird die Trächtigkeit durch eine Blutuntersuchung ermittelt, nach dem 120. Tag gibt eine Untersuchung des Morgenharns den sichersten Aufschluß. Nach dem 180. Tag bewegt sich auch das Embryo äußerlich sichtbar meist an der linken Flankenpartie bis zum Nabel der Stute, besonders deutlich wenn sie morgens vom Lager aufsteht oder wenn sie kaltes Wasser trinkt.

Die Trächtigkeit einer Stute dauert durchschnittlich 332 Tage bei Stutfohlen und 334 Tage bei Hengstfohlen ± 10 Tage. 262

Die mögliche Differenz von drei Wochen ist als normal anzusehen. Während der ganzen Zeit der Trächtigkeit kann eine Stute entweder ihre Frucht resorbieren (bis etwa gegen Ende des dritten Trächtigkeitsmonats) oder sie kann verfohlen. Ein Verfohlen durch äußere mechanische Einwirkungen, wie z. B. durch Deichselschlag, kann besonders im siebenten Trächtigkeitsmonat eintreten.

Für ein Verfohlen kann es neben den mechanischen Einwirkungen noch viele andere Ursachen geben. 263

Solche Ursachen sind u. a. eine Infektion der Gebärmutter durch Bakterien, die beim Deckakt übertragen wurden oder die später dorthin gelangten, z. B. durch Kotverunreinigungen. Eine große Gefahr für eine Gebärmutterinfektion besteht, wenn unerfahrene Hengste mit den Stuten in einer Gruppe frei laufen und eine tragende Stute in eine Situation der Wehrlosigkeit gerät und dann noch einmal belegt wird. Auch durch plötzliche Futterumstellungen, durch gefrorene Rüben und durch schimmliges Heu kann ein Verfohlen verursacht werden.

264 **Als eine sehr ernst zu nehmende Seuche hat sich der Virus-Abort in den letzten Jahren verbreitet.**

Ein Virus-Abort erfolgt nur in der Zeit der Hochträchtigkeit, also etwa im zehnten oder elften Monat. Die Stute verliert plötzlich das Fohlen, ohne daß äußere Anzeichen wie Harztropfen und das Anschwellen des Euters auf das Nahen der Geburt hindeuten. Während des Verfohlens wird hochansteckendes Fruchtwasser ausgestoßen, das durch Tröpfcheninfektion auch sofort alle übrigen Pferde anstecken kann.

265 **Damit sich die Seuche nicht weiter ausbreiten kann, sind bei einem Verdacht auf Virus-Abort sofort folgende Maßnahmen zu treffen.**

Unverzüglich ist der nächste Tierarzt oder ein staatliches Verwaltungsorgan zu verständigen. Andere Pferde sind auf eine weit entfernte Koppel zu bringen. Das tote Fohlen und die Nachgeburt werden in einem Isolierbehälter dem Tierarzt zur Verfügung gehalten. Verfohlt die Stute seuchenhaft in einer Box, so ist das Streustroh in einer Grube mit Chlorkalk zu verätzen und die Box mit einer 2 %igen Natronlauge auszuschrubben. Verfohlt die Stute auf der Weide, so ist der infizierte Boden nach tierärztlichen Anweisungen zu desinfizieren und die gesamte Weidefläche für den Weidegang zu sperren; immer ist nach den tierärztlichen Anweisungen zu verfahren.

266 **Ab dem neunten Trächtigkeitsmonat ersetzt man die üblichen Rauhfuttergaben für die Stute teilweise durch Kraftfutter.**

Die neue tägliche Futterration wird sowohl in der Menge als auch in der Zusammensetzung während der letzten Monate beibehalten. Sie muß vielseitig und qualitativ hochwertig sein. Für Kleinpferde gibt man täglich als Grundfutter nun etwa 2–3 kg Kraftfutter, das zu 50 % aus Hafer, zu 25 % aus Gerstenschrot und zu 25 % aus Mais-, Sojaschrot und Kleie besteht. Außerdem erhält die Stute noch bis zu 3 kg Mohrrüben oder Rote Beete, 2 kg Heu und etwas Futterstroh.
Großpferde erhalten vom Kraftfutter und Heu die doppelte Menge.
Zu empfehlen ist auch, dem Kraftfutter Futterkalk nach den Angaben des Herstellers beizumischen. Die gesamte Tagesration ist in drei Portionen zu geben, das Rauhfutter nach wie vor morgens und abends.

Gerade auch während der letzten Trächtigkeitsmonate müssen sich die Stuten ständig bewegen können. 267

Sie sollen bis zum Abfohlen alle leichten Arbeiten verrichten, für schwere Zugleistungen verwendet man sie jedoch nicht. Steht während der Wintermonate kein Auslauf zur Verfügung, so sollte man eine hochtragende Stute täglich mindestens dreißig Minuten spazieren führen. Reiten wird man eine Stute nach dem 8. Trächtigkeitsmonat nicht mehr.

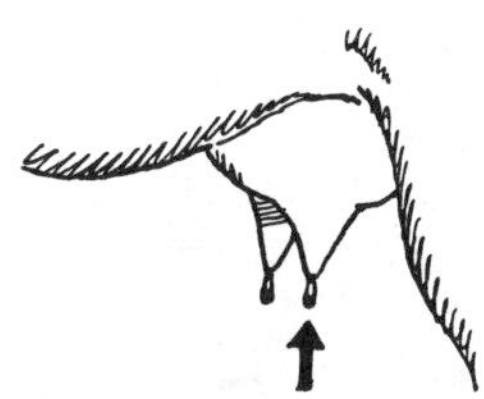

Verläuft die Trächtigkeit ohne besondere Komplikationen, so zeigen Harztropfen und das Anschwellen des Euters die bevorstehende Geburt an. 268

Schon einige Monate vorher sind die Milchdrüsen bis kurz vor das Euter fühlbar. Einige Tage vor dem Abfohlen bilden sich an den Zitzenspitzen feste, helle Tropfem (Harztropfen), das Euter schwillt an und wird empfindlicher gegen Berührung und aus der Scheide sondert sich Schleim ab. Wenige Stunden vor der Geburt des Fohlens fallen die Flanken und Beckenbänder der Stute ein, sie wird merklich unruhig, Vorwehen treten auf.

269 **Robustpferde fohlen gern an einem geschützten, sauberen Platz auf der Weide.**

Es muß aber in einem solchen Fall unbedingt gesichert sein, daß keine Gräben, kein Stachel- oder Elektrodraht oder andere gefährliche Dinge in der Nähe sind; auch dürfen die anderen Pferde die Stute nicht belästigen. Das Abfohlen ist bei ständig freilaufenden Pferden weit problemloser und geht auch schneller voran als bei solchen, die im Stall gehalten werden; im Normalfall dauert es 5–30 Minuten.

270 **Manche Stuten fohlen nur, wenn sie völlig ungestört sind. Halten sich Personen in ihrer Nähe auf, so zögern sie den Geburtsvorgang hinaus.**

Man wird deshalb rechtzeitig alle Vorkehrungen für ein ungestörtes Abfohlen treffen. Soll die Stute im Stall abfohlen, so kommt sie einige Tage vorher in eine separate Box, damit sie sich an ihre neue Umgebung allmählich gewöhnen kann. Das wird meistens keine große Schwierigkeiten machen, weil sie sich vor dem Abfohlen auch selbst von den anderen Pferden absondert. Die Box muß sehr sauber sein, außerdem gehört viel sauberes und trockenes Stroh hinein; besonders Ecken und Winkel polstert man reichlich damit aus. Die Stute darf kein Halfter mehr tragen, auch die Hufeisen wurden einige Wochen vorher abgenommen.

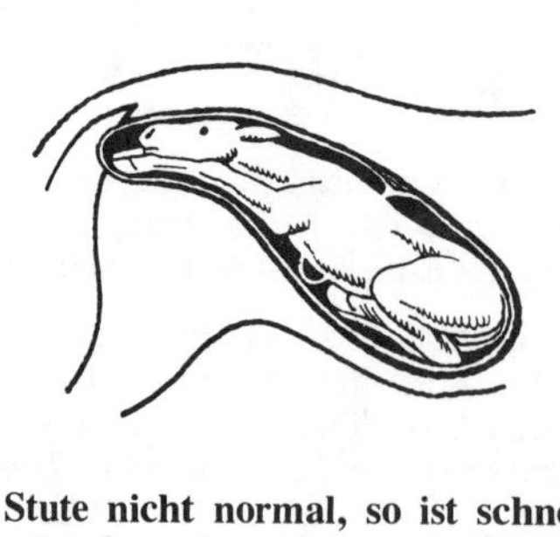

271 **Fohlt die Stute nicht normal, so ist schnellstens ein Tierarzt oder ein erfahrener Züchter zu rufen.**

Wie das Fohlen liegen muß, ist aus der Zeichnung zu ersehen. Der Kopf des Fohlens ist auf die ausgestreckten Vorderbeine gedrückt, sie werden zuerst ausgestoßen. Sind Vorderbeine und Kopf herausgepreßt, so geht alles andere meist ohne Komplikationen vor sich. Stockt der Geburtsvorgang jedoch in dem Augenblick, wenn sich der Brustkorb des Fohlens im Scheidengang befindet, kann es ersticken.

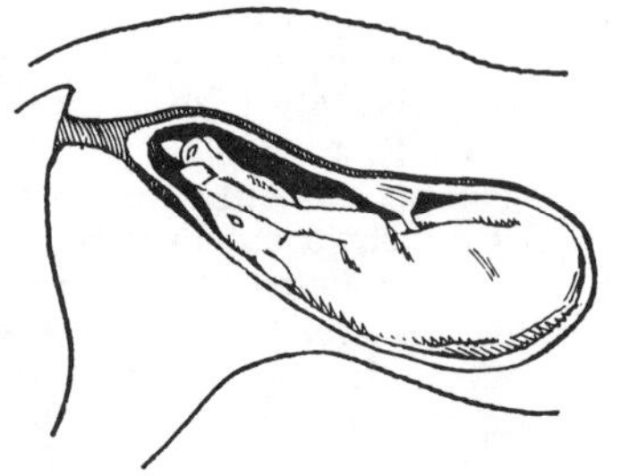

Komplikationen werden sich auch ergeben, wenn die Beine des Fohlens nicht gleichmäßig liegen oder überhaupt das Fohlen schon in der Fruchtblase eine unnormale Lage hatte. 272

Einen unnormalen Geburtsvorgang sollte man bis zum Eintreffen des Arztes unterbrechen; dazu wird die Stute zum Aufstehen veranlaßt und ihre Hinterhand auf zusammengeschobene Streu höher als der übrige Körper gestellt. – Eine saubere Waschschüssel, warmes Wasser, Kernseife und ein gewaschenes und gebügeltes Handtuch sind für den Arzt bereitzuhalten.

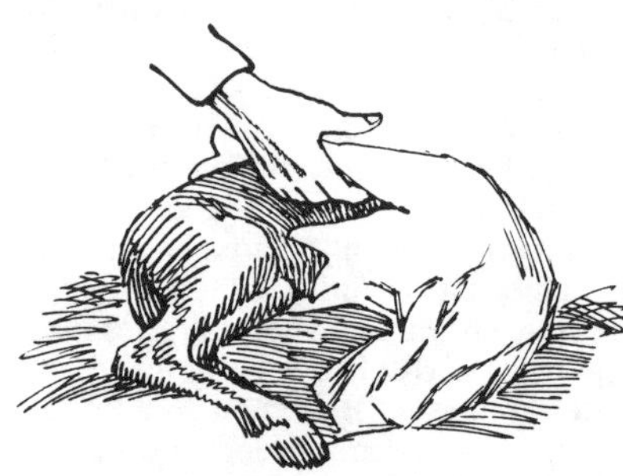

Verläuft der Geburtsvorgang ohne Komplikationen, so stört man nicht unnötig und hält sich auch später von Fohlen und Stute fern. 273

Sobald das Fohlen ausgestoßen ist und die Stute aufspringt, reißt der Nabelstrang von selbst an der richtigen Stelle durch; den Nabelstumpf des Fohlens braucht man in diesem Falle nicht besonders zu behandeln. Ist die Fußblase (innere Fruchthülle) über dem Maul und den Nüstern des Fohlens nicht von allein geplatzt und zerreißt die Stute diese Haut nicht mit ihren Zähnen, muß sie schnellstens mit vorher gut desinfizierten Händen geöffnet werden. Der Schleim in Nüstern und Maul des Fohlens wird nicht durch Hineinfassen mit den Fingern entfernt, sondern durch leichtes Drücken von außen. – Ist alles andere in Ordnung, läßt man sofort wieder Stute und Fohlen allein.

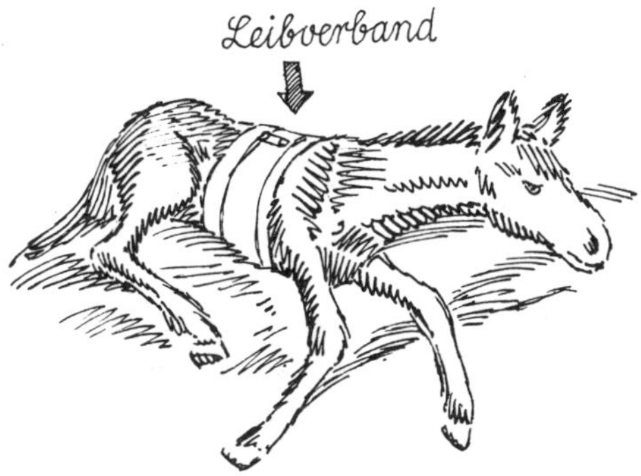

274 **Reißt die Nabelschnur nicht von allein durch, muß sie an der dünnsten Stelle (einige Finger breit unterhalb der Bauchdecke) abgebunden und kurz darunter mit einer Schere abgeschnitten werden.**

Den Stumpf taucht man dann in eine Jod/Spiritus-Flüssigkeit (1 : 1) oder pinselt ihn mit Holzteer ein oder bestäubt ihn mit Sulfonamid-Puder. Niemals darf man jedoch die Nabelschnur voreilig trennen, da das Fohlen auch noch eine Menge Blut durch die Nabelschnur erhält, wenn es aus dem Mutterleib ausgestoßen ist. Reißt die Nabelschnur direkt an der Bauchdecke ab, so hole man einen Tierarzt.

275 **Die Nachgeburt (Fruchtblase, die nach der Geburt zum Teil aus der Scheide hängt) löst sich innerhalb einer Stunde von allein.**

Sie wird mit der beschmutzten Streu beseitigt. Wird sie jedoch innerhalb von 6 Stunden nach der Geburt nicht abgestoßen, muß man einen Tierarzt rufen, denn ein längeres Verbleiben der Nachgeburt in der Gebärmutter ruft dort eine Vergiftung hervor. Niemals darf man versuchen, die Nachgeburt selbst mit den Händen herausziehen zu wollen.

276 **Das neugeborene Fohlen wird sich schon innerhalb der ersten halben Stunde nach der Geburt erheben und die ersten Laufversuche machen.**

Nun sollte es sofort ins Freie stelzen können. Die Erkältungsgefahr ist gering, da Fohlen von Robustpferden während der ersten 2–3 Lebens-

tage fast nicht wetterempfindlich sind. Natürlich muß es nicht unbedingt im eiskalten Regen umherlaufen. – Durch freie Bewegung härtet es sich ab, lernt von der ersten Stunde an seine Umgebung kennen und sich dieser gegenüber sehr selbstbewußt zu verhalten.

Macht das neugeborene Fohlen einen sehr schwächlichen Eindruck, atmet es kaum und regt es sich nicht, so muß man eingreifen. 277

Sein Hals, sein Rücken und seine Brust werden intensiv mit Stroh abgerieben und so Kreislauf und Atmung angeregt; es sollte dabei von einem Helfer an den Hinterbeinen mit dem Kopf nach unten hochgehalten werden. Bleiben die Reaktionen des Fohlens auf diese Einwirkungen auch noch schwach, kann noch zusätzlich ein kalter Schwamm für jeweils ein paar Sekunden in der Herzgegend (hinter dem linken Ellenbogen) und zwischen den Ohren aufgelegt werden.

Neugeborene Fohlen suchen manchmal bald nach dem Aufstehen, manchmal auch erst nach Stunden instinktiv nach dem Euter. 278

Es ist völlig falsch das Fohlen bald nach dem Aufstehen mit Gewalt unter die Stute zum Säugen zu schieben. Das natürliche Verhalten zwischen Stute und Fohlen wird dadurch gestört und die Stute zusätzlich durch die Anwesenheit von Personen erregt. Man beobachtet deshalb das

Verhalten der beiden aus weiter Entfernung oder sieht von Zeit zu Zeit nach, ob das Maul des Fohlens mit Milch benetzt ist.

279 **Läßt eine Stute ihr Fohlen nicht saugen, so kann das mehrere Ursachen haben.**

Jungstuten sind oft recht kitzlich und wehren das Fohlen deshalb ab. Auch in diesem Falle ist vorbeugen besser als heilen. Schon während der letzten Monate der Hochträchtigkeit ist die junge Stute an das Berühren der Euterpartien zu gewöhnen, indem man die Euterfurche mit Wattebausch, Kinderöl und -puder sauber hält. Dazu hebt man einen Hinterhuf an und wischt die Furche von hinten leicht aus.

280 **Wehrt sich die Stute nicht mehr gegen das Reinigen des Euters von hinten, so berührt man die Euterpartien vorsichtig von der Bauchseite her.**

Das wird täglich bis zum Abfohlen bei den Pflegearbeiten gemacht. – Wehrt später die Stute trotzdem noch fünf bis sechs Stunden nach der Geburt ihr Fohlen ab, so wird sie aufgetrenst und so gestellt, daß sie wenig Bewegungsmöglichkeit hat, das Fohlen wird dann der hinteren Bauchseite zugewendet. Führt auch das zu keinem Erfolg, sollte man einen Tierarzt rufen.

281 **Unbedingt muß ein Fohlen die erste Milch der Stute, die Kolostralmilch, erhalten.**

Die Kolostralmilch hat neben der Sättigung zwei weitere lebenswichtige Aufgaben für das Fohlen zu erfüllen. Sie versorgt das Neugeborene mit den notwendigen Abwehrstoffen gegen Krankheiten, die es selbst zu diesem Zeitpunkt noch nicht bilden kann und bewirkt weiterhin, daß das Darmpech sich während der ersten Lebenstage löst. Wird das Darmpech (im Fohlen während seiner Entwicklungszeit im Mutterleib gespeicherte Kotmasse) nicht rechtzeitig abgeführt, so bereitet es dem Fohlen erhebliche Schmerzen. Die Merkmale sind die einer Kolik. Erfahrene Züchter werden mit dem gut eingeölten Zeigefinger oder mittels Einlauf den Kot entfernen, wenig erfahrene Züchter rufen den Tierarzt.

Hat eine Stute übermäßig viel Milch, ist die tägliche Futterration zu kürzen. 282

Vor allem sind während der ersten Tage nach dem Abfohlen nur wenig Grünfutter oder Rüben zu geben. – Die vom Fohlen nicht restlos abgesaugte Milch verändert sich in ihrer Zusammensetzung; sie bildet einen Nährboden für Krankheitskeime und ist so die Ursache für Fohlendurchfall und andere Fohlenkrankheiten.

Die Unterkunft für Stute und Fohlen muß stets sauber sein. So beugt man am besten einer Ansteckung des Fohlens mit Krankheitserregern vor. 283

Der Kot aus Box und Auslauf ist mehrmals am Tage zu entfernen; danach wird kurzes, gesundes Roggenstroh in die Box gestreut. Halten sich Stute und Fohlen einige Stunden nach dem Abfohlen längere Zeit im Freien auf, so sollten die Wände der Box abgeschrubbt und mit einem schnell abbindenden Mittel bis etwa 1,20 m Höhe nachgestrichen werden.

Verendet eine Stute beim Abfohlen oder gibt sie keine Milch, so muß das Fohlen eine Ersatznahrung erhalten. 284

Am besten sind die fabrikgefertigten Fohlenmilchpräparate dafür geeignet, die nach Vorschrift des Herstellers in Wasser gelöst werden; davon bekommt ein Fohlen während der ersten Lebenswoche alle drei Stunden (auch nachts) einen Liter in einem Eimerchen gereicht. Später

erhält es alle vier Stunden zwei Liter. Die Milchmenge wird nicht plötzlich, sondern immer allmählich gesteigert.
Manchmal ist es auch möglich, bei anderen Züchtern eine Pferdeamme für das Fohlen zu bekommen.

285 **Ist kein Fohlenmilchpräparat vorhanden, so wird man sich mit frischer Kuhmilch behelfen.**

Gemischt werden 2 Liter frische Kuhmilch, ein Liter abgekochtes Wasser und drei gehäufte Eßlöffel Traubenzucker und dann lauwarm in gleichen Portionen wie 284, gegeben.
Will man später Grünfutter hinzugeben, muß man recht vorsichtig sein, denn nicht jedes Fohlen verträgt Grünfutter zur Kuhmilch.

286 **Fehlt nach der Geburt die Muttermilch, so muß man auch noch für die Abführung des Darmpeches sorgen.**

In einer Babyflasche mit einem gut befestigten Sauger wird als erste Nahrung zur Hälfte Kuhmilchmischung wie 285 und zur Hälfte Paraffinöl verabreicht. Während der nächsten Tage gibt man dem Trank an Stelle des Paraffins dann zwei Eßlöffel Rizinusöl bei bis das Darmpech abgeht.

Verliefen Geburt und die folgenden Tage ohne Komplikationen, so beginnt das Fohlen bald etwas vom Futter der Stute mitzufressen. 287

Alle Futtergefäße sind deshalb besonders sauberzuhalten. Zum Tränkwasser der älteren Pferde darf das Fohlen während der ersten sechs Lebenswochen keinen Zugang haben. Läßt die Milchleistung der Stute nach einigen Monaten sehr nach und ist es nicht möglich, die Pferde ausreichend mit gehaltvollem Grünfutter zu versorgen, so gibt man einem Ponyfohlen 1–2 kg Kraftfutter pro Tag, Großpferdefohlen erhalten die doppelte Menge. Während der Fütterung ist die Stute anzubinden, sie würde sonst dem Fohlen das Kraftfutter wegfressen.

Bis zum Absetzen beschäftigt man sich nur wenig mit dem Fohlen und verhindert auch, daß andere Personen mit ihm spielen, es necken oder ihm Leckerbissen geben. 288

Wir schaffen ihm nur täglich die Bedingungen, die für seine gesunde, natürliche Entwicklung notwendig sind. Wenn das Fohlen älter als 6 Wochen ist, widmen wir uns der Mutterstute mehr als üblich. Die Stute wird ihr Vertrauen, ihr ganzes Verhalten zu uns auch auf das Fohlen übertragen, so daß dieses auch allmählich unsere Nähe sucht und von Tag zu Tag zutraulicher wird.

289 **Die Stute wird oft zur Arbeit benötigt; niemals darf dann ein Saugfohlen allein auf der Weide zurückbleiben.**

Es würde immer versuchen der Stute zu folgen, selbst wenn es sich dabei schmerzhafte und gefährliche Verletzungen zufügt. Soll ein Fohlen aber allein zurückbleiben, muß es in eine Box, deren Wände ein Überklettern unmöglich machen. Auf jeden Fall sollte ihm jemand Gesellschaft leisten, bis es sich beruhigt hat. Mit Leckerbissen und duftendem Heu (kauen beruhigt auch das Fohlen) läßt es sich meistens recht gut ablenken.

290 **Setzt man ein Fohlen zu früh ab, so leidet darunter seine gesunde Entwicklung.**

Viele Stuten lassen ihr Fohlen nicht mehr saugen, wenn es 5–6 Monate alt ist, andere schlagen es von allein nie ab. Um die Stute, die meistens wieder tragend ist, nicht zu sehr zu beanspruchen, setzt man ein Fohlen im Alter von sechs Monaten ab.

291 **Soll das Fohlen abgesetzt werden, so erfordert die abrupte Trennung von Stute und Fohlen den geringsten Arbeitsaufwand für den Halter, für Stute und Fohlen können allerdings ziemliche psychologische Schäden entstehen.**

Mildern kann man die Gefahr der psychologischen Schäden, wenn das Fohlen sofort einen anderen geeigneten Gefährten erhält.
Auch der durch diese Trennung entstehende Milchstau bei der Stute kann Komplikationen hervorrufen. Sie erhält deshalb eine Woche vor dem Absetzen kein Kraftfutter mehr und einen Tag vor dem Absetzen und zwei Tage danach nur die Hälfte der üblichen Trinkwassermenge. Eine eintretende Euterschwellung geht nach ein paar Tagen wieder zurück. Eutersalben lindern die durch Schwellung entstehenden Schmerzen.

292 **Zum Absetzen des Fohlens haben sich auch andere Methoden gut bewährt.**

Ein Hobbyzüchter, der sein Fohlen behalten will, behilft sich, indem er dem Fohlen ein Nasenstachelband auflegt. Ein einfaches Hunde-Stachelhalsband (ohne scharfe Spitzen) wird auf dem Nasenriemen des Halfters befestigt. Will nun das Fohlen saugen, so berührt es die Euterpartien der Stute recht schmerzhaft, so daß diese das Fohlen abwehrt. – Sehr empfehlenswert für die gesunde psychische Entwicklung des Fohlens ist eine allmähliche Entwöhnung. Dazu kommen Stute und Fohlen in separate Ausläufe; sie können sich so sehen, beriechen und hören, nur darf das Fohlen durch den Zaun nicht saugen können. Vom ersten bis dritten Trennungstag gehen Stute und Fohlen gemeinsam morgens und abends eine Stunde auf die Weide, am vierten und fünften Tag nur noch morgens eine Stunde, dann am siebenten und neunten Tag jeweils eine Stunde und schließlich etwa ab dem zwölften Tag kann beliebig verfahren werden, nur sollte dann das Fohlen zur Probe noch mehrere Male das Nasenstachelband tragen.

Sofern dem Absatzfohlen kein Weidegang geboten werden kann, füttert man es im Auslauf dreimal täglich. 29

Es erhält gutes Heu bis zur Sättigung, je ob Klein- oder Großpferdfohlen pro Tag 2 kg bzw. 4 kg Kraftfutter und 2 kg bzw. 4 kg Möhren. – Während der Sommermonate bekommt das Fohlen an Stelle des Kraftfutters und der Möhren ein gehaltvolles Grünfutter, jedoch nicht mehr als dreimal täglich jeweils 4–5 kg. Wird der Kot breiig dünn, erhält es weniger Grünfutter, aber mehr gutes Heu. –
Der Mineralstoffbedarf des heranwachsenden Fohlens ist sehr groß, stets muß ihm ein Mineralstoffleckstein zugänglich sein. Fertigt man einen Leckstein selbst, so nimmt man (nach Papendieck) 1 kg Viehsalz, 5 kg Thomasmehl und etwa einen halben Wassereimer Lehm und rührt alles zu einem dicken Brei, den man in einer flachen Kiste erhärten läßt.

Bereits in den ersten Lebensstunden ist das Fohlen durch Impfungen gegen gefährliche Krankheiten zu schützen. 294

Gegen die gefürchtete Frühlähme ist eine Impfung des Fohlens während seiner ersten Lebensstunden am wirksamsten, gegen Spätlähme wird es nach dem 10. Lebenstag geimpft und gegen Wundstarrkrampf zwischen dem 3. und dem 5. Lebensmonat. Solche Schutzimpfungen sind

bei größeren Stallhaltungen besonders notwendig und auch dort, wo viele fremde Personen sich in den Stallungen aufhalten, wie z. B. in Touristikbetrieben.

295 **Das Wachstum des Fohlens wird oft durch starken Wurmbefall gehemmt, Wurmkuren sind deshalb unerläßlich.**

Ein einigermaßen wurmfreies Fohlen wird sich stets besser entwickeln. – Besonders Pferde, die auf kleinen Flächen gehalten werden, sind häufig einem starken Wurmbefall ausgesetzt. Sie nehmen immer wieder die mit dem Kot ausgeschiedenen Eier und Larven der Parasiten vom Boden auf. – Im ersten Lebensjahr des Fohlens macht man, nach Rücksprache mit dem Tierarzt, 4–6 Wurmkuren im Abstand von jeweils 8–10 Wochen und beginnt damit, wenn es vier Wochen alt ist. Auf der Verpackung des Wurmmittels ist angegeben, wie man dosieren muß und gegen welche Wurmarten es wirkt.

296 **Nach dem Absetzen wird das Fohlen mehr als bisher mit dem Menschen vertraut gemacht, es wird von ihm erzogen und ausgebildet.**

Zunächst lernt es, sich ein Halfter anlegen zu lassen; das muß ein gut passender, leichter Fohlenhalfter aus weichem Leder sein. Um den Halfter erstmals aufzulegen, stellt man das Fohlen rückwärts in eine Ecke, lenkt seine Aufmerksamkeit durch Leckerbissen ab und streift ihm den Halfter über; dann darf es sich austoben. Nach etwa 10 Minuten lockt man es wieder mit einem Leckerbissen an und nimmt den Halfter ab. Das wiederholt sich nun mehrmals in der Woche, so lange bis man sicher ist, das freilaufende Fohlen jederzeit aufhalftern zu können.

297 **Sobald das Fohlen mit dem Halfter vertraut ist, wird es zum erstenmal angebunden.**

Erstmalig wird seine Bewegungsfreiheit, sein ureigenstes Grundbedürfnis, drastisch einge-

schränkt; das ruft einen erheblichen Widerstand hervor! Man führt es deshalb zunächst an einem Strick in einem ganz kleinen Kreis herum und bindet es dann stabil am Bauchgurt eines ruhigen Pferdes entsprechend seiner Fußigkeit an, z. B. rechtsfüßige also rechts. Der Anbindestrick soll

etwa 30–50 cm lang sein und sich an beiden Enden durch Karabinerhaken schnell befestigen und auch schnell wieder lösen lassen. Angebunden bleibt das Fohlen zunächst täglich etwa 10 Minuten und wird dann nach erfolgter Belohnung wieder freigelassen. Der Strick darf bei einem Fohlen niemals entzwei gehen, es würde sonst später immer wieder versuchen sich loszureißen.

An einem ruhigen Pferd angebunden, lernt das Fohlen am besten gehorsam mitzulaufen. 298

Muß es mehrere Stunden täglich neben den anderen Pferden auf hartem Boden gehen, sind die Entwicklung der Hufe und die der Fesselstellung sorgsam zu überwachen. Eine übermäßige Abnutzung des Zehenteils der Hufsohle führt zu einer steilen Hufstellung und zu einer steilen Fessel. Fohlen mit einer solchen Hufentwicklung müssen für Monate ständig auf die Weide oder in einen sandigen Auslauf.

Nach und nach lernt das Fohlen auch auf Befehl seine Hufe zu heben. 299

Ein Fuß darf nie plötzlich unter ihm weggezogen werden, da es sonst sein Gleichgewicht verliert. Man bereitet es deshalb auf die notwendige Gewichtsverlagerung vor und streicht langsam mit der Hand vom Unterarm herunter bis zur Fessel, umfaßt sie und hebt den Fuß bei gleichzeitigem Kommando „Fuß" an. Nach wiederholten Übungen, die mit Belohnungen verknüpft werden, hebt das Fohlen die Hufe auf Kommando dann von selbst.

300 **Auf die Entwicklung der Hufformen des Fohlens hat die Bodenbeschaffenheit einen ziemlichen Einfluß.**

So wird der ständige Aufenthalt auf festen Böden die Herausbildung von kleinen, steilen Hufen fördern. Bei einem ständigen Aufenthalt auf weichen, sumpfigen Flächen werden die Pferde meistens breite und flache Hufe (vor allem vorn) bekommen. Ideal für eine normale, rassetypische Hufentwicklung sind trockene Weiden und feste Sandböden.

301 **Das Wachstum der Fohlenhufe wird in regelmäßigen Abständen von 6–8 Wochen kontrolliert.**

Vom Hufstrahl entfernt man immer nur die sich leicht lösenden, fransigen Teile; er soll ein wenig unter der Ebene des Tragrandes liegen. Die Eckstreben bleiben in der Höhe des Tragrandes stehen. Der Sohlenkörper bleibt in seiner natürlichen, nach innen abgeschrägten Form erhalten, nur eine doppelt gebildete Sohle wird vorsichtig ausgeschnitten. Vom Tragrand absplitternde Hornteile entfernt man vorsichtig und glättet die Bruchstelle mit einer feinen Raspel.

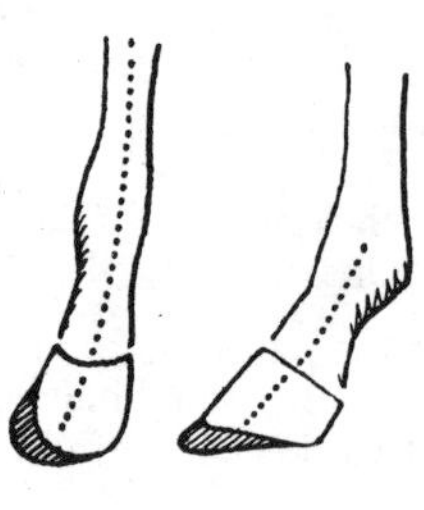

Der Züchter kann beim heranwachsenden Fohlen fehlerhafte Hufstellungen teilweise selbst korrigieren. 302

Von der Seite gesehen stehen die Vorderhufe richtig, wenn ihre Zehenwände zur Bodenfläche einen Winkel von 45° oder etwas weniger und die Zehenwände der hinteren Hufe einen Winkel von 55° oder etwas mehr aufweisen. Mit Hilfe einer Raspel kürzt man den Tragrand nach und nach so, bis die normale Hufstellung erreicht ist. Stark zehenweite oder zehenenge Hufstellungen lassen sich auf die gleiche Weise im Verlaufe von 1–2 Jahren richtigstellen (siehe auch 584 bis 589).

Ein Grundsatz für einen weniger erfahrenen Pferdehalter sollte sein, an den Hufen so wenig wie möglich mit dem Messer herumzuschneiden. 303

Hauptsächlich wird zur Bearbeitung des Hufes eine Raspel benutzt. Jeder Pferdehalter kann ganz allein die Hufe beraspeln, wenn er die Hufe, wie auf den Fotos gezeigt, auf einem Holzklotz abstützt. Die gleichmäßig über den Tragrand streichende Raspel bewirkt, daß dieser in einer Ebene steht.

Durchtreter

Einige fehlerhafte Hufstellungen lassen sich nur mit großem Kostenaufwand und durch Fachleute korrigieren. 304

Das trifft z. B. auf die sogenannten Durchtreter zu, die infolge sehr weicher Fesselung den Sporn bis zum Erdboden durchtreten. Andere Extreme sind ein übermäßig breiter und flacher Huf sowie ein Steilhuf mit steiler Fesselung, die an den vorderen Gliedmaßen zu starken Vorbiegigkeit führen kann. Hat das Fohlen solche Hufe oder Beine, sollte ein Fachtierarzt darüber entscheiden, ob sich die Aufzucht des Fohlens lohnt und welche Behandlung gegebenenfalls erfolgen muß.

Wer Absatzfohlen in einer freilaufenden Pferdegruppe hält, braucht für ihre erste Überwinterung keine besonderen Maßnahmen zu treffen. 305

Fohlen bilden wie die älteren Pferde einen Winterpelz aus und sind so gegen Witterungseinflüsse

geschützt. Bleiben sie im Wachstum sichtbar zurück, so sollte man ihnen 1–2 kg Kraftfutter zusätzlich geben. Es ist gleichzeitig dafür zu sorgen, daß die stärkeren Pferde ihnen das nicht wegfressen. Außerdem ist zu prüfen, ob Zahnfehler oder eine Verwurmung die Ursache für die mangelnde Entwicklung sind.
Allerdings wachsen die Fohlen während der Wintermonate nicht so schnell wie in den Sommermonaten.

306 **Fohlen werden sich vor allem dann zu gesunden und wesensstarken Pferden entwickeln, wenn sie sich bis zur Vollendung ihres dritten Lebensjahres hauptsächlich auf großen Weiden aufhalten können.**

Im Kapitel VII wurden die Ursachen dafür erläutert. Befürchtungen, daß diese Pferde später beim Anlernen größere Schwierigkeiten machen als solche, die von frühester Jugend an im engen Kontakt mit Menschen heranwuchsen, sind unbegründet. Im Gegenteil, die oft stärkeren Nerven machen sie manchen „Heimpferden“ überlegen.

307 **Überwiegend im Auslauf gehaltene Fohlen macht man im Alter von 1–2 Jahren mit der Trense vertraut.**

Gerade auf beengtem Raum wird es des öfteren notwendig, die Pferde da und dorthin zu führen. Bei den übermütigen Jährlingen und vor allem bei jungen Hengsten reicht das Halfter nicht mehr aus, um sie sicher an der Hand leiten zu können.

308 **Um mit der Trense vertraut zu werden, muß das Fohlen sie zunächst einmal gründlich beriechen können.**

Ist das geschehen, tritt man an das am Halfter angebundene Fohlen auf der seiner Füßigkeit entgegengesetzten Seite heran und faßt mit der einen Hand von der anderen Seite über seinen Nasenrücken, nimmt mit dieser Hand die Trense am Backenstück und zieht sie hoch, während die andere Hand dem Fohlen das Gebißstück zwischen die Zähne schiebt. Sitzt das Gebiß richtig (es muß in den Maulwinkeln anliegen ohne daß diese hochgezogen werden), ordnet man Mähnenhaare und Stirnschopf und schnallt den Kehlriemen so zu, daß noch drei Finger untergeschoben werden können.

Pferde versuchen gelegentlich, sich dem Auftrensen zu entziehen, indem sie heftig zurückweichen. 309

Während der ersten Übungen kann das Auftrensen für das Fohlen weniger unangenehm sein, wenn man das Gebißstück mit einer Apfel- oder Mohrrübenscheibe oder einem feuchten Zuckerstück einreibt. Macht ein Pferd später Schwierigkeiten, so wurde etwas falsch gemacht. So können einem jungen Pferd durch gefühlloses Auftrensen erhebliche Schmerzen bereitet werden, wenn es gerade die Milchzähne wechselt und das Gebißstück auf die lockeren Zähne gedrückt wird. Beim Abtrensen kann das Gebißstück plötzlich schmerzhaft auf die Lade drücken, wenn z. B. vergessen wurde, die Ausbindezügel zu lösen. Bei jeder Widersetzlichkeit des Pferdes ist also sofort nach den Ursachen zu suchen.

Wer sich ein Absatzfohlen anschafft, muß auch dafür sorgen, daß es ständig Gesellschaft hat. 310

Wie jedes andere sozial lebende höhere Tier braucht es den ständigen Umgang mit Artgenossen, um sich natürlich zu entwickeln. Ein allein für sich aufgezogenes Fohlen wird ein ständiges Sorgenkind sein. Fehlen dem Fohlen Artgenossen, so frißt es schlecht und bewegt sich wenig. Schon einem Jährling kann man andere Haustiere, wie Esel, Schafe oder Ziegen, als Ersatzgefährten beigeben und so das Schlimmste, eine völlige Depression infolge Einsamkeit, verhüten.

Für ein Absatzfohlen ist diese Gesellschaft nicht ausreichend, da keine artgemäße Beeinflussung erfolgt (Nr. 33, 126).

311 **Die meisten Hengstfohlen müssen kastriert werden, die Verwendung von schlechten Vatertieren zur Zucht wird so unterbunden.**

Nur wenige von den jährlich geborenen Hengstfohlen lassen sich später zur Zucht verwenden. Die Kastration erleichtert gleichzeitig die Nutzung der männlichen Pferde beim Reiten und Fahren. Mit einem Wallach ist in jeder Hinsicht besser umzugehen als mit einem Hengst. Für Kinder und unkundige Erwachsene kommen Hengste als Reitpferde überhaupt nicht in Frage. Mehrere Hengste zu halten ist erst recht problematisch, dagegen können Wallache in beliebiger Anzahl gemeinsam mit Stuten gehen.

312 **Hengste kastriert man im zeitigen Frühjahr oder im kühlen Herbst, wenn keine Fliegen die Wunde infizieren können.**

In der Warmblutzucht (Großpferde) werden Hengstfohlen im ersten Frühjahr nach der Geburt kastriert. In der Kleinpferde- und Ponyzucht ist es in manchen Ländern üblich, die Hengste entsprechend ihrer Wachstumsreife zu kastrieren. Bei frühreifen Rassen wird wie in der Großpferdezucht verfahren, spätreife kastriert man dagegen erst zwischen dem dritten und dem fünften Lebensjahr.
Für die Züchter in der DDR sind in der AO Nr. 1 vom 27. 3. 1956 GB I/36 über die Körung und Verwendung von Vatertieren für die Körung und auch die Kastration der Hengste bestimmte Fristen festgelegt.

313 **Die Hengste sollte stets ein Fachtierarzt kastrieren.**

Es gibt mehrere Verfahren, um Hengste unfruchtbar zu machen; man kann die Hoden entfernen oder auch nur die Samenstränge durchtrennen. Das sicherste ist, die Hoden völlig zu entfernen. Bei diesem Verfahren werden sich auch bei spät kastrierten Hengsten die dann schon ausgeprägten Hengstmanieren meistens zurückbilden. Trennt man dagegen nur die Samenstränge durch, was zu jeder Jahreszeit erfolgen kann, da es fast unblutig ist, wird ein Wallach die Hengstmanieren meist beibehalten.

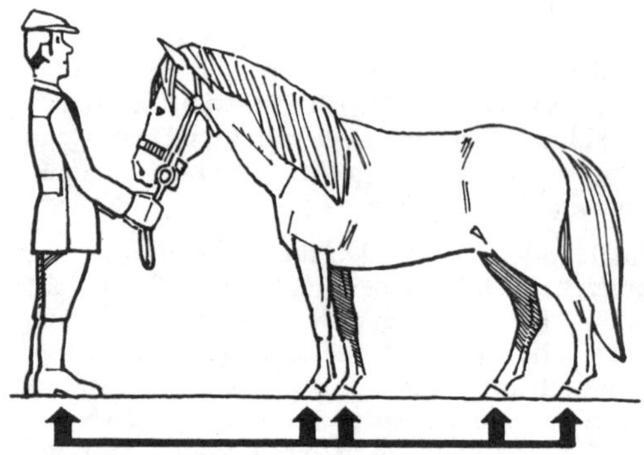

Bei Körungen, Pferdeschauen und ähnlichen Veranstaltungen ist es üblich, die Pferde nach einem einheitlichen Verfahren vorzustellen. 314

Das Pferd wird zunächst den Richtern im Stand präsentiert. Es ist wichtig, das Pferd in offener Stellung zu zeigen; d. h., das den Richtern zugewendete Beinpaar soll weit auseinanderstehen, dasjenige auf der abgewandten Seite dagegen enger zusammen, der Vorführende steht vor dem Kopf des Pferdes. Dann wird das Pferd auf einer dreieckigen Bahn in verschiedenen Gangarten vorgeführt. Der Vorführende läuft dabei immer auf der den Richtern abgewandten Seite des Pferdes in Höhe des Pferdekopfes; sofern nichts anderes gefordert wird, geht das Pferd rechts herum.

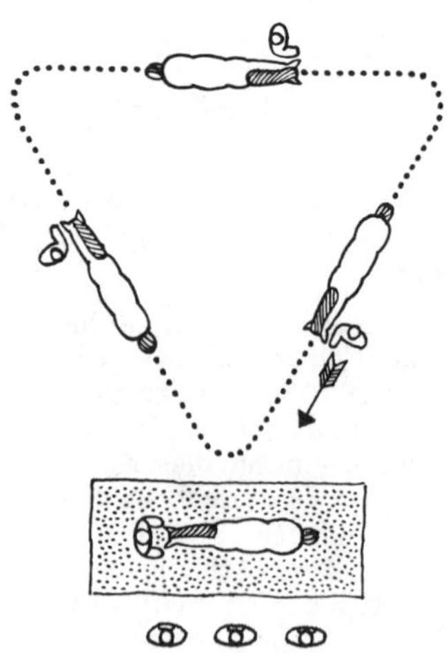

X. Wie Freizeitpferde auf die verschiedensten Verwendungszwecke vorbereitet werden

315 **Wer Fohlen großzieht, sollte sich soviel Kenntnisse aneignen, daß er sie auch selbst anlernen und ausbilden kann.**

Der Kontakt zum Pferd wird enger, wenn die Ausbildung durch seinen späteren Reiter und nicht durch eine fremde Person erfolgt. Das Pferd stellt sich auf menschliche Eigenarten ein, wenn sie nicht seiner Natur zuwider sind. Durch den engen Kontakt während der Ausbildungszeit wird die Grundlage für das gewünschte harmonische Verhältnis zwischen Reiter und Pferd geschaffen.

316 **Das Freizeitpferd soll vielseitig nutzbar sein, darum muß es auch vielseitig ausgebildet werden. Vor allem muß es aber für jede Art der Ausbildung auch alt genug sein.**

Gehört das Pferd einer frühreifen Rasse an, so wird man gegen Ende seines dritten Lebensjahres, gehört es einer spätreifen Rasse an, gegen Ende seines vierten Lebensjahres mit der Ausbildung beginnen.

317 **Die gesamte Ausbildung ist planmäßig in bestimmten Stufen durchzuführen, sie dauert etwa 2 Jahre.**

Man beginnt mit dem Longieren, und arbeitet das Pferd etwa 2–3 Monate an der Longe (Leine), dann wird es vor die Kutsche gespannt, und nach zwei weiteren Monaten beginnt die Arbeit unter dem Sattel. Für die Grundausbildung unter dem Sattel (in dieser Zeit wird auch noch öfter longiert), benötigt man etwa 3 bis 4 Monate; daran schließt sich ein Entwicklungstraining mit einer Dauer von ca. $1^1/_2$ Jahren an.

Longieren heißt im deutschen Sprachgebrauch, ein Pferd an der Longe (Leine) von einem Longenführer auf einer abgegrenzten Kreisbahn in den verschiedensten Gangarten zu bewegen, um es auf die Ausbildung vorzubereiten oder um es zu lockern. 318

Longieren erfordert nicht weniger Kenntnisse und Fingerspitzengefühl als das Reiten oder das Kutschieren. Ein Anfänger sollte sich deshalb recht oft mit einem Reitlehrer vor und während dieser Ausbildung konsultieren.

Zum Longieren benötigt man einen geeigneten Platz und die notwendige Ausrüstung, das sind Zaum, Longiergurt, Ausbindezügel, Longe und Peitsche. 319

Der Platz soll festen Sandboden haben und mit Latten oder Stangen kreisrund für Kleinpferde mit einem Durchmesser von etwa 12 m abgegrenzt sein; für Großpferde wird ein Zirkeldurchmesser von 22 m empfohlen. Als Zäumung eignet sich am besten ein Kappzaum. Wer über einen solchen nicht verfügt, kann sich mit einer einfachen Trense und einem Halfter behelfen. Als Longiergurt sind ein Sattel oder das Kammdeckelstück vom Wagengeschirr geeignet. Die Longe (Leine) muß etwa einen Meter länger als der Radius des Kreises sein. Erforderlich ist auch eine Peitsche mit einem 3–4 m langen Stiel und einem 2–3 m langem Peitschenriemen.

320 **Durch das Longieren sollen die verschiedensten Resultate erzielt werden.**

Das Pferd soll sich zunächst an das einengende Geschirrzeug gewöhnen, auf das es anfangs mit einer leichten Verkrampfung des Körpers reagiert; durch die gleichmäßige Bewegung auf der Kreisbahn wird es bald wieder gelockert. Indem es abwechselnd links und rechts herum im Kreise tritt, wird auch seiner natürlichen Schiefe entgegengewirkt, so daß es nach beiden Seiten allmählich gleich gut biegsam wird (145–148). Das Pferd lernt unter den Einwirkungen des Longenführers sein Gleichgewicht zu finden und taktmäßig zu traben und zu galoppieren; Schrittpassagen sind nach den ersten Tagen nur noch als kurze Verschnaufpausen gestattet. Durch das Longieren über Bodenricks werden die Tritte des jungen Pferdes länger. Ältere Pferde sollten longiert werden, wenn ihr Schwung unter einem schlechten Reiter nachgelassen hat oder wenn sie vor dem Reiten gelockert werden sollen.

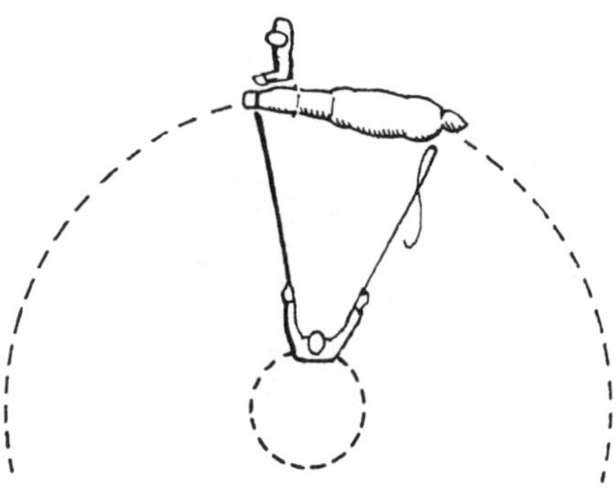

321 **Während der ersten Übungstage benötigt der Longenführer einen Helfer.**

Vor der ersten Übung wurde das Pferd bereits an zwei oder drei Tagen mit dem Geschirrzeug vertraut gemacht. – Sitzen nun Zaum und Gurt ordentlich, so wird die Leine in den Kinnriemen der Trense oder des Halfters geschnallt, jedoch niemals in die Trensenringe. Der Leinenführer steht in der Mitte des Kreises, der Helfer stellt sich auf die Außenseite des Pferdes und auf das Kommando „Marsch“ führt er es auf dem Kreisbogen vorwärts; man beginnt immer in der Richtung, die der Füßigkeit des Pferdes entgegengesetzt ist, also rechtsfüßige (das sind die meisten) links herum. Am ersten Tag geht das Pferd nur fünf Minuten und im Schritt-Tempo an der Longe.

Wenn sich das Pferd auf seine Umgebung und seine Aufgabe eingestellt hat (das wird schon am zweiten oder dritten Tag sein), soll es auf das Kommando „Trab“ antraben lernen (siehe auch Gangarten 375–380). 322

Soweit wie notwendig führt der Helfer noch das Pferd. Von Tag zu Tag wird die Übungszeit um zwei Minuten verlängert und man longiert in der Woche fünf- bis sechsmal. Ab der zweiten Übungswoche legt man alle drei bis vier Minuten eine ganz kurze Schrittpause ein und nimmt jedesmal einen „Handwechsel“ vor, d. h., das Pferd bewegt sich entgegengesetzt zur bisherigen Richtung weiter.

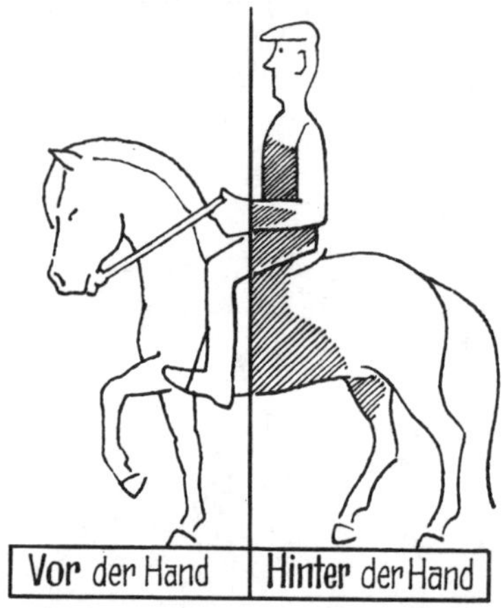

Zum Handwechsel wird das Pferd auf seiner Vorhand gewendet. 323

Als Gedächtnisstütze (146, 147) sei wiederholt, daß Wörter wie „Handwechsel“, „Vorhand“ usw. reiterliche Begriffe, die Körperteile oder Bewegungsrichtungen des Pferdes immer auf den Reiter bezogen benennen. – Zur Vorhandwendung wird das Pferd gestoppt und leicht mit der Leine in den Kreisbogen einbezogen, gleichzeitig drückt man mit der Peitsche auf die Rippenpartien hinter dem Gurt. Diese Übung soll sehr korrekt verlaufen, da das Pferd auf den Peitschendruck reagierend lernt, wie es später der Schenkeleinwirkung des Reiters zu folgen hat.

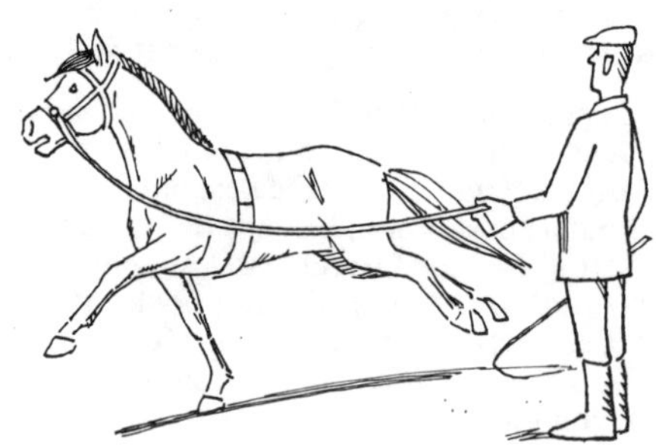

324 **Der Longenführer bestimmt von der Mitte des Kreises aus die Gangart und das Tempo.**

Trabt das Pferd nach etwa vierzehn Tagen sicher auf dem Zirkel, kann man auch das Angaloppieren üben. Zum Angaloppieren wird die Leine etwas angezogen, so daß der Pferdekopf leicht nach innen gestellt ist, dann sofort das Kommando „Galopp" gegeben und bei gleichzeitigem Nachgeben der Leine mit der Peitsche leicht an die untere Rippenpartie geschlagen, der Galoppsprung muß erfolgen. Hat es nicht geklappt, so wird das Ganze (immer aus dem kurzen Trab heraus) noch einmal wiederholt; später soll das Pferd auch aus dem Schritt heraus und aus dem Stand angaloppieren lernen. Niemals darf man jedoch versuchen, es aus dem starken Trab in den Galopp zu treiben.

325 **Das Pferd galoppiert richtig auf dem Zirkel, wenn es den inneren Vorderfuß am weitesten vorstreckt.**

Galoppiert es rechts herum, so muß es den rechten Vorderfuß weit vorstrecken, links herum den linken. Der weniger Eingeweihte lasse sich nun nicht verwirren: Das Pferd galoppiert jetzt nicht nur auf der linken oder rechten Hand des Longenführers, sondern es geht jetzt auch auf seiner eigenen „rechten" oder „linken Hand", in der Reitersprache davon abgeleitet, welchen Fuß es im Galopp am weitesten vorstreckt und sich damit in die Schwebephase versetzt. Anfangs soll es nur in der Richtung galoppieren, die seiner natürlichen Füßigkeit entgegengesetzt ist (rechtsfüßige Pferde links herum) und auch nicht mehr als 4–6 Runden täglich.

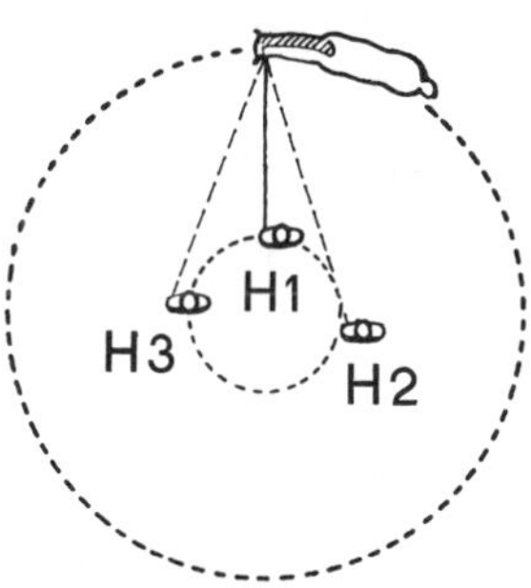

326 **Das Tempo des Pferdes auf dem Zirkel reguliert der Longenführer, indem er sich nicht auf einem Fleck mitdreht, sondern in einem engen Kreisbogen mit dem Pferde mitgeht.**

Die Normalstellung des Longenführers ist in der Höhe des Pferdekopfes (H_1), zur Beschleunigung des Tempos bleibt er in der Höhe der Rippenpartie bis zur Hinterhand zurück (H_2) und schließt, wenn das Pferd im gewünschten Tempo läuft, wieder zu H_1 auf. Zur Minderung des Tempos tritt der Longenführer auf seinem Kreisbogen eine halbe bis ganze Pferdelänge dem Pferd voraus (H_3). Soll es völlig gebremst werden, tritt er bei gleichzeitigem Kommando „Halt" von H_3 zwei Schritte auf den Außenzirkel zu.

Die Übungszeit an der Longe soll pro Tag nie länger als 30–40 Minuten dauern. 327

Die ständig gleichbleibende Arbeit an der Longe wirkt auf das Pferd allmählich monoton und kann eine völlige Lustlosigkeit hervorrufen. Kurze, aber um so häufigere Übungen müssen der Grundsatz jeder Ausbildung sein. Widersetzt sich das Pferd hin und wieder den Kommandos, so darf man nie die Geduld verlieren. Schwierige Pferde läßt man zu Beginn einer Übung immer einige Minuten in einem kleinen Kreis dicht am Longenführer traben, sie gewöhnen sich dann schneller an ihre Aufgabe.

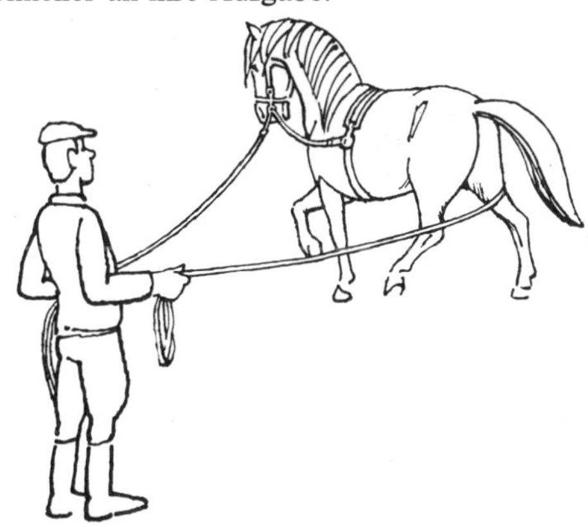

Versucht ein Pferd auch noch in der zweiten Übungswoche sich auf dem Zirkel quer zu stellen, so legt man ihm eine Hilfslonge an. 328

Die Hilfslonge (Hilfsleine) wird am Gurt auf der Außenseite des Pferdes eingeschnallt, in Höhe der Flanke an einem am Schweifriemen befestigten Gurt gehalten, dann unter dem Schweif oberhalb der Sprunggelenke hindurchgeführt und an Stelle der Peitsche mit der einen Hand leicht satt gehalten. Will nun das Pferd mit der Hinterhand nach außen wegdrücken (vor allem dann wenn keine Umzäunung vorhanden ist), zieht man die Hilfslonge straff an. Sobald das Pferd gleichmäßig und sicher auf dem Zirkel tritt, ist die Hilfsleine zu entfernen.

329 **Stürmt ein Pferd auf dem Zirkel vorwärts, so soll es laufen, bis es ruhiger wird.**

Um es allmählich zu bremsen geht der Longenführer immer von H_3 aus im Kreise mit. Niemals darf er hinter dem vorwärtsstürmenden Pferd zurückbleiben und es dann mit der Leine bremsen wollen. An der Leine zieht man nur dann, wenn es mit dem Kopf nach außen vom Zirkel weg drängen will.

330 **Geht das Pferd nach etwa zwei Wochen sicher und locker auf dem Zirkel, wird es mit Zügeln leicht ausgebunden.**

Das Pferd lernt die Anlehnung an das Gebißstück der Trense kennen und wird so an die spätere Anlehnung an die Reiterhand gewöhnt. Die Ausbindezügel werden von den Trensenringen aus so am Longiergurt verschnallt, daß die Stirnlinie des Pferdekopfes bei normaler Halshaltung noch zwei bis drei Finger breit vor der Senkrechten steht. Der Innenzügel soll etwa zwei Finger breit kürzer als der äußere Ausbindezügel sein, bei Handwechsel muß stets neu verschnallt werden.

331 **Nach der dritten oder vierten Woche wird beim Longieren zum ersten Mal ein Bodenrick aufgestellt.**

Das Pferd braucht zum Übertreten der Bodenricks eine große Hals- und Kopffreiheit, so daß die Ausbindzügel zu entfernen sind. – Bodenricks kann man sich leicht selbst herstellen; dazu nagelt man 2,50 m lange und 5–8 cm dicke Stangen auf 30 cm lange und 12–15 cm hohe Klötzer, so daß die Oberlinien der Stangen etwa 20 cm Bodenabstand haben. Die im Turniersport übliche Methode, die Stangen auf Kreuzbrettern zu befestigen, sollte der Freizeitreiter nicht anwenden, da ein Longieren über Ricks, die auf Klötzern ruhen, problemloser ist.

332 **Die Arbeit über Bodenricks hat das Ziel, die Tritte des Pferdes allmählich länger zu machen.**

Zunächst stellt man ein Rick quer auf den Zirkel. Longenführer und Pferd übertreten nun

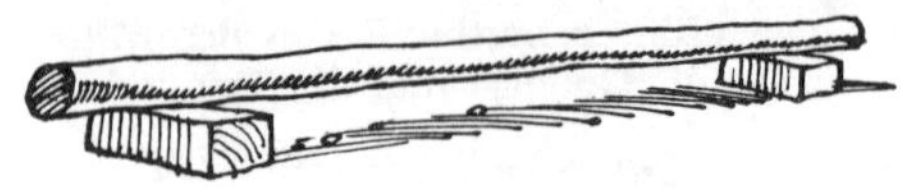

mehrmals in beiden Richtungen die Stange; dann soll sie das Pferd allein, geführt wieder an der Longe von der Mitte aus, im Schritt übertreten. Klappt es, so übt man das im Trab und Galopp weiter. Geht das Pferd in allen Gangarten sicher über das Rick, stellt man ein zweites auf, nach einer Woche ein drittes und später ein viertes.

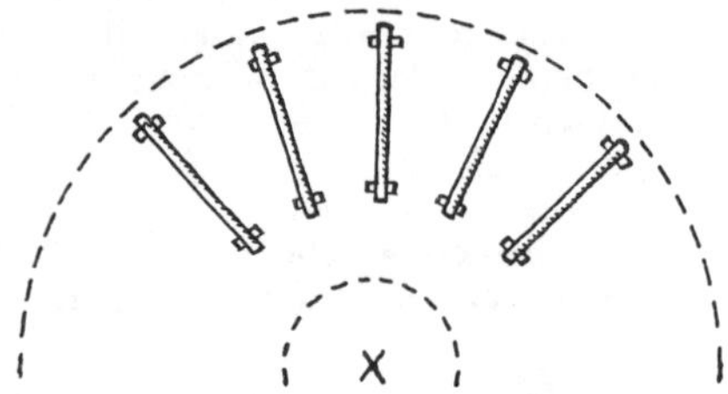

Der Abstand zwischen den Ricks ist je nach Gangart und Trittlänge unterschiedlich, er verjüngt sich zur Mitte des Kreises hin. 333

Je nach Größe und Ausbildungsgrad des Pferdes beträgt er für Kleinpferde:
für den Schritt,
Außenseite 70–85 cm, Innenseite 40–50 cm
für den Trab,
Außenseite 90–110 cm, Innenseite 60–80 cm
für den Galopp,
Außenseite max. 320 cm,
Innenseite ca. 200 cm
Durch die Verjüngung des Stangenabstandes nach innen kann das Pferd zunächst die für seine Trittlänge günstigste Stelle zum Übertreten der Stangen suchen. Bei jedem Wechsel der Gangarten ist der Abstand zwischen den Ricks entsprechend zu ändern, dazu markiert man sich die bestimmten Punkte mit kleinen Hölzchen. Mit fortschreitender Ausbildung sind die Ricks möglichst parallel zueinander zu stellen, die Entwicklung der Trittlänge läßt sich so besser kontrollieren.

334 **Ab achter Übungswoche longieren wir nur noch drei- bis viermal wöchentlich, jedoch auch dann nie länger als vierzig Minuten.**

Eine längere Beanspruchung würde das Pferd überfordern, denn das Longieren über die Bodenricks und das steigende Tempo zehren beträchtlich an den Kräften des jungen Pferdes. –
Um seinen Vorwärtsdrang zu unterstützen, erhält es zusätzlich 1 kg Hafer zur nächsten Mahlzeit nach jeder Übungsstunde. –
Ab jetzt sollte man nicht mehr gleichmäßig abwechselnd auf der rechten und linken Hand longieren, sondern etwa $^1/_3$ der Zeit auf der Hand des Longenführers, die der Füßigkeit des Pferdes entspricht (siehe 146, 148).

335 **Nach etwa drei Monaten wird man ein erstes Fazit über das Erreichte ziehen.**

Das Pferd muß sichtbar willig und fleißig auf die Kommandos reagieren, es muß deutlich ein Vertrauen zum Ausbilder zeigen und darf in der gewohnten Umgebung nicht mehr willkürlich scheuen. Schlauchgeräusche, die bei männlichen Tieren infolge einer Verspannung der Bauchdecke vorhanden waren, dürfen nicht mehr auftreten. Das Pferd soll sich stets locker und gleichmäßig bewegen. – Ist jedoch eine dem entgegengesetzte Entwicklung eingetreten, so hat der Ausbilder Fehler gemacht. Er muß sich deshalb schnellstens mit einem erfahrenen Fachmann beraten.

336 **Ein junges Pferd macht man, bevor es zum erstenmal angespannt wird, mit seiner weiteren Umgebung vertraut.**

Eine Person führt es an der Trense mehrmals wöchentlich in einer ihm bisher fremden Umgebung spazieren. Das Pferd nimmt eine Fülle von neuen Eindrücken aus seiner Umwelt auf und lernt die verschiedensten Dinge kennen, z. B. flatternde Fahnen, spiegelnde Fenster und Wasserflächen, vorbeidonnernde Kraftfahrzeuge, hinter Zäunen tobende Hunde, umherspringende und sich ansammelnde Kinder und vieles mehr.

Geht das Pferd munter auf der Straße voran, zeigt es sich wenig widersetzlich und auch nicht übermäßig schreckhaft, ist es häufig zu loben, auch bekommt es viele Leckerbissen. 337

Keineswegs darf man aber zulassen, daß es von fremden Personen Naschereien erhält, es würde sich das Betteln angewöhnen. Schreckt es vor Kraftfahrzeugen oder ähnlichen Dingen, so wird es nicht sonderlich beruhigt oder gar bemitleidet, sondern munter vorangetrieben, als ob das alles selbstverständlich wäre. Ein so geführtes Pferd wird sich bald an der Sicherheit seines Führers orientieren und immer weniger scheuen.

Zum Kutschieren verwendet man ein Kummetgeschirr oder ein Sielengeschirr (siehe Zeichnungen). 338

Für Zugleistungen jeder Art ist ein Kummetgeschirr am besten geeignet. Wenn es birnenförmig gearbeitet ist, paßt es sich gut der Körperform des Pferdes an. Ein Nachteil des Kummets ist, daß es jeweils für ein ausgewachsenes Pferd maßgefertigt sein muß und so für andere Pferde nicht verwendbar ist. Ein Sielengeschirr kann man dagegen durch entsprechendes Verschnallen für mehrere Pferde verwenden, wenn sie sich in Größe und Körperform nicht zu sehr vonein-

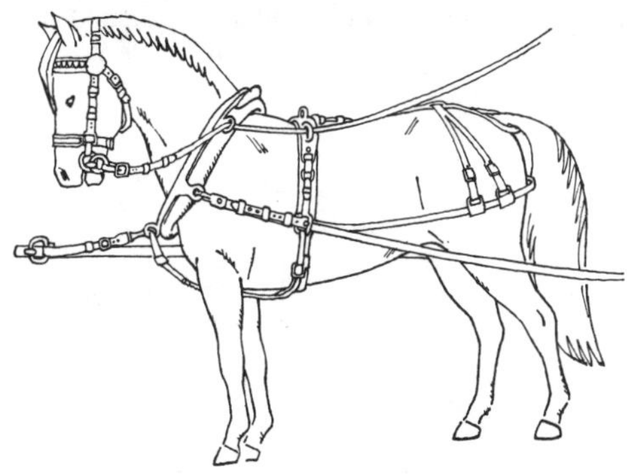

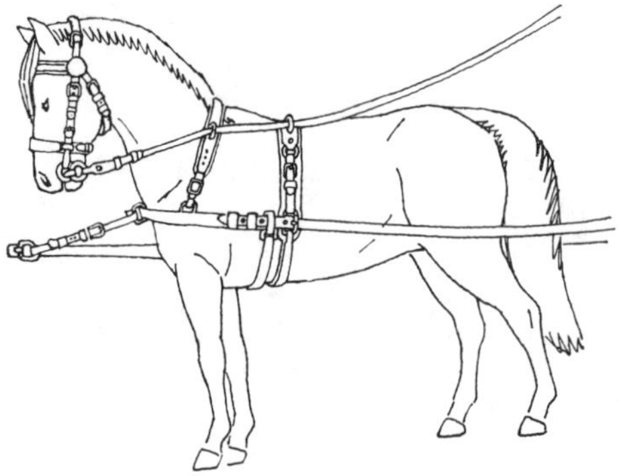

ander unterscheiden. Ein Nachteil des Sielengeschirres ist, daß es bei schwerem Zug die Brust des Pferdes zusammendrückt. Solche schweren Zugleistungen kommen jedoch bei der Freizeitgestaltung höchst selten vor.

339 **An zwei oder drei Tagen legt man zunächst für 10 Minuten das Geschirrzeug probeweise auf und führt das Pferd damit im Auslauf und auf der Straße spazieren.**

Vor dem Aufschirren soll es alle Teile des Geschirrzeuges einige Minuten lang beriechen können. Nach dem Abschirren erhält es eine Belohnung. Auf diese Weise verliert es am ehesten die Furcht vor allen neuen einengenden Dingen. Der Bauchgurt des Geschirres bleibt zunächst locker und wird erst nach und nach fester angezogen.

340 **Durch Verschnallen verpaßt man das Geschirrzeug so, daß beim Ziehen keine Druckstellen entstehen können oder eine Behinderung der Bewegungen des Pferdes erfolgt.**

Das Brustblatt muß mit seiner Unterkante oberhalb des Schultergelenkes liegen und über den Strang bis zum Ortscheit eine Gerade bilden. Die meisten Kleinpferde und Ponys haben einen tiefen Halsansatz; das Brustblatt sollte deshalb schmal sein, weil ein breites Brustblatt mit seiner Oberkante auf die Luftröhre drückt oder aber die Bewegungen des Schultergelenkes behindert.

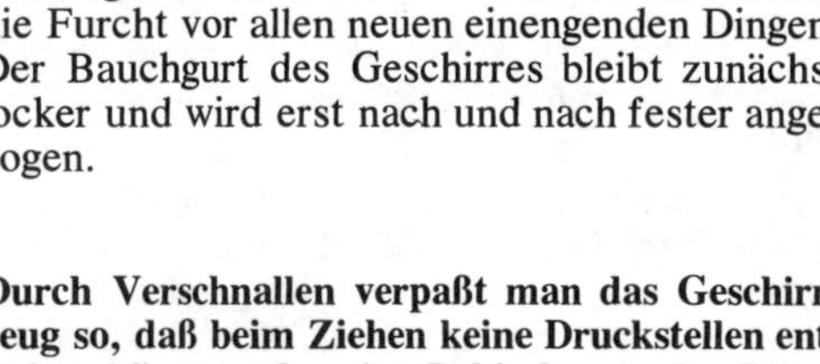

Läßt sich das aufgeschirrte Pferd ohne Schwierigkeiten zu bereiten am Zügel führen, macht man es mit dem Kutschwagen vertraut. 341

Zunächst soll es diesen wieder von allen Seiten gründlich beschnuppern, dann wird zum erstenmal angespannt. Dazu führt man das Pferd von hinten vor die Kutsche, die Schere ist hochgestellt, ein Helfer klappt sie langsam herunter, während das Pferd vom Kutscher durch Leckerbissen von dieser plötzlichen Einengung abgelenkt wird. Nach dem Anschirren faßt der Helfer das Pferd an der Trense und führt es langsam an, wenn der Kutscher vom Sitz her die Zügel aufgenommen hat.

Bevor man ein Pferd zum erstenmal vor einen Wagen spannt, sollte es den Zugwiderstand kennenlernen. 342

Man läßt es eine Schleppe oder einen Zugbalken unbelastet etwa zehn Minuten im Auslauf ziehen. Am nächsten Tag wird die Schleppe zeitweilig und am übernächsten Tag wird sie ständig belastet. Um sie zu beschweren stellt sich ein Helfer auf die Schleppe. Für ein sehr kleines Pony ist das jedoch zu viel, so daß man dann nur einige Steine oder Eisenstücke auf die Schleppe legt.

Für einen Neuling ist es einfacher, einspännig und mit einem einachsigen Wagen zu fahren als mit zwei Pferden und einem doppelachsigen Fahrzeug. 343

Pferde richtig zu fahren ist durchaus nicht leichter als sie richtig zu reiten. Wer später einmal an Fahrturnieren teilnehmen will, sollte Unterricht in einer Fahrschule nehmen. Dort wird er nach der Methode von Achenbach (über die es auch eine umfangreiche Literatur gibt), gründlich ausgebildet. „Nur-Freizeitfahrer" müssen sich aber auch mit den wichtigsten Anforderungen vertraut machen.

344 **Geschirrzeug und Wagen müssen stets in einem heilen Zustand sein und den Verkehrsvorschriften entsprechen.**

Brüchiges oder schlecht zusammengeflicktes Geschirrzeug ist ein ständiger Gefahrenherd. Am Wagen darf es keine Teile geben, die sich von allein lösen können oder die stark klappern; Achsen, Räder, Unter- und Aufbau sollten im besten Zustand sein. Die feststellbare Bremse hat immer zu funktionieren; sie bietet noch mehr Sicherheit, wenn zwei voneinander unabhängige Bremssysteme vorhanden sind. Die Federn des Wagens werden eher kräftig als weich gewünscht. Für Nachtfahrten darf am Wagen nicht die vorschriftsmäßige Beleuchtung fehlen.

345 **Von der Größe des Pferdes hängt ab, wie groß und von welcher Ausführung ein Wagen sein soll.**

Zum Kutschieren mit Shetlandponys bevorzugt man einachsige Wagen, wie z. B. einen Dogcart. Bei diesem muß der Aufbau so über den Achsen ruhen, daß die Belastung immer auf die Achsen wirkt und nicht über die Schere auf den Kammdeckel und den Rücken des Pferdes, auch darf eine Gewichtsverlagerung nach hinten das Pony nicht anheben. Zweiachsige Wagen gestatten eine bessere Lastverteilung, doch haben sie einen größeren Zugwiderstand als vergleichbare Einachser. Von zweiachsigen Kutschen muß man immer vom Vordersitz kutschieren können, da beim Lenken vom Hintersitz eine schlechte Übersicht vorhanden ist und außerdem die gebrochene Leine das Fahrgefühl des Kutschers mindert.

346 **Wichtig ist, zum Zweispännigfahren die Kreuzleine sorgfältig zu verschnallen.**

Die Kreuzleine wirkt wegen des Abstandes zwischen den beiden Pferdeköpfen dann gleichmäßig auf beide Pferdemäuler ein, wenn die inneren

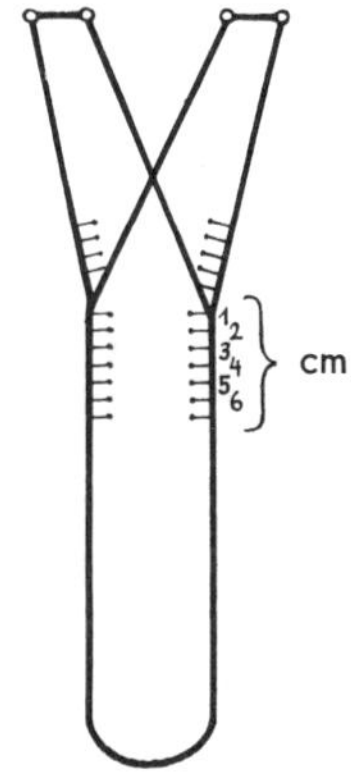

Leinen etwas länger als die äußeren Leinen auf dem Kreuzstück verschnallt sind. Wie groß dieser Unterschied sein muß, richtet sich nach der Größe der Pferde. Er wird für Shetlandponys etwa 4 cm betragen und für Panjepferde etwa 8–10 cm. Mit Hilfe der Kreuzleine ist es auch möglich, einen Ausgleich für die Zugleistung zwischen einem temperamentvollen und einem phlegmatischen Pferd zu schaffen. Das lasse man sich jedoch unbedingt von einem Fachmann in der Praxis erklären.

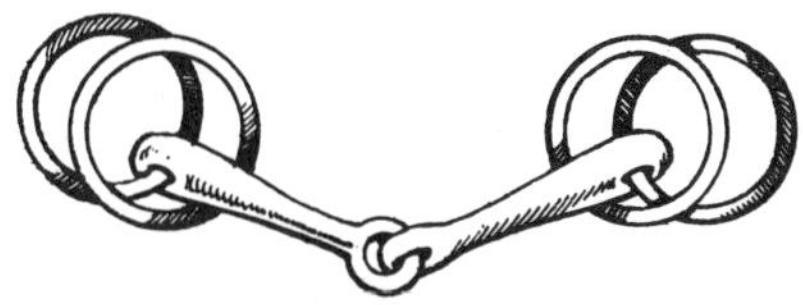

Der Kutscher sitzt stets auf der rechten Seite des Vordersitzes. 347

An dieser Seite befinden sich auch der Bremshebel und der Peitschenhalter. Der Kutscher hält die Leinen in der linken Hand und in der rechten die Peitsche, mit der rechten zeigt er auch Fahrtrichtungsänderungen an und betätigt die Bremse. Um die Fahrtrichtung zu ändern, zieht man beide Leinen gleichmäßig an und läßt dann die äußere Leine nach (siehe auch 424 und 425).

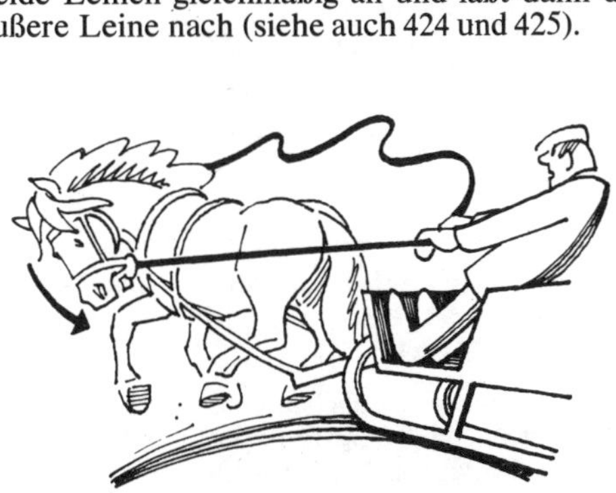

348 **Vor dem Kutschwagen sollen die Pferde im Schritt oder im Trab gehen.**

Niemals sollten sie galoppieren, denn bei jungen Pferden besteht dann immer die Gefahr, daß sie versuchen durchzugehen. Versuchen sie es trotzdem einmal, so darf man an den Leinen nicht stark zerren, sondern muß sie mehrmals kurz annehmen und danach wieder lockern; auch kann man versuchen auf Ödlandflächen einen Kreisbogen zu fahren, indem die äußere Leine völlig hingegeben wird, bis sich die Pferde beruhigt haben.

349 **Auf das Anreiten bereiten wir das Pferd ebenso systematisch vor wie auf die erste Kutschfahrt.**

Den Sattel hat das Pferd schon während der Ausbildung an der Longe kennengelernt. Bevor es unter dem Reiter ins Gelände darf, muß es ebenso wie das Kutschpferd mit seiner weiteren Umgebung Bekanntschaft gemacht haben, sofern das nicht schon früher geschehen ist. Auf dem Longierzirkel wird es an das Reitergewicht gewöhnt und auch auf die reiterlichen Hilfen aufmerksam gemacht, indem es zunächst auf die verschiedenen Gewichtseinwirkungen hin sein Gleichgewicht suchen muß.

350 **Schon ab der ersten Reitstunde soll das Pferd den Sattel erhalten, den es auch später ständig tragen wird.**

Jeder Sattel paßt sich dem Pferderücken anders an, ebenso sitzt der Reiter nicht in jedem Sattel gleich gut. Deshalb ist je nach der später sehr unterschiedlichen Nutzung des Pferdes möglichst von Anfang an der geeignete Sattel zu wählen. Von den Herstellern werden verschiedene Modelle angeboten.

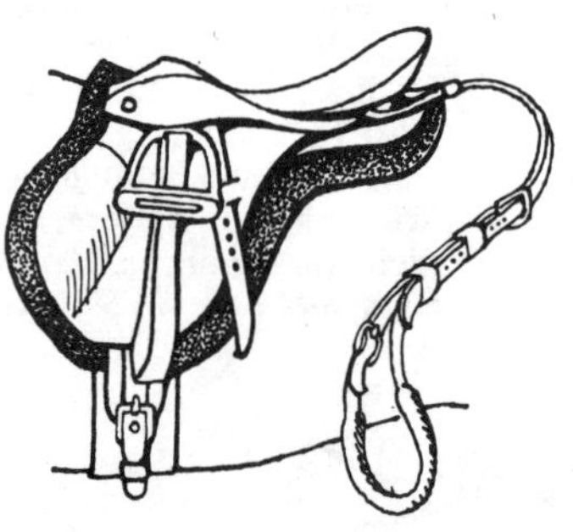

351 **Wer sein Pferd auf Turnierübungen vorbereiten will, verwendet einen Vielseitigkeitssattel nach englischem Modell.**

Solch ein Sattel ist als Zeichnung abgebildet. Er gestattet die vielfältigsten sportlichen Übungen und ist deshalb z. Z. in Europa sehr verbreitet. Charakteristisch für ihn sind eine flache Sitzfläche und flache Zwieseln, eine Voraussetzung um leicht zu traben und hohe Hindernisse zu überspringen.

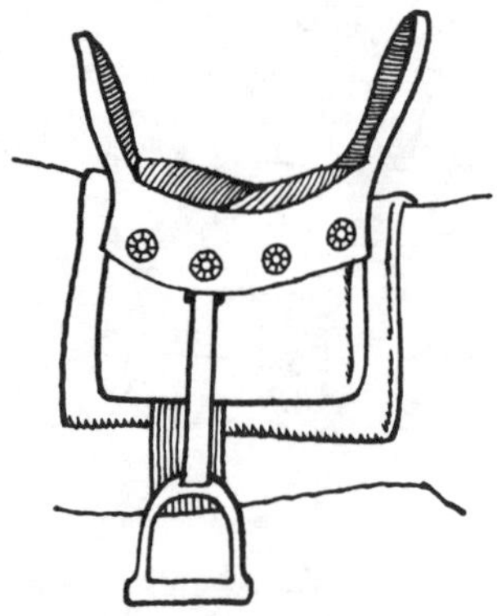

Für ständiges Freizeitreiten zieht man tiefe Sättel dem flachen englischen Modell vor. 352

Solche Sättel werden auch heute noch in Gebieten hergestellt und genutzt, in denen von jeher aus Lebensnotwendigkeit geritten wird, wie z. B. in der Mongolischen Volksrepublik, im Süden Frankreichs (Camargue), in mehreren Bundes-

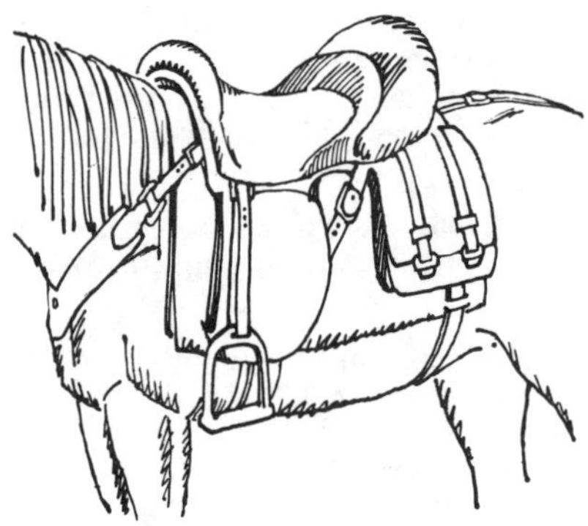

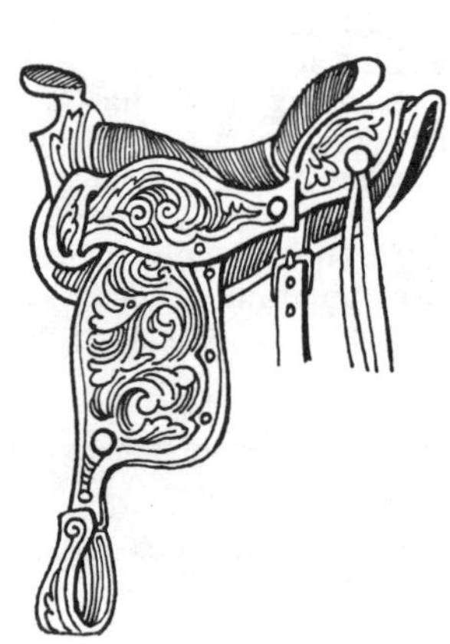

staaten der USA und in einigen Ländern Südamerikas. Für die dort verwendeten Sättel ist die tiefe Sitzfläche charakteristisch, die nach vorn durch einen hohen Vorderzwiesel und nach hinten durch eine Hüftstütze abgegrenzt wird. Solch ein Sattel gewährleistet einen weitaus sicheren Sitz als das englische Modell, jedoch müssen einige dieser Typen für den Reiter maßgefertigt werden. Der einfache französische Freizeitsattel, der Westernsattel sowie der ungarische oder Bocksattel können jedoch von Reitern mit unterschiedlicher Körperstatur benutzt werden.

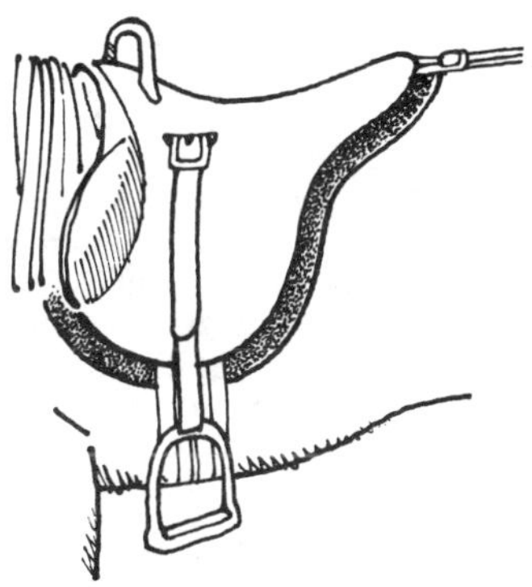

353 **An Stelle des Sattels genügt für manche Zwecke ein Reitkissen.**

Es ist billig und kostet meist nur ein Viertel des Sattels. Das Reitkissen ist ein auf Filz genähtes Lederblatt, es hat keinen Sattelbaum und auch keine Polsterung. Steigbügel und -riemen müssen jedoch genauso stabil wie bei einem Reitsattel sein. – Gewerblichen Reitbetrieben ist das Reitkissen nicht zu empfehlen, sie sollten nur tiefe Sättel verwenden.

354 **An einen Freizeitsattel sind mancherlei Anforderungen zu stellen.**

An seinem hinteren Zwiesel muß er einen Metallring zum Einschnallen eines Schweifriemens haben. Robustgehaltene Pferde sollten immer mit Schweifriemen gesattelt werden, damit sich während des Reitens infolge des meist tonnigen Rumpfes die Lage des Sattels nicht verändert. Außerdem sollten am Vorder- und am Hinterteil seitlich noch einige Riemchen oder Metallringe angebracht sein, damit man Decken, Schutzbekleidung und Packtaschen befestigen kann.

355 **Wurde vom Hersteller keine Schweifriemenhalterung am Sattel angebracht, so muß man sich eine ähnliche Vorrichtung selbst schaffen.**

Eine Möglichkeit ist, ein etwa 1–1½ cm breites, stabiles Lederstück so auf die inneren Sattelblätter zu nähen, daß es über die Polsterung

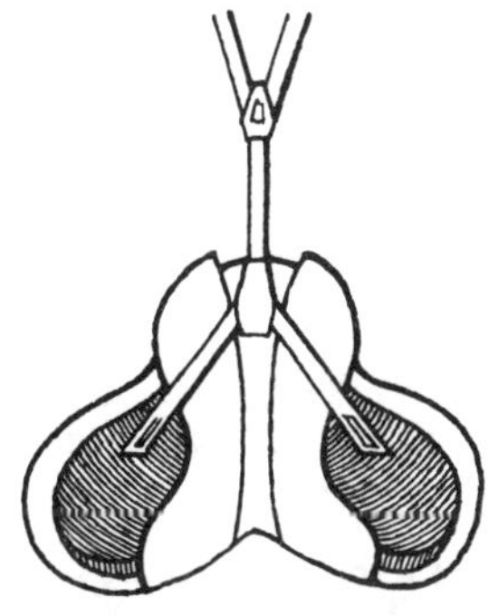

hinweg einen Steg bildet, der nach hinten ausgebogen ist. Der Schweifriemen wird nun in der Sattelkammer über diesen Steg geschnallt. Obwohl sich in kurzer Zeit der Ledersteg in eine nicht allzufeste Polsterung eindrückt, muß man auf jeden Fall ein Filzkissen unter den Sattel legen, es könnten sonst Druckstellen entstehen. Die hintere obere Kante der Filzdecke ist außerdem mit Leder zu besetzen, da der Schweifriemen den Filz an dieser Stelle aufscheuert. – An manchen Sätteln läßt sich auch ohne Schwierigkeiten eine Metallhalterung außen am hinteren Zwiesel mittels Holzschrauben befestigen.

Den Sattel bewahrt man auf dem Sattelhalter in der Sattelkammer auf, die Steigbügel sind in den Riemen hochgezogen, Gurt und Schweifriemen liegen über dem Sattelsitz. 356

Dem Pferd legt man dann den Sattel vom Widerrist aus mit dem Haarstrich gleitend auf den Rücken. Der Bauchgurt soll etwa 1–1½ Handbreit Abstand vom Ellenbogenhöcker haben. Der Bauchgurt bleibt zunächst locker und wird erst unmittelbar vor dem Aufsitzen fest angezogen. Für Sättel mit stoffüberzogener Polsterung benötigt man eine Unterlage, meistens ist das eine Filzdecke. Sie wird nach dem Vorgurten so vorn in die Sattelkammer gezogen, daß der Abstand von der Unterkante bis zum Widerrist noch mindestens zwei Finger breit ist.

Vor dem Aufsitzen schnallt der Reiter die Steigbügelriemen auf die richtige Länge. 357

Als Faustregel gilt: Riemenlänge + Steigbügel = Armlänge bis zu den Fingerspitzen. Freizeitreiter

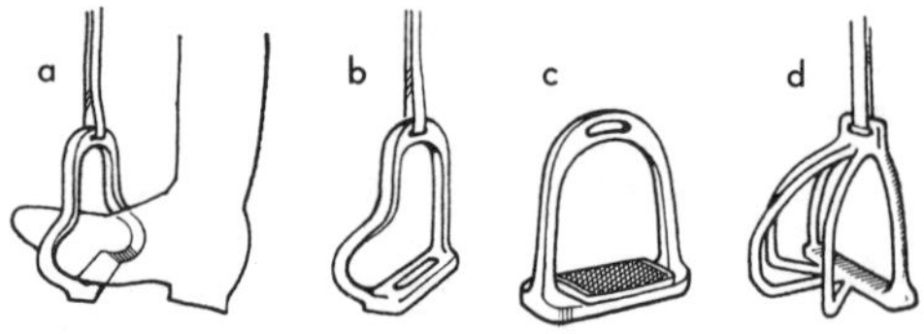

bevorzugen im allgemeinen etwas länger geschnallte Bügelriemen, weil sie den Reiter auf langen Strecken weniger ermüden als kurze. Als Steigbügel kommen nur große, schwere infrage, die sich bei Stürzen leicht vom Fuß lösen. Die Schuhsohlen finden auf dem Steigbügelsteg einen besseren Halt, wenn dieser eine Gummiauflage hat.

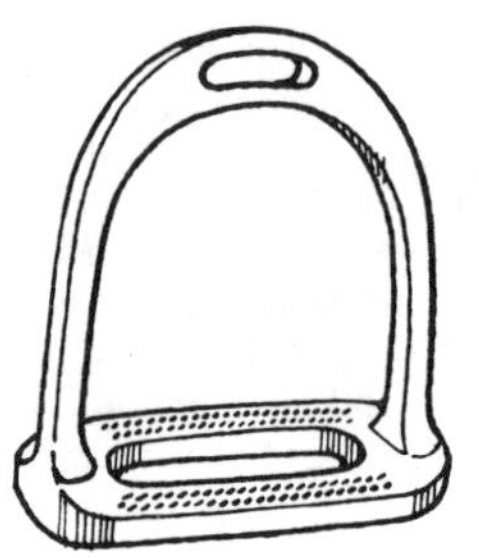

a Zweiseitiger Sicherheitssteigbügel
b Einseitiger Sicherheitssteigbügel
c Steigbügel mit Gummiauflage
d Geschlossener Steigbügel

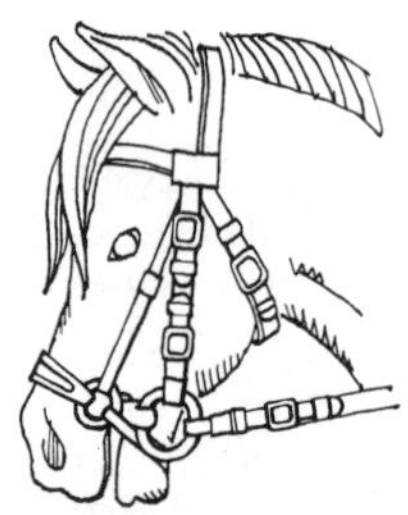

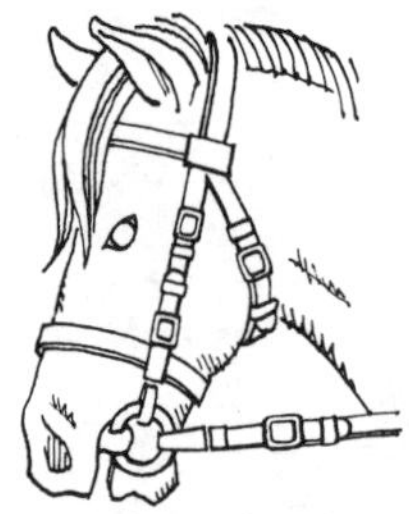

358 **Als Zäumung verwendet man so wenig Leder wie möglich und als Trensengebiß eine einfache, dicke Wassertrense.**

In Europa werden meistens der Reitzaum nach englischer Art sowie die einfache Reittrense, die durch das hannoversche Reithalfter ergänzt wird, benutzt. Freizeitreiter bevorzugen das englische Modell; für Kleinpferde und Ponys läßt sich das hannoversche kaum verwenden, da es infolge der kurzen Maulspalten dieser Pferde auf ihren weichen Nasenteilen liegt und die Atmung behindert.

Freizeitreiter benutzen meistens nicht die im Turniersport vorgeschriebene Reitbekleidung. 359

Jeder kann sich nach seinem Ermessen anziehen, die Kleidung muß nur zweckentsprechend sein. Gut eignen sich leichte, feste Schuhe, eine straffsitzende Steghose und je nach Jahreszeit Wollpullover oder Pullis, die die natürliche Transpiration des Körpers nicht behindern. Zur eigenen Sicherheit sollte man beim Reiten eine Sturzkappe tragen, auch die meisten Versicherungsgesellschaften fordern das.

Soll ein Pferd zum erstenmal geritten werden, so läßt sich der Reiter von einem Helfer unterstützen. 360

Das Pferd befindet sich gesattelt und gezäumt in der Mitte des Longierzirkels, der Helfer steht vor dem Kopf des Pferdes, hält es an der Trense und lenkt es in dem Augenblick mit einem Zukkerstück ab, wenn der Reiter in den Sattel gleitet. Wenn dieser ordnungsgemäß sitzt, beginnt der Helfer das Pferd in ganz kleinen Kreisen herumzuführen, die er allmählich (je nach Auflehnung des Pferdes gegen den Reiter) vergrößert. Der Reiter verhält sich völlig passiv. Nach fünf Minuten sitzt er ab, die erste Übung ist beendet.

Wehrt sich das Pferd gegen den Reiter durch Buckeln, so strafe man es deshalb nie. 361

Das Pferd hat zunächst das natürliche Verlangen, sich jeder Einengung und Belastung durch den Reiter zu entziehen. Je intensiver das geschieht, um so energischer und kraftvoller ist das Pferd. Der Reiter muß nur versuchen im Sattel zu bleiben. Wenn notwendig, hält er sich am Halsriemen (der jedem jungen Pferd umgelegt werden sollte) und am Schweifriemen fest. Wird er trotzdem abgeworfen, so ist das kein Grund zum Verzagen, er muß nur sofort wieder aufsitzen.

Klug müssen auch die nötigen Kraftreserven für einen schnellen Endspurt erhalten werden (462).

Gelegenheiten für einen Erfahrungsaustausch werden von Reitern gern genutzt, ganz gleich, ob es Touristen oder Turniersportler sind (14).

Zu kleinen Pferden fassen Kinder meist schneller Vertrauen als zu großen. Deshalb geht es hier auch recht beherzt an der Longe über ein Hindernis. Das Pferd würde sicherer springen, wenn das Hindernis nach unten gefüllt wäre (394, 478).

Die Kinder lernen nicht nur Reiten und Kutschieren, sondern unter sachkundiger Anleitung auch das Pflegen von Geschirr und Geräten; denn auch das gehört zum Umgang mit Pferden (9, 16, 18).

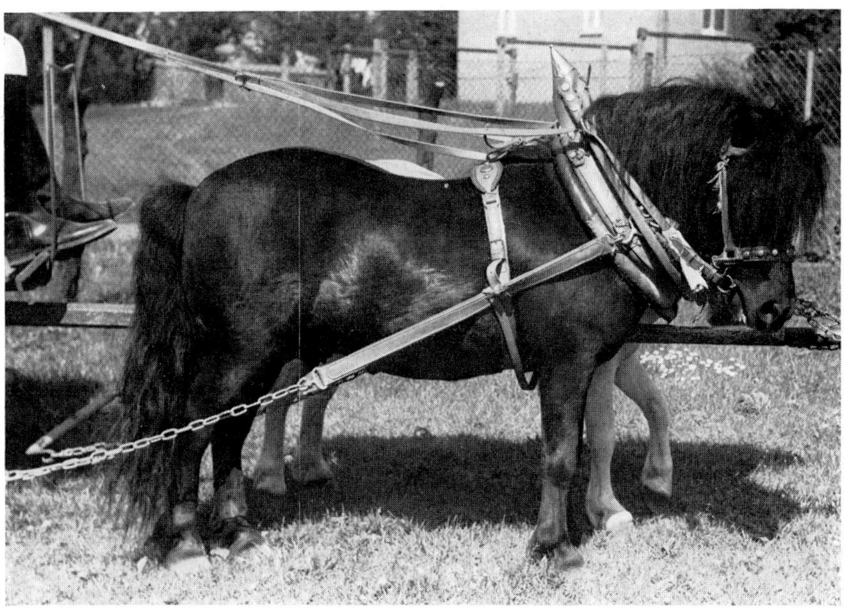

Für Zugleistungen jeder Art ist ein Kumtgeschirr am besten geeignet. Es soll stets birnenförmig gearbeitet und maßgefertigt sein, weil es sich dann der Körperform des Pferdes am besten anpaßt (338). Beim Anspannen ist darauf zu achten, daß die Stränge geradlinig verlaufen.

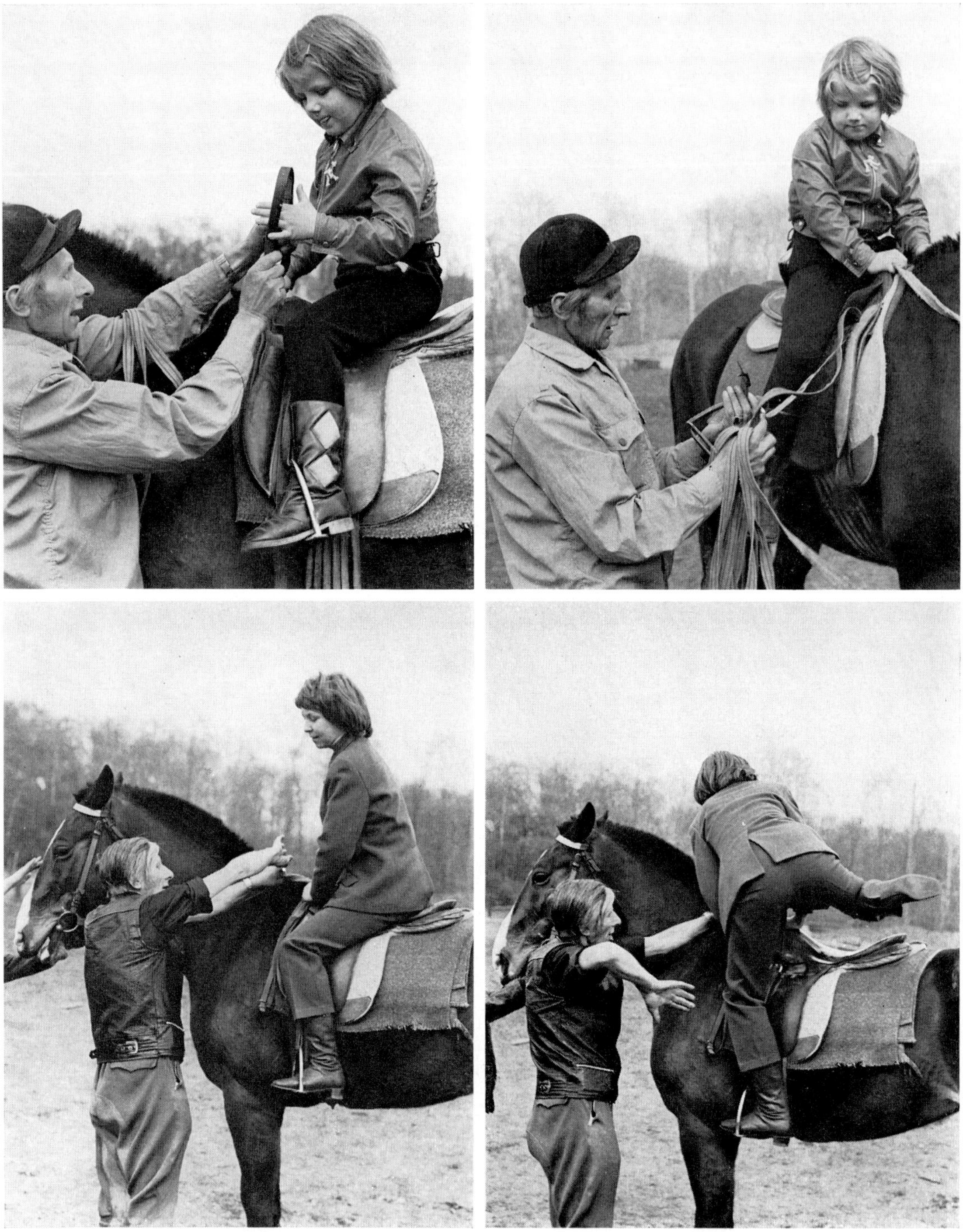

Viele Handgriffe muß der Reiter erlernen, bis er ein Pferd sicher lenken kann. Die kleine Reiterin lernt den Zügel richtig in die Hand zu nehmen (oben links) und auch den Steigbügelriemen auf die richtige Länge zu verschnallen (oben rechts). Auch das Absitzen muß gekonnt sein, will man nicht unter dem Bauch des Pferdes landen (417, 518, 522).

Eine Dusche reinigt und erfrischt zugleich. Das Pferd darf aber nicht erhitzt sein. Auch sollte man es vorsichtig an Wassergüsse gewöhnen, die Reaktionen des Pferdes sind dann weniger schreckhaft. Eine solche Dusche kann auch notwendig sein, um das Durchschwitzen des Winterpelzes zu erleichtern (482).

Nutzt sich das Hufhorn stark ab, so müssen die Hufe mit Eisen beschlagen werden(411). Vor und nach jedem Ritt sollte man prüfen, ob sich Steine in die Strahlfurche geklemmt haben, da es sonst zu Druckstellen und Lahmheit führen kann.

Stark verschmutzte Gliedmaßen säubert man am besten mit Wurzelbürste oder Schwamm. Werden Pferde überanstrengt, so schwellen die Sehnen an den vorderen Beinen an. Zur Linderung der damit einhergehenden Schmerzen sollte man kühlende Umschläge auflegen oder das Pferd in flaches Wasser führen (157, 507, 588)

Reitturniere verlangen stets Können und Einsatz, ganz gleich, ob im Parcours oder im Gelände.

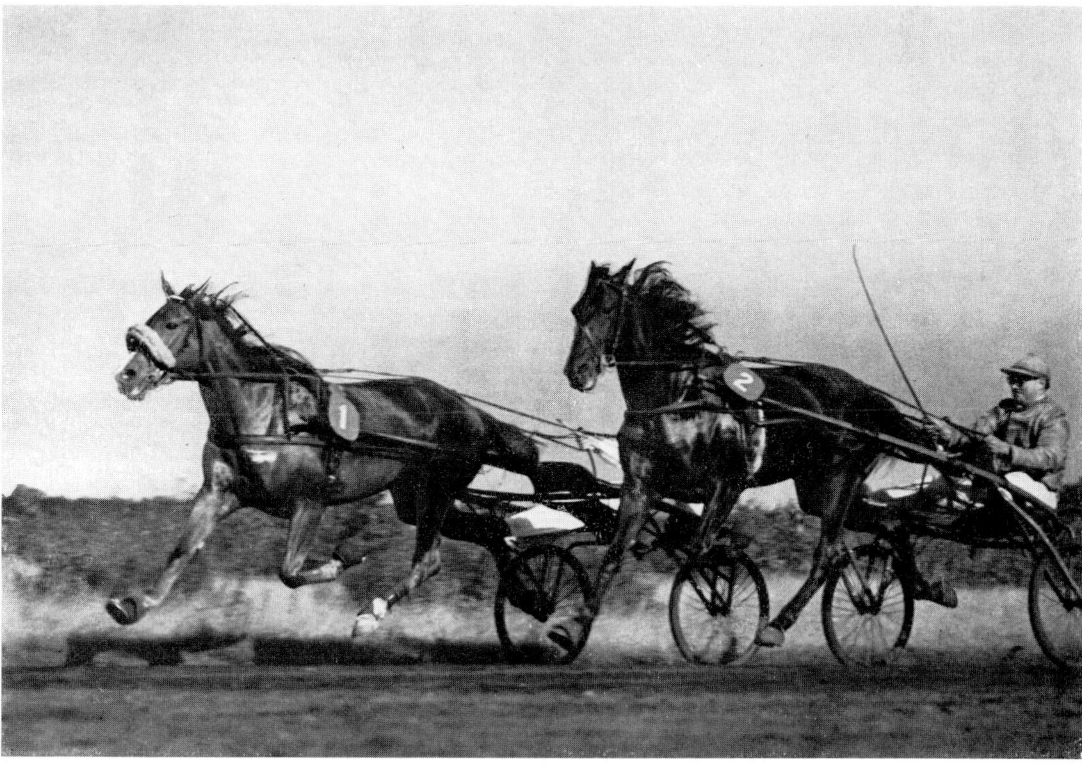

Das östliche Steppenwildpferd oder Przewalskipferd (Equus przewalskii przewalskii) gilt als eine der Unterarten des Urwildpferdes. Mehreren Zoologischen Gärten kommt das Verdienst zu, diese wissenschaftlich hochinteressante Tierart vor dem Aussterben bewahrt zu haben. Die besten Erfolge hatten die Tiergärten in Askania Nova (UdSSR), Berlin (DDR), Catskill (USA), München/Hellabrunn (BRD), Prag (ČSSR) und Whipsnade (Großbritannien).
Millionen Zoobesucher erfreuen sich alljährlich am Anblick dieser Vorfahren unserer Hauspferde (oben).
Während der letzten viertausend Jahre wurde das Pferd in den meisten Ländern ein unentbehrlicher Helfer des Menschen. Heute haben Maschinen die Pferde in Wirtschaft und im Militärwesen ersetzt.
Sie sind uns als Gefährten für Sport und Freizeitgestaltung deshalb aber noch vertrauter geworden (1–4).

Für Wanderritte in Gruppen sollten Reiter und Pferde besonders gut vorbereitet sein, da ein solcher Ritt hohe Anforderungen an alle Teilnehmer stellt (437–439, 452).

362 **Während der nächsten Tage geht das Pferd unter dem Reiter auf dem Zirkel an der Longe.**

Die Übung wird bis zu 10 Minuten täglich ausgedehnt. Der Reiter sitzt in dieser Zeit mehrmals behutsam auf und ab. Im Verlaufe einiger Tage übernimmt er alle Aufgaben des Longenführers. Die Peitsche wird durch die Gerte des Reiters ersetzt, die Wendungen zum Handwechsel werden vom Reiter veranlaßt, ebenso bestimmt er die Gangart. Freizeitpferde reitet man immer auf diese schonende Art zu, das gewaltsame Einbrechen ist konsequent abzulehnen.

363 **Jeder Reiter verhält sich von Anfang an rücksichtsvoll gegenüber anderen Menschen und auch gegenüber seinem Pferd.**

Zwischen Geröll, auf Kopfsteinpflaster, auf Beton- und Asphaltstraßen wird man ohne zwingenden Grund nie traben oder galoppieren, sondern stets im Schritt reiten. Die Gliedmaßen des Pferdes werden so geschont und sie sind es, die am schnellsten beim Pferd verschleißen. – Niemals wird man Pflanzenkulturen überreiten. – Auf Fußgänger, Radfahrer usw. nimmt ein Reiter stets größte Rücksicht.

364 **Drängt ein junges Pferd unter dem Reiter stark vorwärts, so soll es sich auslaufen bis es ruhiger wird.**

Die Zügel werden deshalb nur ganz leicht angenommen, der Reiter verhält sich weitestgehend passiv. Beginnt das Pferd im Galopp zu rasen, pariert man es mehrmals weich, bis es trabt. Ein solches Pferd läßt sich auch leichter zurückhalten, wenn man mit ihm einfache Bahnfiguren, wie Schlangenlinien, reitet; gleichzeitig wird es dadurch auch biegsamer.

Um vorwärtszureiten preßt der Reiter seine Schenkel an den Pferdeleib am Sattelgurt, gleichzeitig schlägt er mit der Gerte unmittelbar hinter seiner Wade auf den Pferdeleib, dazu kann er noch das Kommando „Marsch“ geben. 365

In wenigen Tagen wird so ein Reflex eingearbeitet, das Pferd geht dann schon von allein auf Schenkeldruck vorwärts, den der Reiter immer durch Kreuzanspannung unterstützt. Läßt später die Reaktion des Pferdes auf die Schenkelhilfen nach, ist der Reflex in gleicher Weise wie oben beschrieben wieder zu festigen.

Während der Zeit des Einreitens sollte man das Pferd jeden zweiten Tag ohne Reiter in der üblichen Weise longieren (siehe 318–334). 366

Die Belastung durch das Reitergewicht ist für das junge Pferd völlig ungewohnt, es bekommt einen tüchtigen Muskelkater. Durch die gleichmäßigen Bewegungen an der Longe löst es sich aus den Verkrampfungen, die infolge der Muskelschmerzen entstehen. – Die Übungen unter dem Reiter werden von Mal zu Mal verlängert, so daß man nach vierzehn Tagen etwa dreißig Minuten reiten kann. Solche Übungen sind immer durch eine Pause von 3–5 Minuten zu unterbrechen. Das Pferd erhält in dieser Zeit die Möglichkeit, seinen Kopf nach unten zu strecken (z. B. zu grasen).

Ein Jungpferd kann man auch an der Seite eines sicheren älteren Führerpferdes einreiten. 367

Der Reiter des Führerpferdes nimmt zunächst vom Sattel aus das Jungpferd an Halfter (oder Zaum) und Leine neben sich und reitet mit den Pferden große Kreise im Schritt. Strebt das Jungpferd stark vorwärts, so geht der Reiter auf dessen Gangart ein, trabt, galoppiert, stoppt und gibt dabei seine Kommandos laut und deutlich.

368 **Das Jungpferd verbleibt auch noch an der Leine am Führungspferd, wenn sein Zureiter nach einigen Tagen zum erstenmal aufsitzt.**

Sobald der Zureiter im Sattel sitzt, beginnt der Reiter des Führungspferdes die gewohnten Übungen; erst nach und nach nimmt der Zureiter die Zügel des Jungpferdes auf, das schließlich von der Leine des Führungsreiters gelöst wird. Das Jungpferd kann über Wochen oder Monate gemeinsam mit dem Führungspferd trainiert werden. Es lernt auf diese Weise gut auf die reiterlichen Hilfen zu reagieren und auch unter dem Reiter die Tempi der verschiedenen Gangarten im Takt zu treten.

369 **Hat das Pferd sein Gleichgewicht unter dem Reiter gefunden, beginnt es den Hilfen zu folgen und zeigt es zum Reiter Vertrauen, so kann man ins freie Gelände reiten.**

Das Pferd lernt nun, sich auf allen Böden unter dem Reiter auszubalancieren, mit der weiten Umgebung vertraut zu werden und allmählich auch Sicherheit in fremder Umgebung zu gewinnen. Ermüdet das Pferd, das zeigt sich durch seinen unsicheren Gang und häufiges Stolpern, sitzt man sofort ab und macht eine Pause von 15 bis 20 Minuten.

370 **Während der ersten Wochen reiten wir im Gelände überwiegend im mittleren und starken Schritt.**

Das Pferd wird von Anfang an gefordert, mit den Hinterbeinen schwungvoll nach vorn unterzutreten. Seinen eigenen Vorwärtsdrang unterstützen wir, indem wir für die Ritte immer wieder einige neue, dem Pferd unbekannte Wege wählen, stets die richtigen Hilfen geben, regelmäßig Pausen machen und nach diesen Übungen auch das notwendige Kraftfutter füttern. – Aus dem gefestigten starken Schritt lassen sich relativ leicht auch die anderen Gangarten entwickeln. – Mit den nun folgenden Übungen beginnt das eigentliche Entwicklungstraining, das etwa 18 Monate dauern wird.

IX. Über Gangart des Pferdes und wie sie zu reiten sind

Der Reiter soll sich allmählich in sein Pferd einfühlen; das bedeutet zunächst, mit den Bewegungen des Pferdes in den verschiedensten Gangarten vertraut zu werden. 37

Das Pferd soll in jeder Gangart einen reinen Takt zeigen, d. h. daß der Rhythmus der Fußfolge gleichbleibend sein muß. – Die Intensität, mit der sich ein Pferd in einer bestimmten Gangart bewegt, ist unterschiedlich, man bezeichnet sie als Tempo (Mehrzahl Tempi). So werden Arbeitstrab, Mitteltrab und starker Trab unterschieden, dasselbe gilt für andere Gangarten. Die Tempi unterscheiden sich weniger durch eine raschere Fußfolge als vielmehr durch die Weite der Tritte.

Freizeitreiter in Europa reiten hauptsächlich die Gangarten Schritt, Trab, Paß, Tölt und Galopp. 37

Alle Pferde der Erde haben die natürliche Veranlagung, sich im Schritt und Galopp bewegen zu können; die Fähigkeit zum Trab, Paßgang oder Tölt ist bei den einzelnen Rassen jedoch sehr unterschiedlich ausgebildet. Die meisten europäischen Pferderassen gehen als mittlere Gangart den Trab, denn die sanften mittleren Gangarten Paßgang und Tölt, wie sie z. B. kennzeichnend für den Zelter waren, sind fast überall am Ende des Mittelalters, hauptsächlich auf Grund militärischer Anforderungen, vernachlässigt worden und verlorengegangen.

Der Schritt ist eine Fußfolge im Viertakt, mit gleichseitigen, aber nicht gleichzeitigen Tritten, z. B. links hinten-links vorn, rechts hinten-rechts vorn. 37

Im Rhythmus dieser Fußfolge schwingt der Pferdeleib deutlich seitwärts aus. Und zwar schwingt er, wenn der linke Hinterfuß nach vorn tritt nach rechts und wenn der rechte Hinterfuß nach vorn tritt nach links. Unterschiedlich stark bei den einzelnen Pferden pendelt der Kopf synchron mit der Bein- und Leibbewegung mit.

Beim Schrittreiten muß der Reiter viel Mühe und Sorgfalt aufwenden. 37

Ziel der Ausbildung im Schritt ist es, den starken Schritt als Gebrauchstempo dieser Gangart zu trainieren und zu festigen. – In allen Gangarten des Pferdes gibt die Hinterhand den nötigen Vorschub, die vorderen Gliedmaßen haben dagegen eine stützende Funktion. Somit kommt es darauf an, die hinteren mit gezielten Hilfen zu einem starken, schwungvollen Untertreten anzuregen. Bei den meisten Pferderassen soll der Hinterhuf mindestens eine Huflänge vor dem Vorderhuf aufsetzen.

Schritt

Trab

75 **Der Reiter treibt anfangs beim Schrittreiten stetig, ohne jedoch durch übertriebene Einwirkungen das Pferd abzustumpfen.**

Als Hilfe unterstützen die am Sattelgurt liegenden Unterschenkel, bekräftigt durch die jeweils einseitige Kreuzanspannung, einseitig das Seitwärtsschwingen des Pferdeleibes.
Sobald das gewünschte Tempo erreicht ist, tritt an die Stelle der Hilfe ein lockerer Kontakt der Unterschenkel mit dem Pferdeleib.

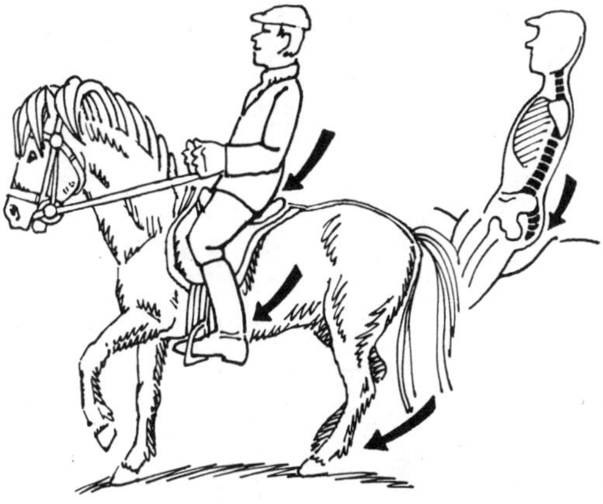

Der Trab ist eine Fußfolge im Zweitakt, bei der ein diagonales Fußpaar gleichzeitig nach vorn tritt, z. B. links hinten-rechts vorn, rechts hinten-links vorn. 376

Nach dem Abheben des einen diagonalen Fußpaares und dem Aufsetzen des anderen diagonalen Fußpaares tritt eine Schwebephase ein. Es gibt in dieser Gangart keine Schwingung des Pferderumpfes zur Seite, sondern nur eine nach vorn oben. Die Ausbildung für einen raumgreifenden Trab wird wesentlich durch einen gefestigten starken Schritt erleichtert.

Den Trab kann man auf zweierlei Weise reiten; welche zweckmäßig ist bzw. bevorzugt wird, richtet sich nach den Umständen. 377

Solche Umstände sind z. B. die Beschaffenheit des Geländes, das Reiten bestimmter Aufgaben in der Bahn usw., auch spielt die natürliche Veranlagung des Pferdes eine Rolle.
Durch die Schwingung nach vorn oben wird der Reiter bei jedem Trabtritt „geworfen". Sitzt er bei der Aufwärtsschwingung verstärkt ein, so wird das als „Aussitzen" des Trabes bezeichnet; erhebt er sich jedoch bei jedem zweiten Trabtritt (immer wenn das gleiche Beinpaar vorschwingt)

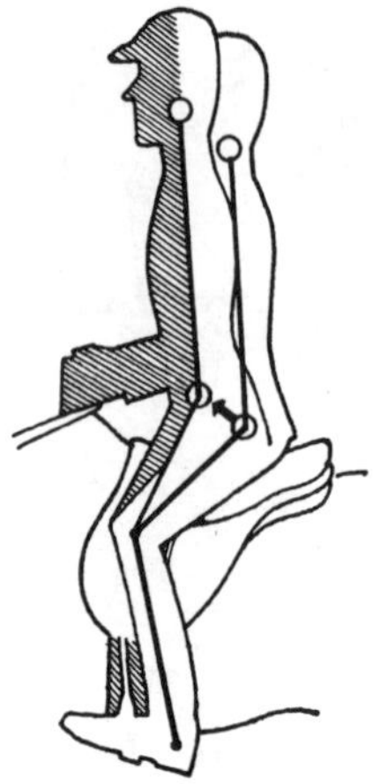

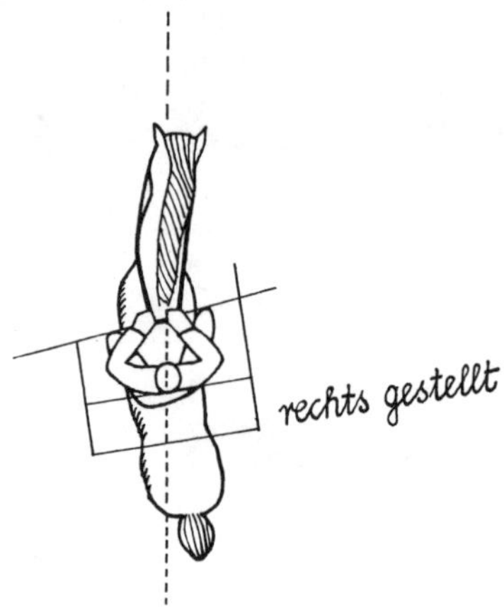

leicht aus dem Sattel, geht also mit der Aufwärtsbewegung mit und federt diese leicht ab, so nennt man das „leichttraben“; das Gesäß wird dabei nur ein klein wenig im Sattel gelüftet, keinesfalls hoch angehoben.

378 **Wenn das Trabtempo erhöht werden soll, sind stärkere Hilfen zu geben.**

Es sei noch einmal darauf hingewiesen, daß Erhöhung des Tempos nicht unbedingt ein schnelleres Traben bedeutet, sondern hauptsächlich eine Verlängerung der Tritte. Der Übergang von einem Tempo zum anderen soll allmählich erfolgen. Als Hilfen spannt der Reiter das Kreuz stärker an und beide Schenkel treiben gleichmäßig und stark bis das gewünschte Tempo erreicht ist. – Schlecht ausgebildete Pferde neigen dazu, statt in den starken Trab in den Galopp überzugehen; das ist durch verstärktes Treiben und Zügelannehmen zu verhindern.

379 **Der Galopp ist eine Vorwärtsbewegung in Sprüngen im Dreitakt; ob Rechts- oder Linksgalopp ist bestimmend für die Fußfolge.**

Durch den am weitesten vortretenden Vorderfuß wird das Pferd in den Schwebezustand versetzt; das kann je nach Veranlagung des Pferdes oder auch der Forderung des Reiters der linke oder der rechte Fuß sein, ein Galopp wird deshalb als Rechts- oder Linksgalopp bezeichnet. Beim Rechtsgalopp ist die Fußfolge: hinten links, hinten rechts und vorn links, vorn rechts.

Auf das Angaloppieren ist das Pferd besonders vorzubereiten. 38

Will man z. B. zum Rechtsgalopp anreiten, so ist das Pferd leicht rechts zu stellen; d. h. der rechte Zügel ist leicht anzunehmen, der linke verwahrend zu halten, die rechte Hüfte nimmt man etwas nach vorn und belastet auch gleichzeitig den rechten Gesäßknochen stärker, der rechte Schenkel treibt verstärkt am Gurt, der linke liegt eine Handbreit hinter dem Gurt verwahrend an. Der Reiter spannt rechtsseitig sein Kreuz an, gibt den rechten Zügel nach, der Galoppsprung muß erfolgen. Angaloppiert wird zunächst aus dem Schritt, später aus dem Arbeitstrab (niemals aus dem starken Trab) und schließlich dann aus dem Stand.

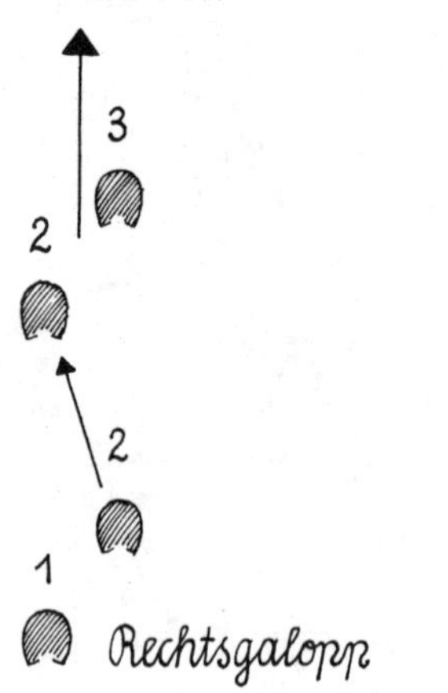

381 **Beim Angaloppieren können sich Fehler einschleichen, die Reiter und Pferd den Galopp verleiden.**

Das hintere Fußpaar muß in der gleichen Folge wie das vordere aufsetzen, d. h. der linke Hinterhuf tritt beim Linksgalopp weiter als der rechte vor. Geschieht das umgekehrt, so spricht man von einem falschen oder Kreuzgalopp, der sich durch unangenehmes Werfen des Reiters nach vorn bemerkbar macht. Bei solch einem Fehler muß man das Pferd sofort durchparieren und den Galopp neu anreiten. Ein Kreuzgalopp stellt sich meistens dann ein, wenn der Reiter das Pferd aus dem starken Trab in den Galopp treibt.

382 **Der Reiter wird auch stark nach vorn geworfen, wenn das Pferd noch nicht genügend für lange Galopprepriesen ausgebildet ist.**

In diesem Falle versteift sich die Hinterhand des Pferdes infolge der noch ungewohnten Belastung durch das Reitergewicht. Deshalb wird der Reiter auf einem jungen Pferd anfangs nie lange im Galopp reiten; er muß vielmehr häufig aus dem Mittelschritt angaloppieren, dann aber nach wenigen Galoppsprüngen im Trab weiterreiten.

383 **Der Paßgang ist eine Vorwärtsbewegung im Zweitakt, mit gleichseitiger und gleichzeitiger Fußfolge, z. B. links hinten-links vorn, rechts hinten-rechts vorn.**

Beim schnellen Paß tritt beim Seitenwechsel auch eine Schwebephase auf. Vom Schrittpaß bis zum Rennpaß kann man jedes Tempo entwickeln. Der Paßgang ist eine der vom Freizeitreiter gesuchten sanften und raumgreifenden Gangarten, die ihm auch die Verwendung des tiefen, bequemen und sicheren Sattels gestattet. Paßgänger sind bestens für ältere Personen geeignet, die sich als Anfänger der Freizeitreiterei zuwenden, da der Paßgang relativ wenig reiterliche Kenntnisse erfordert, um ihn richtig zu reiten.
Bei den europäischen Sportpferden werden Paßgang und seine Variationen allerdings nicht geduldet, weil sie die Anforderungen der LPO nicht erfüllen (siehe auch 469).

384 **Im Paßgang werden hauptsächlich solche Pferde geritten, die diese Gangart als Naturveranlagung zeigen.**

Außer Islandponys haben viele Pferde eine Veranlagung zum Paßgang, die in Sibirien und in den davon gelegenen südlichen Gebieten der Sowjetunion beheimatet sind sowie auch ein großer Teil der mongolischen Pferde. – Forschungen ergaben, daß die gleichseitige Fußfolge bei allen Paßgängern nicht auch absolut gleichzeitig ist, so daß viele Pferde einen „gebrochenen“ Paß gehen. Der Hinterfuß setzt dann stets einen Augenblick früher auf als der vordere. Dieser gebrochene oder verzögerte Paßgang hat sich bei einigen außereuropäischen Pferderassen zu eigenständigen Gangarten entwickelt.

Die beim reinen Paßgang gleichseitige und gleichzeitige Fußfolge fordert auch überwiegend einseitige Hilfen. 385

Tritt z. B. ein Paßgänger linksseitig an, so muß der Reiter mit dem Gesäßknochen und dem Schenkel dieser Seite verstärkt einwirken; Schulter und Hüfte drehen anfangs einseitig stark betont mit vor, so daß auch der Zügel dieser Seite verstärkt nachgibt. Schwingt das andere Fußpaar des Pferdes nach vorn, so geht die andere Körperseite des Reiters mit nach vorn, die Hilfen werden nun einseitig auf dieser Seite gegeben. Tritt das Pferd den Paßgang in den verschiedenen Tempi taktrein (und beherrscht ihn auch der Reiter), so deutet man Oberkörperbewegung und Hilfen nur noch an. Bergabreiten erleichtert die Übungen mit Pferden, die nur wenig Veranlagung zum Paßgang zeigen.

386 **Im Töltgang ist die Fußfolge wie im Schritt, sein Tempo liegt etwa zwischen dem des Arbeitstrabes und dem des starken Trabes.**

Neben dem Paßgang ist der Tölt die andere in Europa bekannte sanfte Gangart. Er wird weniger aus dem Stand, sondern häufiger aus den Gangarten Schritt, Trab oder Paß entwickelt. Im englischen Sprachgebiet bezeichnet man diese Gangart als running-step = rennender Schritt. Viele Fachleute sehen den Tölt als eine eigenständige Variation des gebrochenen Paßganges an.

387 **Tölter sind hauptsächlich unter den Ponyrassen zu finden. Zum Töltgang lassen sich aber auch Vollblüter und Maultiere ausbilden.**

Am häufigsten gehen von den europäischen Pferderassen Islandponys im Tölt (unter ihnen gibt es regelrechte Fünfgänger), in Mittelamerika ist er für das aus Spanien stammende Galicieno Pony charakteristisch. Auch vielen in Gebieten von der Mongolei bis nach Indien und Burma lebenden Pferden ist diese Gangart angeboren.

388 **Die Hilfen zum Anreiten des Tölt's unterscheiden sich sehr von den sonst üblichen** (siehe auch 389).

Der Reiter sitzt schwer in den Sattel nach hinten ein, um den Spannungsbogen des Pferdes zu brechen, der bei einem nach üblicher Art an den Hilfen stehenden Pferd vom Kopf über die Hals- und Rückenmuskulatur über die Hinterbacken bis in die Unterschenkel verläuft; gleichzeitig hebt er die Hände mit den Zügeln unter leichtem Öffnen und Schließen der Fäuste bis in Brusthöhe, so daß der Kopf des Pferdes angehoben wird und der Hals sich nach vorn herauswölbt.

389 **Vor dem Tölten sind die Steigbügelriemen einige Löcher länger als normal zu schnallen.**

Die Knie müssen so tief wie möglich geschoben werden können, die Unterschenkel sind leicht nach vorn außen gestellt und berühren den Pferdeleib nicht. Getrieben wird mit den Oberschenkeln und den Knien, notfalls auch mit der Gerte hinter dem Gurt, vor allem aber durch Kreuzanspannung, bei der der gesamte Oberkörper sich hinter die Senkrechte zurückneigt.

Töltet das Pferd in dem gewünschten Tempo, 39
so stellt der Reiter die treibenden Hilfen ein und läßt das Pferd den Gang frei entfalten.

Ein Reiter, der bisher nur im Trab und Galopp geritten ist, erlebt – sofern er lernt, sich dem Bewegungsrhythmus anzupassen – jetzt etwas Ungewohntes: Er spürt infolge des unterbrochenen Spannungsbogens kein Stoßen; die Gliedmaßen des Pferdes sind in ständiger, voneinander unabhängiger Bewegung, es gleitet weich dahin. – Das Angenehme dieser Gangart verleitet dazu, ein Pferd ständig im Tölt zu reiten, das ist jedoch falsch! Der Besitzer eines Tölters muß auch des öfteren in anderen Gangarten reiten, er verhindert so eine einseitige Muskelausbildung bei seinem Pferd.

XII. Springübungen und einfache Dressur

Zeigt das junge Pferd bei den Übungsritten im 39
Gelände eine gute Ausdauer, so beginnt man mit leichten Springübungen und reitet auch öfters verschiedene Bahnfiguren.

Üblicherweise beginnt diese Ausbildung etwa 8–9 Monate nach dem ersten Longieren. Obwohl wir unseren Freizeitkameraden nicht zum Springpferd ausbilden wollen, soll er doch flache Hindernisse (vor allem Gräben) überspringen können. Springübungen wechseln nun mit Geländeritten ab, zweimal in der Woche reitet man auch Bahnfiguren und trainiert jetzt wöchentlich an fünf Tagen, an einem Tag wird nur longiert, der siebente Tag dient zur Erholung.

Wochenkalender	
Montag	Strohballenspringen
Dienstag	Longieren
Mittwoch	Geländeritt
Donnerstag	Pause
Freitag	Pause
Sonnabend	Dressur
Sonntag	Dressur

Die Ausbildung der robustgehaltenen Pferde unter- 392
liegt in den Wintermonaten gewissen Einschränkungen.

Bekanntlich haben sie ab Ende September ein dickes Winterfell, das sie bis etwa Ende April behalten. Nimmt man sie in dieser Zeit zu Beginn einer Übungsstunde gleich forsch in Arbeit, so sind sie schon nach 10 Minuten völlig „sauer“.

Unter dem dicken Fell entsteht ein Wärmestau, der die Leistungsfähigkeit und -willigkeit des Pferdes stark mindert.

393 **Während der Wintermonate reitet man am Anfang jeder Übungszeit etwa 10–15 Minuten nur im mittleren Schritt.**

Die Ausdünstungen des Pferdekörpers können so den dicken Haarpelz allmählich durchdringen. Longiert wird in dieser Zeit nicht, da keine ausgedehnten Schrittrepriesen an der Longe zu dulden sind. – Wurde das Winterfell während einer Übung tüchtig durchgeschwitzt, muß das Pferd für einige Stunden in eine trockene Unterkunft, niemals darf es in solchem Zustand im Freien bei starker Kälte oder im Regen herumstehen.

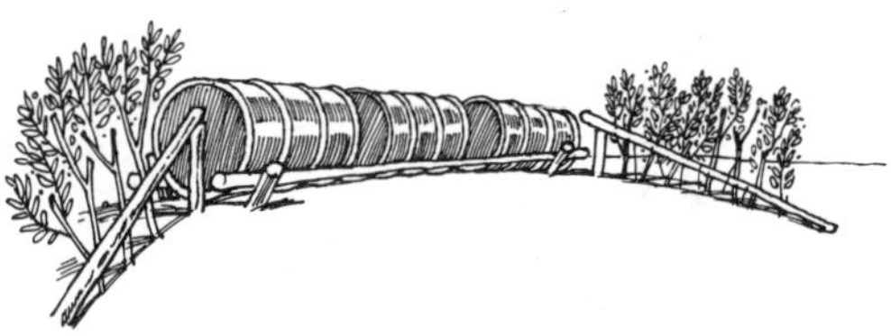

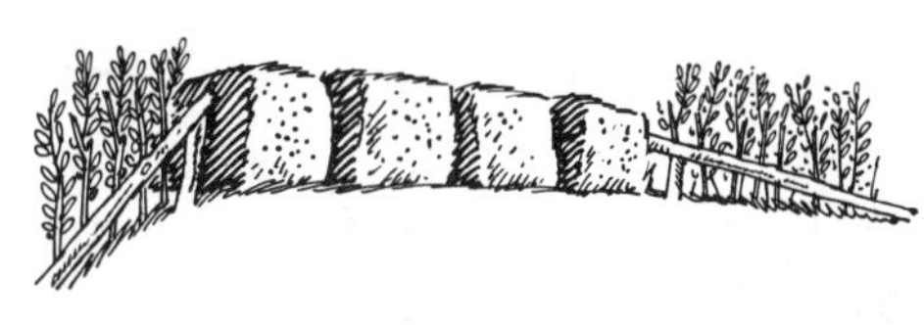

394 **Bevor man mit den Springübungen beginnt, sollte das Pferd die Hinternisse kennenlernen.**

Es erhält zunächst Gelegenheit, die Hindernisse ausgiebig zu beschnuppern. Die ersten Sprünge wird man im Auslauf oder in einer nahegelegenen Koppel üben und nur feste Hindernisse verwenden mit einer Höhe von 30–60 cm, wie Erdwälle, Kisten, Strohballen und Fässer. Das Pferd springt leichter, wenn es auf das Hindernis zu in Richtung Stall laufen kann.

Zum Springen schnallt der Reiter die Steigbügelriemen um zwei Löcher kürzer als normal, sofern er einen Sportsattel verwendet. 395

Er bekommt so einen flexibleren Sitz. Benutzt er einen tiefen Sattel, so wird nichts verändert, weil er dann die nicht sehr hohen Sprünge aussitzt. Große Personen auf kleinen Pferden müssen jedoch beachten, daß ihre Beine nicht zu weit über den Pferdebauch hinabreichen, da sie sonst mit den Hindernissen in Berührung kommen.

Jeder Sprung wird etwa 10 m vor dem Hindernis mit einer halben Parade eingeleitet. 396

Der Anlauf für den Sprung ist also nur kurz. Das Hindernis ist stets energisch anzureiten. Zuerst wird aus dem Trab gesprungen, ein ungeübtes Pferd findet aus dieser Gangart am sichersten den Absprung. Diesen muß stets das Pferd bestimmen können; keinesfalls darf man versuchen, es mit den Zügeln „anzuheben". Das wäre für das Pferd eine sehr schmerzhafte, bremsend wirkende Behinderung.

Verwendet der Reiter den englischen Sportsattel, so kann er sein Pferd beim Springen gut unterstützen. 397

Sobald es sich nach oben abstößt, gibt er die Zügel frei, neigt den Oberkörper vor und hebt das Gesäß leicht aus dem Sattel. Seine Hände können sich auf dem Pferdehals stützen oder in den Halsriemen greifen; diesen sollten weniger

erfahrene Personen dem Pferd bei allen Übungen anlegen. – Die Knie des Reiters liegen sehr fest am Sattel.

398 **Beim Auffußen darf man das Pferd ebenfalls nicht behindern.**

Die Vorderbeine des Pferdes haben eine große Last aufzunehmen, so daß der Reiter zu ihrer Entlastung beitragen muß. Er richtet sich deshalb in dieser Sprungphase wieder auf und gleitet, die Knie als Drehpunkt benutzend, in den Sitz zurück. Reiter in tiefen Sätteln sitzen alle Sprungphasen aus und neigen nur in der Phase des Absprunges und der Aufwärtsbewegung ihren Oberkörper leicht nach vorn, den sie während der Abwärtsbewegung wieder aufrichten.

399 **Mit einem Freizeitpferd wird man immer nur wenige Sprungübungen machen.**

Es wird nie öfter als zehnmal gesprungen, evtl. Doppelsprünge mit eingerechnet, während der ersten zwei oder drei Übungstage sogar nur fünfmal. Nach jedem geglückten Sprung ist das Pferd zu loben, auch bekommt es reichlich Leckerbissen. Die ersten Sprünge stellen für ein junges Pferd ganz besondere Ereignisse dar, so daß es nach jedem Sprung meistens eine stolze Imponierhaltung einnimmt.

400 **Überspringt das Pferd kleine Hindernisse ohne zu zögern, so werden sie nach und nach bis zu einem Meter Höhe aufgestockt.**

Werden mehrere Hindernisse hintereinander aufgebaut, so soll zwischen den einzelnen ein Abstand von ca. 7 m oder von ca. 10 m sein. Schwierig ist meist mit jungen Pferden Wassergräben zu überspringen; deshalb wählt man zunächst nur schmale Wasserstellen aus, die an den Seiten gut durch Fänge (Blenden) abgesichert sind. Eventuell kann ein Helfer mit einer Peitsche am Graben zusätzlich treiben. Niemals darf man ein

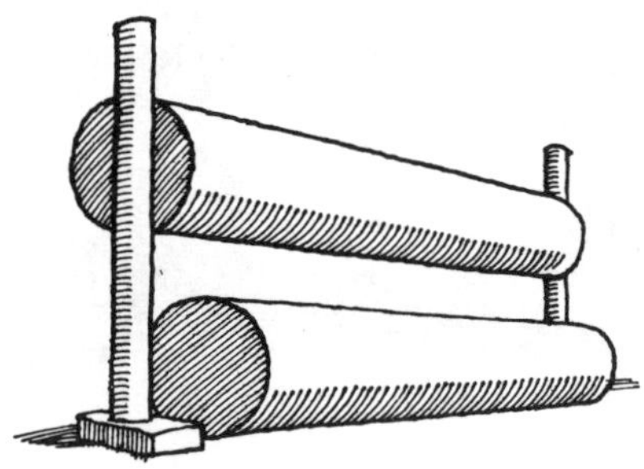

Verweigern vor einem Wassergraben durchgehen lassen. Dieses Hindernis wird darum auch in einem sehr starken Tempo und aus einer Entfernung von 20 m angeritten.

Schon nach einigen Wochen sind Springübungen in der Bahn für das Pferd sehr langweilig. Wir schieben deshalb rechtzeitig einfache Dressur- 401

übungen in den Ausbildungsablauf ein und vergessen auch nicht des öfteren ins Gelände zu reiten.

Solche Übungen lockern das Pferd immer wieder, fördern seine Biegsamkeit und erhalten die Willigkeit des Pferdes, indem in die monotonen Springübungen Abwechslung kommt. Für die Dressur stellen wir Aufgaben in der Bahn, wie sie in der täglichen Praxis im freien Gelände auch häufig zu bewältigen sind.

402 **Um einfache Dressuraufgaben zu reiten genügt es, den Auslauf als Bahn zu markieren.**

Als erste Aufgabe ist entlang der gesamten Umzäunung zu reiten (in einer Reitbahn würde man dieses als „ganze Bahn" bezeichnen), ohne die Ecken „abzuschneiden". Das ist schwerer als der Laie es annimmt, denn das Pferd möchte ja immer den kürzesten Weg wählen. Es wird deshalb vor jeder Ecke verstärkt geradeaus getrieben, der innere Zügel dann zur Wendung leicht ausgeschwenkt, ohne daß der äußere Zügel nachgibt; gleichzeitig tritt man den inneren Steigbügel durch einseitige Gewichtsverlagerung stärker aus und legt den äußeren Schenkel leicht verwahrend zurück. Solche Richtungsänderungen sind rechts- und linksherum zu üben.

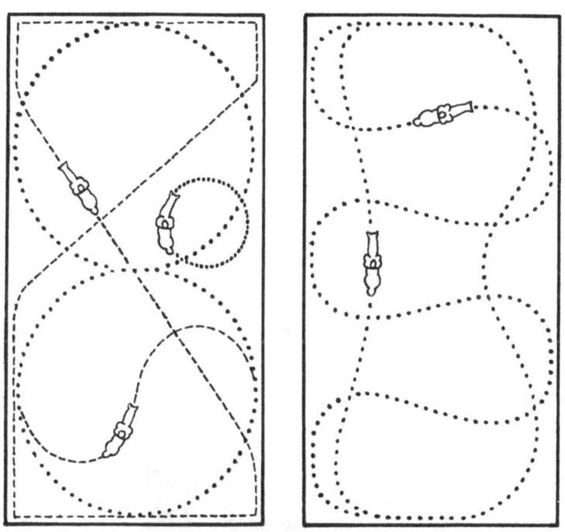

403 **Um Kreisbogen zu üben, reitet man zuerst den „großen Zirkel" und wenn es klappt dann auch die „Volte".**

Eine Volte ist ein Kreisbogen mit einem Durchmesser von 6 Schritt, so daß vom Pferd schon eine ziemliche Biegsamkeit verlangt wird. Die reiterlichen Hilfen sind hier die gleichen wie sie bei der Wendung in der Ecke erläutert wurden, nur daß jetzt bei der Volte eine volle Wendung von 360° geritten wird. Reitet man in einer Abteilung in der Bahn, so führen alle Reiter die Volte vom äußeren Hufschlag gleichzeitig aus.

An den fließenden Übergang von einer Biegung in die entgegengesetzte wird das Pferd gewöhnt, indem man mit ihm Schlangenlinien reitet. 404

Außer der einfachen und der doppelten Schlangenlinie reitet man solche durch die ganze Bahn; je mehr es sind, um so kreisförmiger werden die Bögen. Das Pferd wird stets nach wenigen Schritten mit den Hilfen in eine andere Biegung gelenkt.

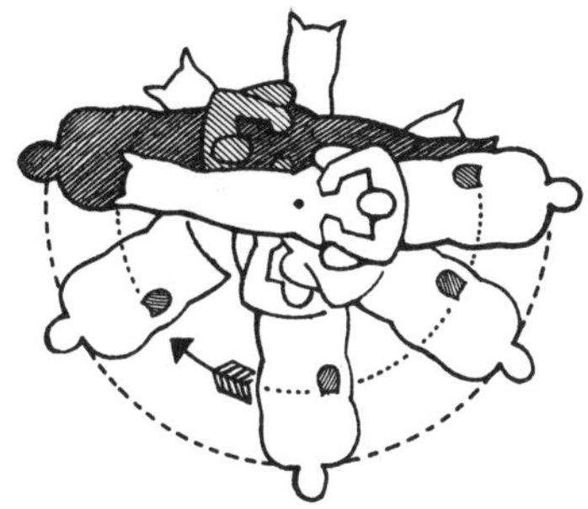

Wendungen sollte man auch auf der Stelle üben. 405

Relativ einfach ist die Vorhandwendung. An der Seite, nach der die Wendung erfolgen soll, nimmt man den Zügel an, belastet Steigbügel und Gesäßknochen dieser Seite stärker und treibt mit dem Schenkel (hinter dem Gurt anliegend) die Hinterhand zum Herumtreten an. Die Vorderbeine des Pferdes bleiben auf dem gleichen Platz stehen. Damit das Herumtreten gleichmäßig und schrittweise erfolgt, legt man den äußeren Schenkel eine Handbreit hinter dem Sattelgurt leicht verwahrend an.

XIII. So beginnt man das Langstreckentraining

Erfüllt das Pferd die Spring- und Dressuraufgaben willig und sicher, so verwenden wir die letzten 3–4 Monate der Ausbildungszeit für das Langstreckentraining. 406

Dieser Ausbildungsabschnitt ist für das Freizeitpferd sehr bedeutsam, denn es soll ja hauptsächlich zum Wanderreiten verwendet werden. Für viele Reiter sind auch die oft wettkampfmäßig ausgeschriebenen Langstreckenritte sehr interessant. – Auf Langstreckenritte jeder Art sind Reiter und Pferd gründlich vorzubereiten, besonders auch der Reiter, denn es ist sehr strapaziös, mehrere Tage hintereinander von morgens bis abends im Sattel zu sitzen, zumal im englischen Reitsattel.

407 **Beim Langstreckentraining muß der Reiter zunächst lernen, sein Pferd auch längere Zeit im gleichmäßigen Tempo zu reiten.**

Man mißt sich dazu mit einem Kleinkraftrad, das einen gut funktionierenden Kilometerzähler hat, eine Strecke von 30 km aus (15 km hin und 15 km zurück). Auf den Strecken 0–5 km und 10–15 km werden bei jedem vollen Kilometer Markierungen angebracht. Um nun das Tempo für das Training genau festlegen zu können, benutzen wir eine Geschwindigkeitsbezeichnung.

408 **Die Geschwindigkeitsbezeichnung gibt an, wieviel Minuten benötigt werden, um einen Kilometer zu reiten.**

Zum Beispiel Tempo 2 = 2 Minuten für einen Kilometer, Tempo 6 = 6 Minuten für einen Kilometer. Der gefestigte starke Schritt ist auch hier wieder das Ausbildungsziel. Man richtet die erste Strecke danach ein und trainiert etwa 2 bis 3 Wochen lang im Tempo 8 auf einer 10-km-Strecke. Danach wird in den nächsten 2–3 Wochen der Trab auf 5-km-Strecken im Tempo 6 trainiert mit dem Ziel, am Ende der Ausbildung Tempo 5 zu erreichen. Galopp reitet man im Tempo 3, jedoch nur kurze Strecken von etwa 500 m.

Dem Pferd schadet es sehr, wenn es auf langer 409
Strecke dauernd die Gangart oder das Tempo wechseln muß.

Zum Wandern wird man hauptsächlich im Schritt reiten. – Für den Wettkampf aber trainiert man die mittlere und schnelle Gangart, die das Pferd als natürliche Veranlagung zeigt. Das ist für die meisten unserer Kleinpferde und Ponys z. Z. noch der Trab. Ihr gutes Trabvermögen ist sprichwörtlich, dagegen ist Galopp für sie sehr kräftezehrend. – Die meisten in Europa zum Reiten verwendeten Großpferde sind wiederum ausdauernde Galopper und werden deshalb auch besonders in dieser Gangart trainiert.

In dem Maße, wie sich die Gleichmäßigkeit des 410
Tempos entwickelt und das Gesäß des Reiters sich abhärtet, wird die Trainingsstrecke verlängert.

Nach jeweils 40–50 Minuten Reiten legt man eine Pause von 10–15 Minuten ein. Nach dieser Pause müssen sich Atmung und Puls des Pferdes wieder den Normalwerten nähern (149, 463–465); tun sie es nicht, ist nach den Ursachen zu forschen. Meist muß dann das Trainingstempo für die nächsten Wochen herabgesetzt werden, z. B. für den Trab nun Tempo 7 statt 6.

Während des Langstreckentrainings ist der Ge- 411
sundheitszustand des Pferdes ständig zu beobachten.

Vorbeugend gegen Druckstellen sollte man die Haut des Pferdes unter der Sattellage mehrmals wöchentlich mit kaltem Essigwasser waschen. – Die Polsterung des Sattels ist öfter nach schadhaften Stellen zu kontrollieren. – Nutzt sich das Hufhorn stark ab, sind die Hufe unbedingt zu beschlagen. In der ersten Woche nach dem Hufbeschlag wird man nur kurze Zeit täglich reiten, also etwa 20 Minuten, damit sich Sehnen und Gelenke des Pferdes allmählich der neuen Hufstellung anpassen können.

XIV. Tips zum Erlernen des Reitens

412 **Für den, der über keinerlei Reitausbildung verfügt, wird es jetzt höchste Zeit, einiges vom Reiten zu erfahren.**

Selbstverständlich werden die folgenden Hinweise keine Reitschule für einen angehenden Turnierreiter sein, für solche Interessenten gibt es spezielle Lehrbücher. Zukünftige Sportreiter sollten auch stets bei einem guten Reitlehrer Unterricht nehmen, damit sie in Wettkämpfen gemäß Leistungsprüfungsordnung bestehen können.
Auch Töltreitern ist zu raten, sich mit der speziellen Reitlehre zu befassen.

413 **Die folgenden Ratschläge zum richtigen Reiten sind ausschließlich für Freizeitreiter gedacht, unter der Voraussetzung, daß sie alle bisherigen Ausführungen aufmerksam gelesen haben.**

Sie sollen lernen, sich auf einem schon zugerittenen Pferd richtig zu verhalten und auch Erfahrungen zu sammeln, damit sie sich und das Pferd vor Schäden bewahren. Durch die im Verlaufe von Jahren erworbenen Kenntnisse werden sie später ein rohes Pferd selbst zureiten können.

414 **Jedem muß stets bewußt sein, daß das Pferd von Natur aus nicht dazu geschaffen ist, einen Reiter zu tragen.**

Der Reiter wiegt oft 1/4 und mehr von der Lebendmasse des Pferdes. Diese Last soll es nun stunden- oder tagelang durch das Gelände tragen und auch noch Hindernisse überspringen. Letzteres bedeutet eine doppelte Belastung für das Pferd, denn von sich aus wird es nicht springen, sondern jedes Hindernis umgehen. – Ein feines Gefühl für alle Äußerungen des Pferdes ist deshalb die Grundeigenschaft, die der Reiter besitzen sollte.

Der Reiter bedient sich der Hilfen, um seinen Willen und seine Forderungen dem Pferd verständlich zu machen. 415

Er hilft dem Pferd, seine Wünsche zu begreifen, indem er mit seinem Gewicht, mittels Kreuzanspannung, mit seinen Schenkeln, mit den Zügeln und mit der Gerte auf das Pferd einwirkt und es so zu bestimmten Handlungen veranlaßt. Wir sprechen deshalb von Gewichts-, Kreuz-, Schenkel-, Zügel- und Gerteneinwirkung. Mehrere dieser Einwirkungen gleichzeitig als Kombination angewendet sind dann die „Hilfe“.

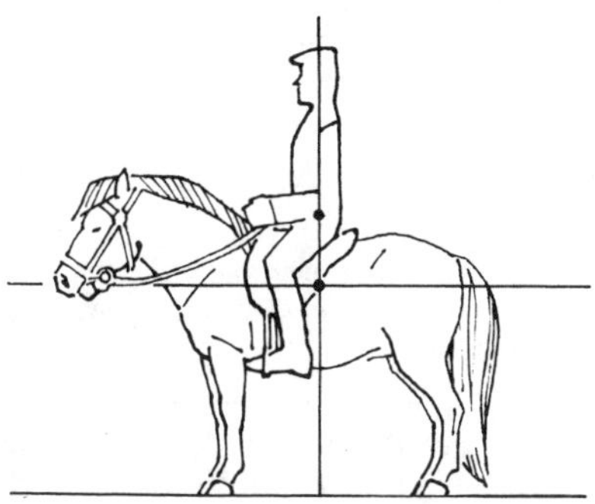

Bevor ein Reiter Hilfen wirksam anwenden kann, muß er lernen, richtig im Sattel zu sitzen. 416

Er sitzt in der Grundhaltung völlig ungezwungen, locker und aufrecht in der tiefsten Stelle des Sattels, die Gesäßknochen sowie der Spalt nehmen sein Gewicht gleichmäßig auf, der Bauch wird nicht eingezogen, die Knie liegen am Sattel und die Unterschenkel am Gurt. (Erwachsene Reiter auf kleinen Pferden lassen die Unterschenkel parallel zum Gurt herabhängen, die Schenkelpartie etwa eine fingerspanne unterhalb des Knies vollzieht die Schenkeleinwirkung). Die Fußballen ruhen federnd auf den Bügelstegen, die Fersen sind tief durchgedrückt, sie sind der „tiefste Punkt" des Reiters. Infolge dieser Fersenhaltung zeigen die Fußspitzen nach oben; dreht man sie nun auch noch leicht nach innen, so erhalten die Knie die geforderte ruhige Lage am Sattel.

417 **So zwanglos wie die Glieder des Unterkörpers, hält oder bewegt der Reiter auch die Glieder des Oberkörpers.**

Die Oberarme hängen senkrecht locker herab, die Ellenbogen liegen leicht an und flattern auch bei zügiger Gangart nicht am Körper auf und ab. Durch die ruhige Haltung der Arme gibt es keine irritierenden Zügeleinwirkungen auf das Pferdemaul. Die Zügel hält man in aufrechtstehenden, dicht nebeneinander gehaltenen, leicht geöffneten Fäusten. Die Linie Unterarm-Zügel-Gebißstück soll eine Gerade bilden. Die Zügel werden zwischen den kleinen Fingern und den Ringfingern in die Fäuste hineingenommen und liegen fest angedrückt von den Daumen auf den Zeigefingern, über die sie zum rechten Mähnenkamm hin abfallen. –
Zeichnungen und Erläuterungen über die Grundhaltung des Reiters sind nicht als alleingültige, zwingende Vorschrift aufzufassen; sie sind eher eine Empfehlung, von dieser Grundhaltung je nach der individuellen Körperbeschaffenheit des Reiters den eigenen Stil zu finden.
Der Reiter sitzt richtig, wenn er in schwerpunktmäßiger Übereinstimmung bequem sitzt, frei Balance hält, jederzeit auf die Bewegungen des Pferdes eingehen und auf das Pferd mit Hilfen einwirken kann.

418 **Von allen Einwirkungsmöglichkeiten haben Gewichtseinwirkung und Kreuzanspannung die größte Bedeutung.**

Die Gewichtseinwirkung setzt voraus, daß der Schwerpunkt des Reiters mit dem Schwerpunkt des Pferdes übereinstimmt. Verlegt der Reiter sein Schwergewicht auf eine Seite, indem er den betreffenden Gesäßknochen stärker belastet und den Steigbügel stärker austritt, muß das Pferd diese Gewichtsverlagerung ausbalancieren und in diese Richtung treten. Infolgedessen ist die einseitige Gewichtseinwirkung die Grundlage aller Wendungen.

Vorwärts wird das Pferd getrieben, wenn beide Gesäßknochen durch Kreuzanspannung verstärkt belastet werden und so das Reitergewicht nach vorn drückt. 419

Man neigt den Oberkörper leicht zurück und spannt das Kreuz so an, daß ein starker Druck der Gesäßknochen auf den Sattel zu spüren ist, dieser Druck muß merklich nach vorn gerichtet sein. Die durch Kreuzanspannung verstärkte Gewichtseinwirkung ist u. a. die Grundlage für das Anreiten in allen Gangarten, für die Paraden und für das Zurücktreten. – Wird das Kreuz einseitig angespannt, so verstärkt es die einseitige Gewichtseinwirkung zum Wenden.

Ein Neuling muß wissen, wie er mit dem Gewicht bzw. durch Kreuzanspannung einwirkt, bevor er sich zum ersten Male auf ein Pferd setzt. 420

Ständiges Probieren oder falsches Verhalten können auch ein gut eingerittenes Pferd verderben. Es wird deshalb zuerst „auf dem Trocknen" geprobt. Den Reitergrundsitz und die Gewichtseinwirkungen übt man in einem Sattel, der auf einem hochgelegten Stück Rundholz, einem Strohballen o. ä. Gegenstand befestigt wurde. Die Kreuzanspannung sollte man extra noch auf einem Stuhlsitz üben; kippt der Stuhl durch die Kreuzanspannung (leichter Buckel) nach vorn, so hat man das Prinzip verstanden. Wer dann ein Pferd besteigt, darf die Hilfen nicht gleich übertrieben geben, sondern muß sich behutsam an das richtige Maß heranfühlen.

Die Schenkeleinwirkung soll den Tritten des Pferdes mehr Schwung geben, außerdem können die Schenkel verwahrend wirken. 421

Die Reaktion des Pferdes auf die treibende Schenkeleinwirkung wurde als bedingter Reflex beim Einreiten ausgearbeitet. Zum Vorwärtstreiben preßt man die Schenkel an den Sattelgurt, sie unterstützen die Gewichtseinwirkungen. Verwahrend wirkt ein Schenkel, wenn er etwa eine Handbreit hinter dem Sattelgurt an den Pferdeleib gelegt wird. Die Schenkeleinwirkungen wurden bei den Gangarten (371–390) des Pferdes und den Wendungen (402 und 405) erläutert.

422 **Geht das Pferd willig und schwungvoll von allein vorwärts (das wird von jedem guten Freizeitpferd verlangt), so hört man mit der treibenden Schenkeleinwirkung auf.**

Ständige Schenkeleinwirkungen stumpfen das Pferd ab. Deshalb wird man z. B. zur Beschleunigung des Tempos ein Pferd nicht unaufhörlich mit den Unterschenkeln an den Leib hämmern. Ist es notwendig, ein Pferd einmal gehörig aufzumuntern, so sollte man das mit nur einem, aber ziemlich scharfem Gertenhieb tun.

423 **Durch Zügeleinwirkungen wird das Pferd vorwiegend gebremst, in Wendungen geführt oder, wie im Turniersport, zur Versammlung veranlaßt.**

Der Neuling reitet zunächst mit Anlehnung an die Trense; d. h., er hält die Zügel so gleichmäßig straff, daß auf jedem Zügel eine leichte Kraft von etwa 0,2 kp wirkt. Nimmt das Pferd den Kopf zurück hinter die Senkrechte, so zwingt er es durch Kreuzanspannung, den Kopf vor gegen das Trensengebiß zu strecken.

424 **Von Anfang an muß man sich davor bewahren, zu stark mit den Zügeln auf das Pferdemaul einzuwirken.**

Ein solcher Fehler läßt sich später nur schwer korrigieren. – Ebenso falsch ist es, wenn der Reiter sich bei schneller Gangart des Pferdes an den Zügeln festhält und sich daran ausbalanciert. – Zügeleinwirkungen unterstützen die Wendungen (siehe 402), sie sind auch Bestandteil der Paraden und des Rückwärtsrichtens.

Paraden gibt man, um das Pferd auf nachfolgende reiterliche Forderungen aufmerksam zu machen, Richtung oder Tempo zu ändern oder zu halten. 425

Zum Anreiten nimmt man die Zügel leicht an, spannt das Kreuz, treibt beiderseitig mit den Schenkeln und gibt bei gleichzeitiger Verstärkung dieses Druckes mit den Zügeln nach. – Die gleichen Hilfen werden benötigt, um aus der Vorwärtsbewegung anzuhalten, nur gibt man nun nicht mit den Zügeln nach, sondern nimmt sie an; das ist dann eine ganze Parade. – Eine halbe Parade wird ausgeführt, wenn man von einer schnellen Gangart in eine niedere wechseln will. Bei gleichen Hilfen werden die Zügel nur mehrmals ganz leicht angenommen. – Rückwärts wird ein Pferd gerichtet, indem aus dem Stand heraus verstärkt getrieben wird, ohne daß die angenommenen Zügel nachgeben.

Paraden sollte man häufig und über eine längere Zeit, wenn notwendig monate- oder jahrelang, üben. 426

Bei den Paraden wird meistens der Fehler gemacht, mit den Zügeln zu stark, mit dem Kreuz aber zu schwach einzuwirken. Das Pferd wehrt sich dagegen und schlägt mit dem Kopf, legt sich auf die Zügel und bremst mit der Vorhand, ohne die hinteren Gliedmaßen weiter nach vorn unterzusetzen. – Solche Auswirkungen entfernen uns von dem reiterlichen Endziel, die innige Harmonie mit dem Pferd zu erreichen. Deshalb sind eine weiche, gefühlsvolle Zügelführung und eine kräftige Kreuzanspannung die wichtigsten Bestandteile jeder Parade.

427 **Folgt das Pferd nicht gehorsam den Hilfen des Reiters, so hat dieser meistens etwas falsch gemacht.**

Er wird sein Vorgehen noch einmal gut durchdenken müssen. Auch reagieren die Pferde auf die Hilfen nicht in gleicher Weise; manche möchten sie nur angedeutet haben, andere vertragen sie recht deutlich. Schüttelt ein Pferd heftig den Kopf, so ist das zunächst eine Kritik am Reiter oder eine Auflehnung. Wenn sie auch nicht immer berechtigt sein muß, sollte man stets nach den Ursachen forschen.

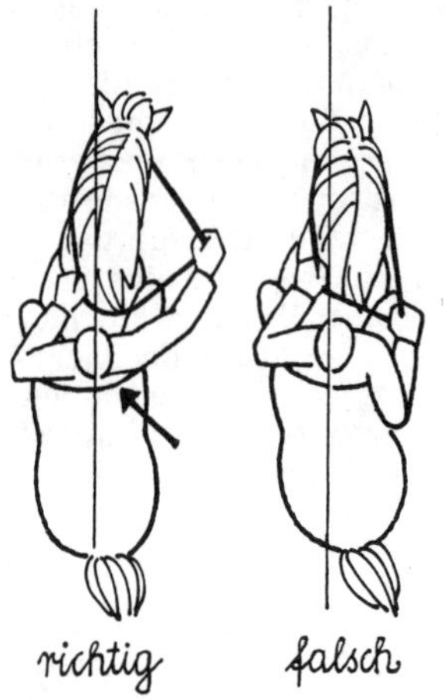

428 **Nicht nur Anfänger machen beim Anwenden der Hilfen Fehler.**

Ein schwerwiegender Fehler ist z. B. auch, ein willig vorwärtsstrebendes Pferd durch gefühllose Zügeleinwirkung **ständig** zu belästigen. Das weiche, auf geringes Zupfen ansprechende Pferdemaul wird dadurch für immer verdorben; es wird „hart", d. h. gegen jede normale Gebißeinwirkung unempfindlich. Deshalb sollte man die Zügel eher ein wenig zu locker als zu fest halten und bei Wendungen den Führungszügel immer ausschwenken.

Andere Fehler entstehen durch nachlässige 429
Gewichts- und Schenkeleinwirkung.

Zur seitlichen Gewichtseinwirkung darf der Oberkörper des Reiters nicht in der Hüfte einknicken. Durch das Einknicken würde der äußere Gesäßknochen des Reiters belastet werden und nicht wie erforderlich der innere. – Das Kreuz darf man niemals hohl durchdrücken, denn durch das hohle Kreuz würden die Gesäßknochen der Bewegungsrichtung entgegenwirken und das Pferd bremsen. – Die abstumpfende Wirkung einer ständigen Schenkeleinwirkung wurde schon erwähnt (422).

Mit seiner Vervollkommnung im Reiten ver- 430
ändert sich auch nach und nach die Reitmethode des Reiters, sie wird völlig locker.

Das Wesentlichste ist, daß der Reiter wirklich mit dem Pferd fühlen kann und das Pferd seinerseits Vertrauen zu ihm hat und auch in schwierigen Situationen auf seine nur angedeuteten Hilfen reagiert.

431 **Die Zügel werden nun dem Pferd ständig so weit hingegeben, daß es sich gestreckt bewegen kann.**

Natürlich ist es unschön und es ist auch nachlässig, die Zügel durchhängen zu lassen. Beide Zügel nimmt man deshalb locker in die linke Hand und läßt sie nur so weit nach, daß durch leichtes Eindrehen der Faust die straffe Verbindung zur Trense hergestellt ist. Um Wendungen mit den Zügeln zu unterstützen, legt man den äußeren Zügel straff an den Hals vor dem Widerrist an und gewöhnt so das Pferd allmählich daran, mit der Vorhand in die entgegengesetzte Richtung „vor dem Zügel zu weichen“.

432 **Der Reiter schnallt jetzt die Steigbügelriemen so lang, daß die Fußballen noch die Fersen nach unten durchfedern lassen und die Knie noch leicht gewinkelt sind; „der tiefste Sitz“ ist anzustreben.**

Ein solcher Sitz wirkt Ermüdungen und Verkrampfungen am ehesten entgegen. –
Als reiterliche Hilfe wird vor allem die gut kombinierte Gewichts-/Kreuzeinwirkung gebraucht. Ausschließlich durch ihre Anwendung wird das Pferd vorwärts geritten, wird es zu Wendungen aufgefordert und schließlich auch mit gleichzeitigem angedeutetem Gebrauch der Zügel zur Verminderung des Tempos oder zum Halten veranlaßt. –
Niemals verzweifeln, wenn der Erfolg sich nicht so schnell wie gewünscht einstellt; andere Reiter haben auch viele Jahre geübt, um in diesem lockeren Stil zu reiten.

XV. Vom Wandern mit Pferden und vom Wettkampf auf langer Strecke

433 **Wanderungen zu Pferde sind das größte Anliegen der meisten Freizeitreiter und erfordern gewisse allgemeine Kenntnisse.**

Wenn die Pferde ausgewachsen und ausgebildet sind, füllen Wanderungen die meiste Freizeit aus. – Nun muß ein Reiter auch in der Lage sein, erste Hilfe zu leisten, wenn Personen oder Pferde Unfälle erleiden, er muß mit den wichtigsten Bestimmungen des Natur- und Landschaftsschutzes vertraut sein, mit Karte und Kompaß umgehen und sich in eine Gemeinschaft gleichgesinnter Menschen einordnen können.

Auf Wanderritte, die der Erholung dienen sollen, wurde das Pferd im letzten Abschnitt seiner Ausbildungszeit vorbereitet. 434

Damit es noch besser mit den späteren Anforderungen vertraut wird, sollte man es während der letzten Trainingswochen mit vollem Gepäck belasten. Regenbekleidung, Decken, eine Kraftfutterration und andere notwendige Utensilien werden vor oder hinter dem Sattel aufgeschnallt. Kein Pferd kann grenzenlos Last tragen. Um die Pferde nicht zu überlasten, sollte folgende Regel gelten:
für warmblütige Großpferde Gesamtlast bis 100 kg
für Panjes, Islandponys, Fjordpferde bis 85 kg
für kleine Welshponys, große Shetis Gesamtlast bis 60 kg

Während eines langen Wanderrittes sind bestimmte Utensilien unbedingt mitzuführen. 435

Der Reiter benötigt stets Regenzeug und eine Wolldecke. Für das Pferd nimmt man bei Eintagsritten eine Futterration (1–2 kg Kraftfuttergemisch oder Hafer) mit sowie einen stabilen Plastikbeutel, aus dem es getränkt werden kann. Weiter sind Fliegenschutzmittel, Verbandszeug für erste Hilfe, Werkzeuge zur Hufbehandlung und Nähzeug für's Leder mitzunehmen. Die Bekleidung paßt man den Witterungsbedingungen an. Sie sollte aus bequemen Schuhen, einer straff sitzenden Hose, einer Oberbekleidung, die die Transpiration des Körpers nicht behindert und einer Kopfbedeckung bestehen.

Das Leistungsvermögen der Pferde ist sehr vom Klima abhängig, das ist bei allen Anforderungen zu berücksichtigen. 436

Klimafaktoren, wie Luftfeuchtigkeit, Luftdruck, Art und Stärke des Windes sowie die Temperatur, fördern das Leistungsvermögen oder setzen es herab. Positiv auf das Leistungsvermögen wirken trockenes Wetter, die in Mitteleuropa meist trockenen Ostwinde, Temperaturen unter +25 °C und Luftdruck über 760 Torr. Sehr negativ wirken sich Hitze (vor allem wenn sie mit einer hohen Luftfeuchtigkeit verbunden ist), Föhnwinde und stark fallender Luftdruck aus.

437 **Wandern zu Pferde wird man einzeln oder auch in Gruppen.**

Was der einzelne vorzieht, bleibt ihm selbst überlassen, jedes hat seinen eigenen Reiz. – Das Reiten in Gruppen stellt hohe Anforderungen an die Disziplin aller Teilnehmer. Jeder muß sich und sein Pferd auf Gruppenritte besonders intensiv vorbereiten. Versäumt das ein Reiter, so behindert er meist die anderen und verdirbt ihnen die Freude.
An Gruppenritten sollte man sich auch nicht mit einem Hengst beteiligen, der stiftet durch seine Manieren Aufregung und Verwirrung.

438 **Kein Reiter sollte es ablehnen, sich bei seinen Vorbereitungen auf den Gruppenwanderritt durch erfahrene Personen kontrollieren und beraten zu lassen.**

Eventuellen Pannen wird so am sichersten vorgebeugt. Eine Verwendung von Pferden recht unterschiedlicher Größe bildet kein Problem, da keine Wettkämpfe ausgetragen werden und hauptsächlich im mittleren bis starken Schritt und im mittleren Trab geritten wird. Die Trittgeschwindigkeiten sind bei diesen Gangarten bei Groß- und Kleinpferden ziemlich gleich:

	Warmblütige Großpferde	Kleinpferde
Gebrauchsschritt	Tempo 10	Tempo 8–9
Gebrauchstrab	Tempo 5	Tempo 5–6
Gebrauchsgalopp	Tempo 2–2,5	Tempo 3 u. mehr

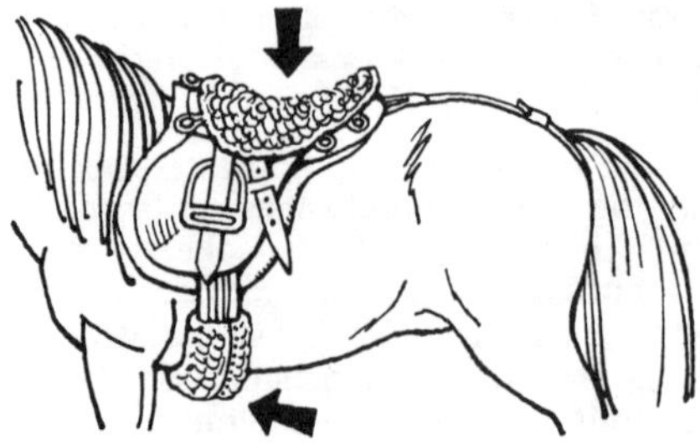

Für den Wanderritt ist das Sattelzeug besonders herzurichten. 439

Personen mit empfindlichen Gesäß überziehen die Sitzfläche ihres Reitsattels mit Lammfell. Wenn das Pferd eine empfindliche Haut hat und sich leicht Scheuerstellen zuzieht, sollte man auch den Bauchgurt des Sattels mit solchem Fell überziehen. Die Sattelzwiesel werden mit den erforderlichen Ringen und Riemen versehen, um vorn das Regenzeug und hinten die Decke aufschnallen zu können. Zur Ausrüstung gehören auch unbedingt ein Schweifriemen, ein Halsriemen und eine Leine zum Anbinden des Pferdes.

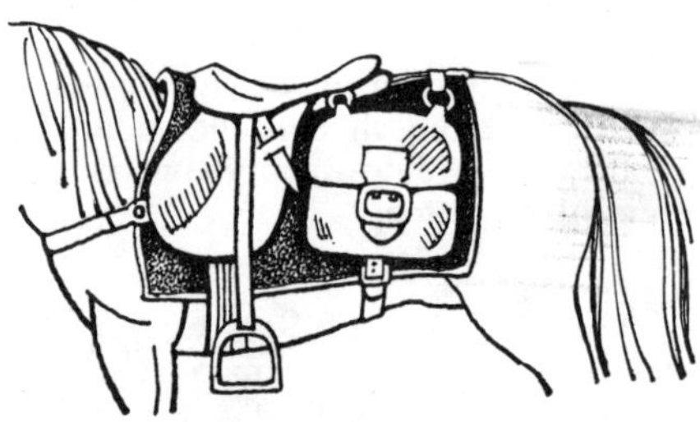

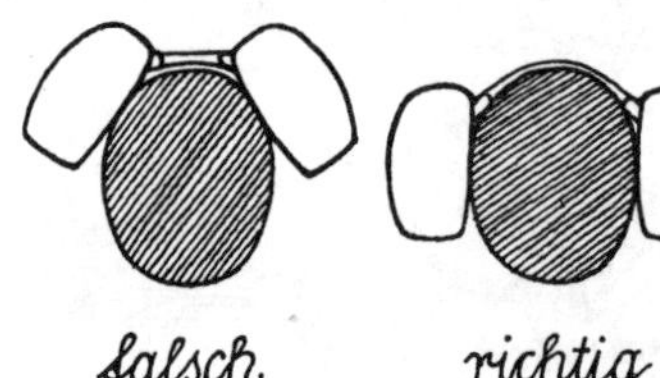

Die Kraftfutterration für das Pferd, Nahrungsmittel und Getränke für den Reiter und die übrigen Utensilien verstaut man in den Satteltaschen. 440

Auf jeder Seite des Sattels wird hinter dem Reiter eine Satteltasche angebracht. Die Halteriemen der Taschen sind am Sattel und am Schweifriemen zu befestigen, sie sollten auch noch mit einem Bauchriemen verbunden werden. In die Satteltaschen gehört auch Verbandsmaterial, das als wichtigstes aus Mullbinden, blutstillende Watte, schmerzlindernde Tabletten, Jodtinktur und Schnellverband bestehen muß.

441 **Bei mehrtägigen Touren sind die Streckenabschnitte nach der Leistungsfähigkeit der Pferde einzuteilen.**

Reitergruppen müssen sich immer nach dem schwächsten Pferd richten. Im ebenen Gelände überanstrengen Tagesstrecken von 50 km bei Eintagsritten und von 30–40 km bei Mehrtagsritten trainierte Pferde und Reiter nicht, wenn jede Stunde eine Pause von etwa 15 Minuten eingelegt wird und mittags die Pferde eineinhalb Stunden ruhen können.

442 **Bei Ritten im bergigen Gelände ist zu beachten, daß die Bewältigung von Höhenunterschieden für die Pferde eine zusätzliche Leistung bedeutet.**

Hat ein Pferd 100 m Höhenunterschied zu überwinden, so leistet es noch einmal das gleiche wie in der Ebene auf 1 km Strecke. Reitet man z. B. 20 km im Bergland und überwindet dabei zweimal einen Höhenunterschied von 300 m, so entspricht das einer Streckenleistung von 26 km in der Ebene.

443 **Der Wanderritt soll der Erholung und dem Vergnügen dienen.**

Da das nicht immer so ist, sei hier noch einmal besonders darauf hingewiesen. Die Gangarten sind Schritt oder Trab. Die Kilometerangaben gelten als Richtwerte für Pferde, die mit voller Last zum Abschluß des Langstreckentrainings mindestens zwanzig Kilometer im Tempo 6 geschafft haben, ohne Erschöpfungsmerkmale zu zeigen. Reitet man während der Wanderung dann langsamer (z. B. Tempo 8, 9 oder 10), werden die Pferde geschont und für zeitweilig höhere Anforderungen besitzen sie stets Reserven.

444 **Für mehrtägige Gruppenritte läßt man am besten das große Gepäck gesondert transportieren.**

Es wird entweder auf Handpferden mit Packsätteln mitgeführt oder aber mit einem Kraftfahrzeug zu den Raststellen vorausgefahren. Letzteres ist für alle Beteiligten die bequemste

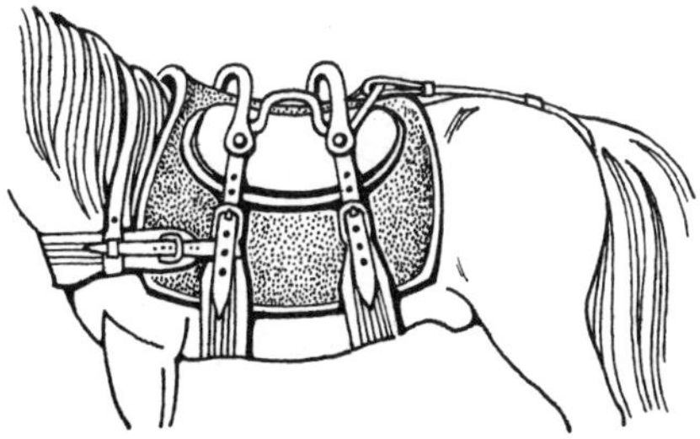

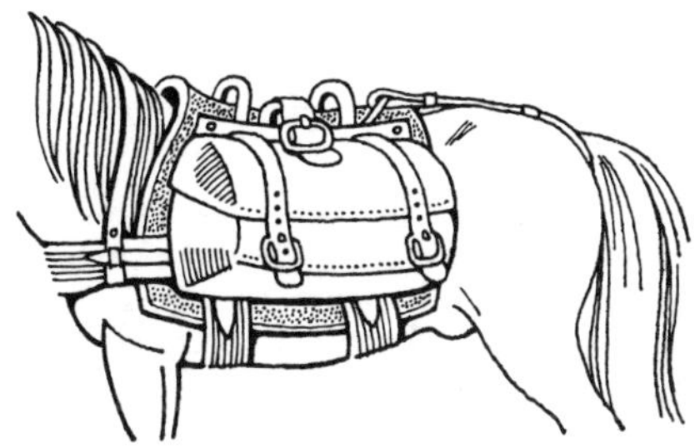

Methode, da niemand zusätzlich belastet wird. Der Verbandskasten sowie die Werkzeuge für die Hufbehandlung sind stets am Pferd mitzuführen. – In unwegsamen Gelände kann man jedoch auf Handpferde nicht verzichten, da sich dort nur in den seltensten Fällen Kraftfahrzeuge verwenden lassen.

Handpferde müssen als Tragetiere eine gesonderte kurze Ausbildung erhalten, wenn man mit ihnen keine Enttäuschungen erleben will. 445

Sie sind zunächst daran zu gewöhnen, daß sie vom Reiter eines anderen Pferdes gelenkt werden. Man zäumt sie wie üblich und nimmt sie dann an die Seite des Führerpferdes, die ihrer Füßigkeit entspricht. Als Packsattel eignet sich ein Modell, wie ihn die Abbildung zeigt; er wird je nach Tragvermögen des Pferdes belastet (434).

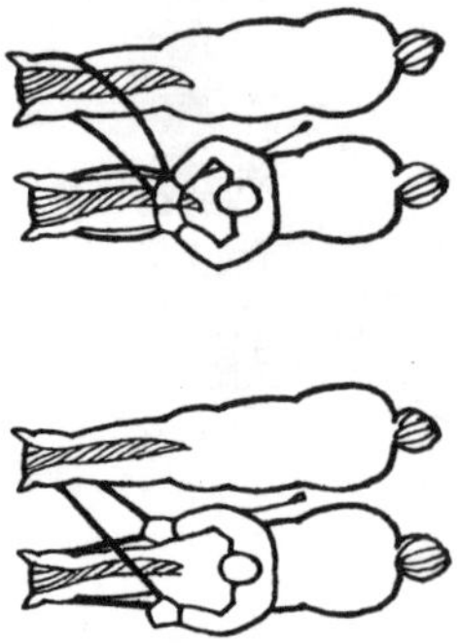

446 **Immer muß der Reiter das Handpferd so leiten, daß es sich nicht vor sein eigenes Pferd drängen kann.**

Er nimmt zunächst die Zügel des Handpferdes unter dessen Hals hindurch und die seines Reitpferdes wie üblich in seine Fäuste. Laufen die beiden Pferde gleichmäßig nebeneinander, so nimmt er auch die Zügel des Handpferdes über dessen Hals. Später, unter dem Packsattel, kommt das Handpferd an ein Leitseil, welches vom Reiter aus nach Bedarf verkürzt oder verlängert werden kann. Das Leitseil schnallt man nicht in die Trensenringe ein, sondern befestigt es am stabilen Kinnriemen des Zaumes. – Auf öffentlichen Straßen gehen die Handpferde immer rechts vom Reiter.

447 **Gelegentlich wird während der Wanderungen auch in der Dunkelheit geritten.**

Besondere Sicherheitsvorkehrungen sind dazu notwendig. Während der Dunkelheit reitet man grundsätzlich im Schritt und umwickelt die Röhrbeine der Pferde mit Leuchtgamaschen. Einzelne Reiter sollten an ihren beiden Unterschenkeln eine Batteriebeleuchtung anbringen, zumindest sind die Waden mit Leuchtbändern zu versehen. In der Gruppe führt der vordere Reiter auf der linken Seite eine weiße Laterne und der hintere Reiter eine rote Laterne mit.

Wer im Wald reitet, muß die Bestimmungen der Forstverwaltung und der Jagdbehörde beachten. 44

Wanderritte führen meistens durch Waldgebiete, deshalb ist es wichtig, die dort geltenden behördlichen Bestimmungen zu kennen. Zum Verhalten in Natur- und Landschaftsschutzgebieten geben die Naturschutzwarte und ihre Helfer Hinweise. Über jagdrechtliche Belange informieren Mitglieder der Jagdkollektive, die Forstverwaltungen und andere Jagdberechtigte. Grundsätzlich gilt, im Wald nicht zu rauchen und Lagerfeuer nur mit Genehmigung der zuständigen Behörde und am zugewiesenen Ort anzuzünden.

Das Reiten auf Waldwegen unterliegt oft besonderen Regelungen. Auch sind die Jagdzeiten zu beachten. 44

Sind z. B. in einem Gebiet Reitwege ausgeschildert, so dürfen die Reiter nur diese und keine anderen benutzen. –
In den Jagdrevieren soll auch auf den öffentlichen Wegen in den bevorzugten Pirsch- und Jagdstunden, also morgens bis 2 Stunden nach Sonnenaufgang und abends ab 2 Stunden vor Sonnenuntergang nicht geritten werden. Es ist immer damit zu rechnen, daß die Ansitze besetzt sind. Um unnötigen Ärger zu vermeiden und um Gefahren abzuwenden, sind Absprachen mit den Jagdberechtigten zu treffen, wann in welchen Revierteilen die Wege verlassen werden dürfen.

Die Wälder müssen von allen Menschen sehr schonungsvoll behandelt werden, besonders aber auch von den Reitern. 450

Der Wald hat nicht nur eine wirtschaftliche Funktion als Holzlieferant, er ist auch eine der wichtigsten Grundlagen für alles Leben auf der Erde. Er produziert Sauerstoff, regelt und bindet Niederschläge, wirkt auf das Klima und auf den Boden ein, verringert Windgeschwindigkeiten und ist außerdem eine Erholungsstätte für die gesamte Bevölkerung. Vor allem sind junge Waldbestände (Neuanpflanzungen oder natürlicher Nachwuchs) vor Beschädigungen zu schützen. Man wird deshalb nie über Waldflächen mit natürlicher Verjüngung reiten, schon gar nicht über Kulturen oder Pflanzenkämpe.

451 **Im Wald suchen nicht nur Reiter Erholung.**

Besonders in der Umgebung von großen Ortschaften werden es immer mehr Menschen, die sich in ihrer Freizeit zu jeder Jahreszeit in Wald- und Seengebieten aufhalten. Auf diese Erholungssuchenden nimmt jeder Reiter größte Rücksicht. So überreitet er nie Plätze im starken Tempo, auf denen Personen lagern und galoppiert nie auf ahnungslose Fußgänger zu (nicht alle haben das gleiche Vertrauen zum Pferd wie wir), sondern reitet ihnen im Schritt aus dem Weg.

452 **Wandert man in einer Gruppe, so gibt es viele Gelegenheiten sich gegenseitig zu unterstützen.**

Einige Pferde werden immer wieder Schwierigkeiten an Gräben, Bächen und anderen Wasserstellen machen. Die ältesten und sichersten gehen deshalb in einem solchen Gelände voran. Hängen Zweige tief über die Wege, muß man sich mit einem Unterarm schützen, keinesfalls darf man die Zweige festhalten, sie würden den folgenden Reiter unangenehm treffen. Scheut ein Pferd stark und stürzt sein Reiter aus dem Sattel, so ist schnellstens das reiterlose Pferd einzufangen, ehe es sich vom Schreck erholt hat und in Richtung Heimatstall abtrabt.

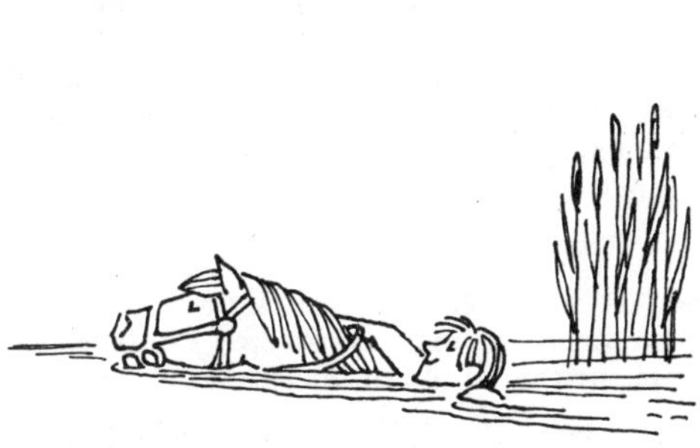

453 **Schwimmen mit Pferden ist bei langen Wanderungen in der warmen Jahreszeit eine willkommene Abwechslung.**

Bevor Reiter und Pferd ins Wasser gehen, müssen sie allmählich abkühlen, deshalb verbringen sie nach dem Absitzen zunächst 10–20 Minuten im kühlen Schatten. Ins Wasser gehen auch wieder zuerst die älteren, erfahrenen Pferde, die jüngeren folgen dann allmählich, ohne daß man sie antreibt. Sobald das Wasser den Rücken des Pferdes überspült, gleitet der Reiter vom Pferd und schwimmt neben diesem.

Ein gemeinsames Bad mit Pferden setzt voraus, daß die Reiter selbst auch schwimmen können. 454

Pferde sind von Natur aus gute Schwimmer, man darf sie jedoch im Wasser nicht behindern. Der Reiter schwimmt deshalb so neben dem Pferd, daß er mit einer Hand leicht in den Mähnenansatz am Widerrist greifen kann. Die Zügel liegen locker auf dem Vorderzwiesel des Sattels und werden vom Reiter nicht berührt. In Gewässern mit Strömung schwimmt der Reiter, damit er nicht unter das Pferd gerät, stets unterhalb der Strömung neben dem Pferd und lenkt es, indem er mit einer Hand leicht am Unterhals drückt und zieht.

Abhänge hinauf und hinunter reitet man stets im Schritt. 455

Es ist immer steil hinauf oder hinunter zu reiten, niemals schräg. Beim Hangaufwärtsreiten neigt der Reiter seinen Oberkörper nach vorn und sitzt ganz leicht über dem Sattel, wenn notwendig hält er sich am Halsriemen fest, niemals aber an den Zügeln, die lang hingegeben werden. – Den Abhang hinunter reitet man im Normalsitz, Schenkel- und Zügelführung verhindern, daß das Pferd seitlich tritt, es könnte dann stürzen. Große Reiter auf kleinen Pferden lehnen sich beim Bergabreiten (Steilhang) mit hohlem Kreuz im Sattel zurück.

456 **Was bei einem Wanderritt noch zu beachten ist.**

Vor einer Raststelle reitet man den letzten Kilometer stets im Schritt, sattelt am Rastplatz angekommen nicht gleich ab, sondern lockert zunächst nur den Sattelgurt, damit die stark erhitzte Rückenpartie des Pferdes nicht plötzlich abkühlt. – Bei einem Ganztagsritt erhält jedes Pferd in der großen Pause außer Heu oder Gras mittags 1–2 kg Kraftfutter. – Vor oder während einer Wanderung trinkt man niemals Alkohol und raucht auch niemals auf dem Pferd.

457 **Unliebsamen Zwischenfällen ist stets mit größter Ruhe zu begegnen; so weit wie möglich ist ihnen vorzubeugen.**

Drohen Pferde in Panik zu geraten, versucht man sie mit Futter abzulenken oder bringt sie in einen ausbruchssicheren großen Pferch.
Bei Übernachtungen dürfen die Pferde in der für sie fremden Umgebung nie ohne Aufsicht bleiben, sie sind immer an Halfter oder Halsriemen anzubinden, niemals an den Trensen. – Werden Reiter im Wald von einem Gewitter überrascht, so sollten sie nicht unter Bäumen Schutz suchen, sondern zügig weiterreiten. Freie Flächen wie Wiesen und Felder im Gewitter zu überreiten ist jedoch lebensgefährlich und muß deshalb unterbleiben.

In schneereichen Wintern vertauscht man den Sattel gegen Brustgeschirr und Schi. 458

Es ist ein unvergleichliches Erlebnis, sich auf Schiern von einem Pferd durch tief verschneite Wälder und Fluren ziehen zu lassen. Dem Pferd legt man ein leichtes Brustgeschirr ohne Stränge auf; statt dieser werden leichte Stricke eingezogen und an einem Miniatur-Ortscheit befestigt. Dieses Ortscheit hält der Schifahrer in einer Hand und läßt sich daran ziehen, mit der anderen lenkt er das Pferd wie üblich mit der Leine. – Vom Pferd wird nur eine geringe Zugleistung gefordert, es wird deshalb meistens traben, jedoch am Anfang zunächst etwa 15 Minuten nur im Schritt laufen.

Wanderungen zu Pferde werden auch wettkampfmäßig durchgeführt. 459

Obwohl beim Freizeitreiten immer Erholung, Spaß und Freude an der Sache im Vordergrund stehen, schließt das eine Beteiligung an solchen Wettkämpfen nicht aus, denn bei diesen Veranstaltungen wird der Veranlagung des Pferdes weitestgehend Rechnung getragen. Die Wettkämpfe bieten jedem Reiter die Möglichkeit, sein Können und die Wirksamkeit seines Trainings mit anderen zu vergleichen. – Auch als Prüfungen für Zuchtpferde geben solche Ritte wertvolle Hinweise. Sie sind eigentlich die aussagekräftigsten Leistungsprüfungen für Freizeitpferde.

Die Art und Weise der Durchführung ist dafür bestimmend, ob man solch einen Wettkampf als Streckenritt oder als Distanzritt bezeichnet. 460

Eine fixierte Strecke kann ohne besondere Vorschriften für die Reiter ausgeschrieben werden, die sie nach ihrem Ermessen in verschiedenen Gangarten und Tempi in einer bestimmten Zeit durchreiten müssen. Wer zuerst ankommt und

die sonstigen Bedingungen (461) erfüllt, ist Sieger; plaziert sind außerdem alle, die das Zeitlimit nicht überschreiten und auch die sonstigen Bedingungen erfüllen. Das ist dann ein Distanzritt. – Eine andere Möglichkeit ist, eine Strecke in mehrere Abschnitte zu unterteilen. Die Streckenabschnitte sind in einer bestimmten Zeit und manchmal auch in vorgeschriebenen Gangarten zu durchreiten, außerdem prüft und wertet man reiterliche Kenntnisse. Zeitüberschreitungen und Zeitunterschreitungen werden mit Strafpunkten bedacht, so daß besondere Anforderungen an das Einfühlungsvermögen des einzelnen gestellt werden. Diese Art des Wettkampfes wird als Streckenritt bezeichnet.
Grundsätzlich untersagt bei beiden Wettbewerben ist der Gebrauch von Gerte und Sporen.

461 **Als „sonstige Bedingungen" gelten die Vorschriften für den Gesundheitszustand und die Leistungsfähigkeit des Pferdes, die von jedem Reiter einzuhalten sind** (siehe auch 462–465).

Das kontrollieren erfahrene Tierärzte und Richter. Sie legen die durch Kontrollpunkte unterteilten Wegabschnitte fest, schreiben die notwendigen Pausen für Reiter und Pferd vor und untersuchen die Pferde beim Eintreffen und Verlassen jedes Kontrollpunktes auf die bisherige Beanspruchung und die weitere Verwendbarkeit.

462 **Bei den Untersuchungen kontrolliert man die Beschaffenheit der Gliedmaßen und die der Haut des Pferdes und mißt Puls, Atmung und Körpertemperatur.**

Pferde mit Erkrankungssymptomen scheiden sofort aus dem Wettbewerb aus. – Atem-, Pulswerte und Körpertemperatur sind unmittelbar nach hohen Leistungsforderungen bei den einzelnen Pferden unterschiedlich. Die Tierärzte untersuchen deshalb die Pferde vor dem Wettkampf, während des Wettkampfes und einen Tag danach. Nur der Reiter erhält Lob und Anerkennung, bei dessen Pferd keine nachteiligen Auswirkungen des Rittes festzustellen sind und der die Zeitwerte erfüllt hat.

Wegen der großen Individualität der Pferde sind die nachstehenden Werte nur als Richtzahlen anzusehen. 463

Hat ein Pferd im Ruhestand eine Körpertemperatur von 38°, so ist es unbedenklich, wenn sie während hoher Leistungsforderungen bis 40° ansteigt. Sofortige Schonung und gründliche Untersuchungen des Pferdes sind jedoch erforderlich, wenn die Körpertemperatur noch höher ist. – Die Atmung kann von normal 12 Atemzügen in der Minute auf ein Vielfaches steigen, sie muß sich jedoch nach 15 Minuten Pause wieder dem Normalwert weitestgehend genähert haben. – Der Puls schlägt im Ruhezustand des Pferdes etwa 36mal in der Minute; auch er wird mehr als doppelte oder dreifache Werte erreichen, muß sich jedoch auch nach der Pause wieder dem Normalwert angleichen. Abweichungen von + ./. 5 Pulsschlägen sind normal. Bei schnell zu reitenden Wettkämpfen bestimmen die Tierärzte die Grenze der Erholungswerte. So können z. B. 70 Pulsschläge/Min. beim Pferd nach der Pause noch zugelassen werden und der Reiter darf starten.

464 **Die Atemhäufigkeit des Pferdes und auch die Körpertemperatur (Pulsschlag siehe 465) kann jeder Reiter selbst messen.**

Die Körpertemperatur wird im After des Pferdes mit einem handelsüblichen Fieberthermometer gemessen. Man feuchtet die Spitze des Thermometers zu diesem Zwecke an und schiebt sie zunächst nur 1–2 cm tief in den After; ein paar Sekunden später lockert sich der Schließmuskel des Afters, so daß sich dann mühelos das Thermometer bis zur Hälfte hineinschieben läßt. – Die Atemstöße kann man sich ans Ohr blasen lassen, in kühler Luft sind sie auch deutlich am ausgestoßenen Dampf zu erkennen.

465 **Der Pulsschlag läßt sich an verschiedenen Körperstellen des Pferdes messen.**

Am sichersten erfühlt man ihn mit den Fingerspitzen, die man ganz leicht auf die Innenseite der Schweifrübe etwa eine Handbreit unterhalb des Schweifrübenansatzes legt. Auch im Kehlgang ist er bei sehr vorsichtiger Berührung zu fühlen, ebenso auf der Innenseite der Vorderbeine ober- und unterhalb des Vorderfußwurzelgelenkes.

466 **Zur Beteiligung an Distanz- und Streckenritten reicht das für Wanderritte übliche Langstreckentraining nicht aus.**

Das Pferd muß wochenlang speziell auf einen solchen Wettkampf vorbereitet werden. Mindestens drei- bis viermal in der Woche sind jeweils Trainingsstrecken von etwa 30–40 km zu reiten, Tempo 5 und 6 sind die Durchschnittsgeschwindigkeiten. – Mindestens 60 % der Strecke reitet man im mittleren und starken Trab und legt auch Galoppreprisen ein.

467 **Grundsätzlich richtet sich das Training nach der Länge des ausgeschriebenen Distanzrittes.**

Teilnehmern, die sich erstmalig an einem solchen Ritt beteiligen wollen ist anzuraten, höchstens Strecken bis zu 40 km zu reiten; für eine solche Strecke wird man dann einschließlich der Pausen etwa 4–5 Stunden benötigen. – Erfahrene Reiter auf gut trainierten Pferden werden je nach Beschaffenheit der Strecke 80 km in 8–10 Stunden zurücklegen. Diese Werte gelten etwa für das Mittelfeld bei solchen Ritten. – Viele Veranstalter berücksichtigen das recht unterschiedliche Leistungsvermögen der einzelnen Reiter und Pferde und lassen grundsätzlich in zwei Gruppen reiten. Die eine Gruppe reitet dann die vorgesehene Wettkampfstrecke nur zur Hälfte oder noch verkürzter.

So sollte ein Wettkampf bewertet werden. 468

Selbstverständlich ist, daß vom Veranstalter untrainierte Pferde zurückzuweisen sind. Er achtet auch darauf, daß kein Reiter Sporen oder Gerte benutzt. – Die Sieger (das sind alle, die die vorgeschriebenen Bedingungen erfüllt haben) erhalten keine Preise. Sie bekommen aber eine Urkunde, die ihnen als Qualifikationsnachweis dient. – Für Puls, Atmung und Körpertemperatur der Pferde während des Wettkampfes gibt der Veranstalter Sollwerte vor; ermittelt man an den Kontrollpunkten erhebliche Abweichungen, so läßt dieses auf mangelndes Training schließen und disqualifiziert den Reiter. Das gleiche trifft zu, wenn das Ergebnis der Nachuntersuchung negativ ist.

XVI. Einige Hinweise für Freizeitreiter, die an Turnierveranstaltungen teilnehmen

469 **Wer an offiziellen Sportveranstaltungen, Prüfungen oder Schauen teilnehmen will, muß sich mit den dafür geltenden Bestimmungen und Regeln vertraut machen.**

Die wichtigste Bestimmung für Reit- und Fahrturniere ist die Leistungsprüfungsordnung (LPO), jeder Teilnehmer an den oben genannten Veranstaltungen sollte sie selbst nachlesen. Dem Verfasser kommt es hauptsächlich darauf an, wichtige kleine Dinge am Rande des Turniergeschehens zu erläutern, durch deren Kenntnis und Beachtung der einzelne zum reibungslosen Ablauf und schließlich zum Erfolg der Veranstaltungen beitragen kann.

470 **Der Leistungssport erfordert ein spezielles, intensives Training. Ein Freizeitreiter muß deshalb gut überlegen, an welcher Art von Veranstaltungen er teilnehmen kann.**

In der DDR werden alle offiziellen Turniere von den Fachsektionen des DTSB veranstaltet. Teilnehmer an den Turnieren sind die Mitglieder der Sektionen. Die Pferde müssen den Wettkampfbedingungen entsprechen, so daß für den erwachsenen Reiter nur eine Beteiligung mit Großpferden unter den genannten Voraussetzungen möglich ist. Wen also ein Wettkampf im Parcours reizt, der schaffe sich die Voraussetzungen für eine Teilnahme.

471 **Wie jeder Turnierteilnehmer zum Gelingen der Veranstaltung beitragen kann.**

Die Anmeldung beim Veranstalter muß rechtzeitig und gewissenhaft erfolgen. Zum Turnierort wird man so rechtzeitig anreisen, daß der Ablauf der Veranstaltung nicht gestört wird. Stehen Quartiere zur Verfügung, so wird das schon ein Tag vor dem Turnier sein. Alle organisatorischen Dinge können dann rechtzeitig erledigt werden; auch ist die Zeit vorhanden, an Hand des Lageplanes den Parcoursaufbau eingehend zu studieren. Obwohl es bei den Turnieren nie genug Helfer geben kann, sollten sich aktive Teilnehmer nicht für anstrengende Hilfeleistungen zur Verfügung stellen.

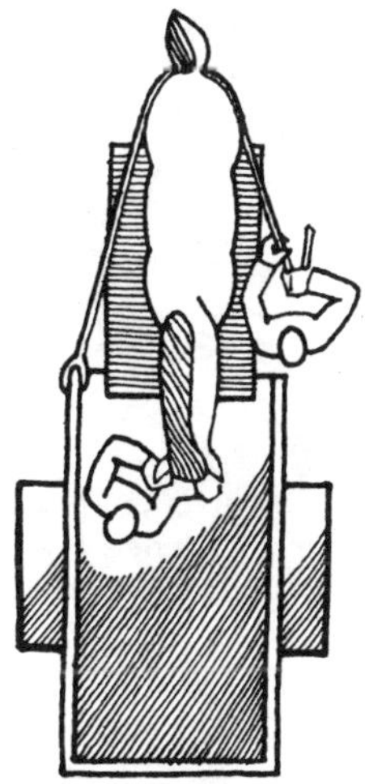

Wer mit seinem Pferd im Transportfahrzeug anreisen muß, der sehe sich rechtzeitig nach einem geeigneten um. 472

Nicht jeder LKW oder Anhänger ist für einen Pferdetransport geeignet (Nr. 72). – Um ein transportungewohntes Pferd, ohne es übermäßig zu erregen, auf das Fahrzeug zu bekommen, gibt es ein einfaches Mittel: die Hilfsleine! Eine Person hält das Pferd an der Trense und geht mit ihm auf den Laderaum zu, während eine andere Person an der Hilfsleine, die mit einem Ende am Fahrzeug befestigt ist und über die Unterschenkel des Pferdes unter den Schweif hindurchgeführt wird, von vorn ruckweise zieht.

Der Autotransport, die neue Umgebung, unbekannte Artgenossen und fremde Geräusche erregen die meisten Pferde. 473

Man wird deshalb vor dem Start einige Zeit im Gelände langsam in verschiedenen Gangarten reiten, rechtzeitig auf dem Abreiteplatz erscheinen und das Pferd in gleichmäßiger, ruhiger Bewegung halten. Niemals dürfen Pferde längere Zeit angebunden in praller Sonne stehen, auch müssen sie von den Zuschauern sicher abgegrenzt sein.

Entgegen den Gepflogenheiten der Freizeitreiterei, sich völlig unkonventionell anzuziehen, ist für reiterliche Sportveranstaltungen eine einheitliche Kleidung vorgeschrieben. 474

Dazu gehören Stiefel, eine helle Reithose, ein dunkler Rock sowie eine dunkle Sturzkappe. Sporen trägt nur der, dem sie von seiner Sportgemeinschaft verliehen wurden.

475 **Für das Springturnier läßt sich ein wenig erfahrener Reiter so in die Starterliste eintragen, daß er zunächst einige gute Reiter im Parcours beobachten kann.**

Am Start ist das wichtigste Prinzip Ruhe zu bewahren, und damit Ruhe auf das Pferd zu übertragen. Niemals sollte man nach dem Start versuchen über die Bahn zu rasen, um dadurch schnelle Zeiten zu erreichen. Es ist immer von Vorteil, durch besonnenes Reiten den kürzesten Weg zu wählen, kurz zu wenden und die Ecken abzuschneiden; das ist mit einem heftig jagenden Pferd nicht zu erreichen.

Geht einmal während einer Veranstaltung etwas nicht nach den persönlichen Wünschen, so sollte man verständnisvoll nach den Ursachen suchen. 476

Viele fleißige Helfer geben ihr Bestes und erledigen alle notwendigen Arbeiten. Sie besorgen Unterkünfte für Reiter und Pferde, organisieren die Verpflegung und Betreuung und bauen den Parcours. Viele Hindernisse müssen neu angefertigt werden oder sind wieder anzustreichen. Auch hunderte, meistens tausende Besucher möchten versorgt sein, haben ihre Wünsche. – Ein aktiver Teilnehmer sollte deshalb nie, ohne daß er ein herzlichen Dankeschön den fleißigen Helfern gesagt hat, die Veranstaltung verlassen.

Wer sich selbst zu Übungszwecken einen Parcours einrichten will, muß einige grundsätzliche Anforderungen, die an Hindernisse zu stellen sind, beachten. 477

Die richtige Gestaltung der Hindernisse wirkt sich stets positiv auf die Springwilligkeit des Pferdes aus. Wichtigster Grundsatz ist, stets „volle" Hindernisse aufzubauen, d. h., ein Hindernis muß immer von unten nach oben optisch gefüllt sein und an den Seiten durch Fänge abgeschirmt werden.

Hindernisse für das Training müssen durchaus nicht immer viel kosten. 478

Um ein Hindernis zu füllen, genügen einfache Materialien wie belaubte Zweige und Strohballen. – Zur Vorbereitung auf ein Turnier reichen Hindernishöhen, wie sie für das Freizeitreiten empfohlen wurden, nicht aus. Einige wichtige Hindernisse, die in keinem Parcours fehlen sollten, sind die Birkenbank, der Oxer, der Elefant, die Mauer, der Wassergraben und die Tripplebarre. Diese Hindernisse sind z. T. in den Zeichnungen S. 111 abgebildet.

Statt an einem Springturnier teilzunehmen, wird es für Freizeitreiter meistens ratsamer sein, sich an einer Reitjagd zu beteiligen. 479

Reitjagden werden im Herbst veranstaltet, wenn die Äcker abgeerntet sind und auch auf den

Mit den ersten nach Mitteleuropa importierten Islandponys wurden auch wieder in Vergessenheit geratene, heute aber sehr gesuchte Gangarten des Pferdes populär. Das obere Bild zeigt einen Paßgänger, das untere einen Tölter (383, 386).

Manche stille, erholsame Landschaft offenbart auf dem Rücken des Pferdes erst ihren besonderen Reiz (492) und verlockt auch gelegentlich zu einem rasanten Ritt.

Eine Kutschfahrt besonders in offener Landschaft und abseits vom Autoverkehr bereitet Vergnügen. Dort darf auch das Fohlen frei neben der Mutterstute traben. Bei Annäherung an Ortschaften oder Straßen muß es aber wieder angebunden werden (297–299).

Bei Kutschfahrten von langer Dauer sind Pausen notwendig. Man sucht dazu möglichst eine eine schattige Stelle auf. Während der Sommermonate peinigen Fliegen, Mücken, Bremsen und andere Insekten die Pferde. Dagegen gibt es Mittel, die Kutscher und Reiter stets mit sich führen sollten (189).

Selbst wenn die räumlichen Möglichkeiten zur Pferdehaltung begrenzt sind, sollte man jede Gelegenheit nutzen, die Tiere ins Freie zu lassen. Durch häufigen Kontakt mit den mannigfaltigsten Umwelterscheinungen sind sie dann weniger schreckhaft (94–96).

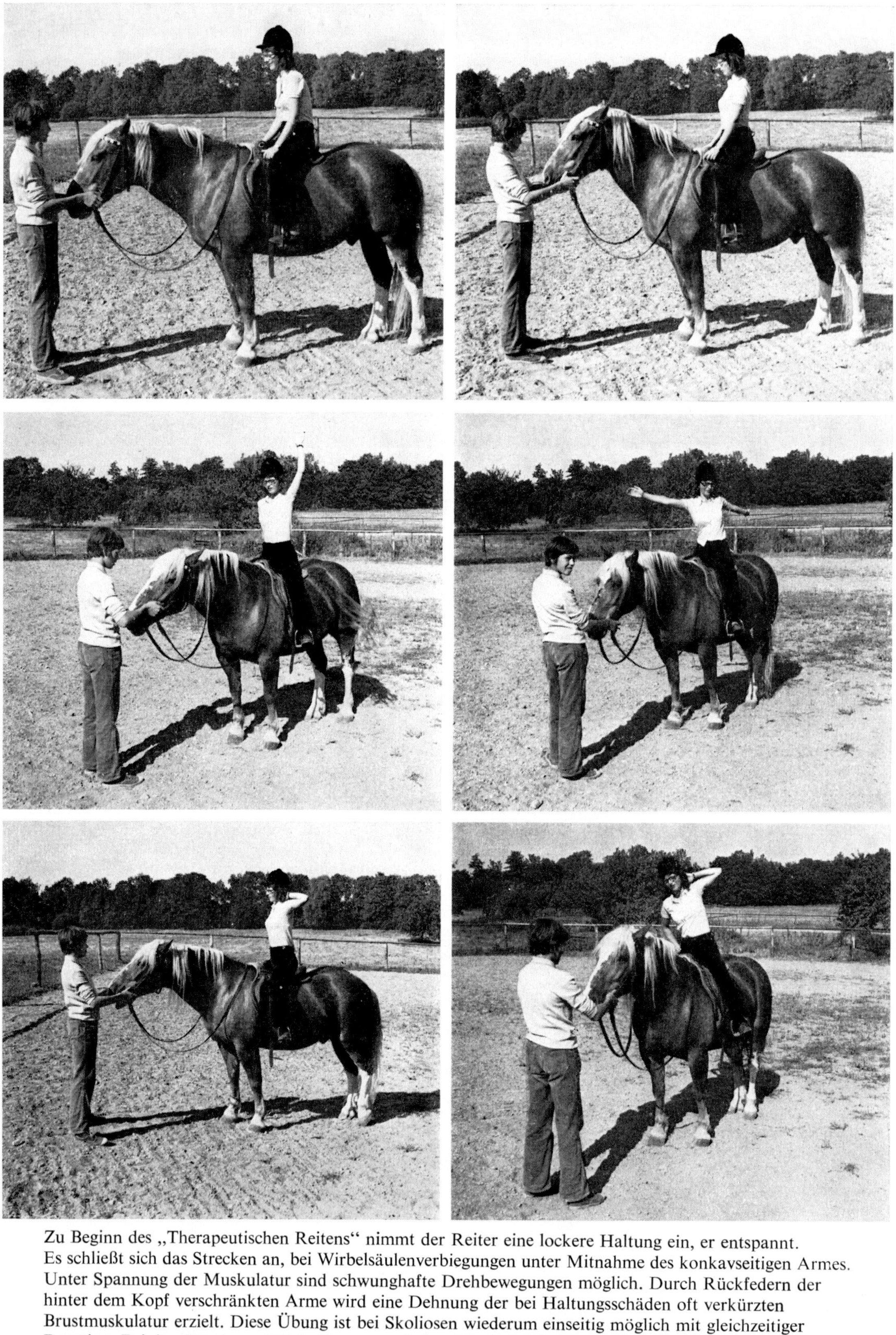

Zu Beginn des „Therapeutischen Reitens“ nimmt der Reiter eine lockere Haltung ein, er entspannt. Es schließt sich das Strecken an, bei Wirbelsäulenverbiegungen unter Mitnahme des konkavseitigen Armes. Unter Spannung der Muskulatur sind schwunghafte Drehbewegungen möglich. Durch Rückfedern der hinter dem Kopf verschränkten Arme wird eine Dehnung der bei Haltungsschäden oft verkürzten Brustmuskulatur erzielt. Diese Übung ist bei Skoliosen wiederum einseitig möglich mit gleichzeitiger Rotation. Bei den Streck- und Dehnübungen auf dem Pferd sind Rückenstreck- und Bauchmuskulatur als Antagonisten und Synergisten gespannt, wodurch die zur Erschlaffung neigende Bauchmuskulatur trainiert wird.

Durch Aufrichten mit Spreizen oder Heben der Arme im Wechsel mit Entspannung des Reiters lassen sich alle Atemmuskeln beüben, wodurch die Vitalkapazität der Lungen gesteigert wird, die bei Skoliose und Rundrücken pathologisch erniedrigt ist. Durch die Rückenlage auf dem Pferd werden zur Verkürzung neigende Muskelgruppen gleichzeitig gedehnt – die kurzen und langen Hüftbeuger. Dagegen werden im aufgerichteten Sitz die geschwächten Gesäßmuskeln gespannt und durch die Spreizung der Beine die verkürzten Hüftadduktoren, gefördert durch die Körperwärme des Pferdes, gedehnt, und sie erschlaffen. Letzteres ist besonders bei Hüfterkrankungen und spastischen Nervenleiden gewünscht.

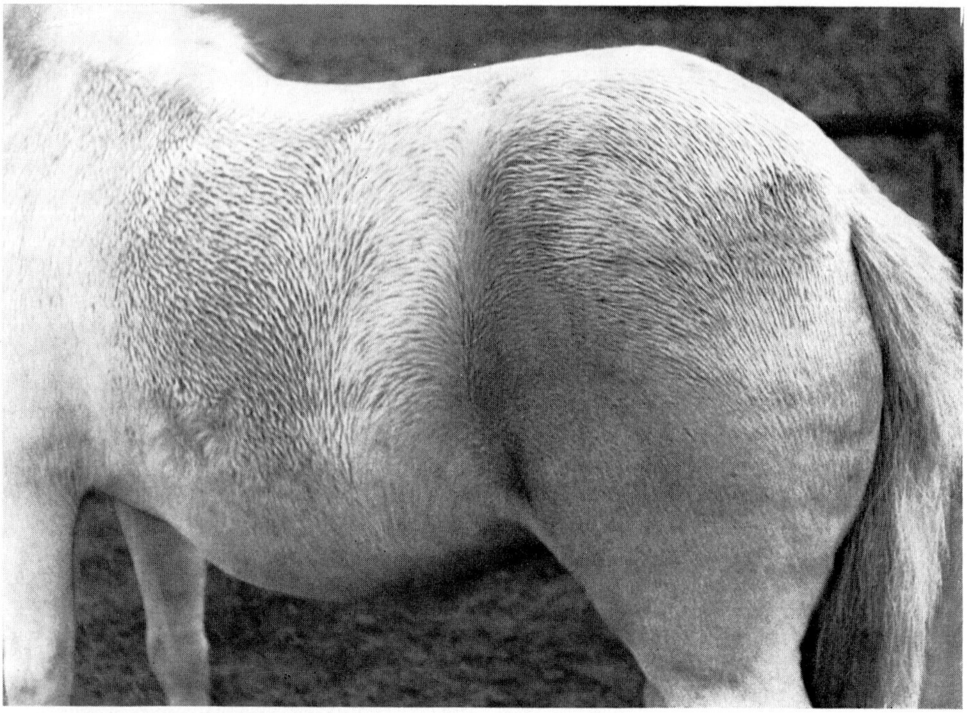

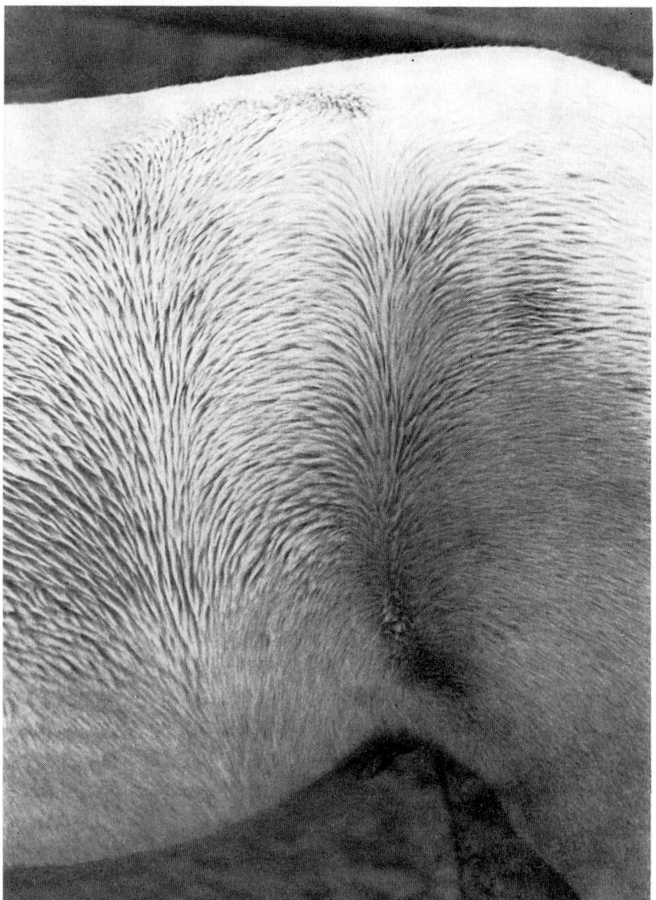

Das Winterfell dient nicht nur als Schutz gegen Kälte, sondern auch als Regendach. Das Deckhaar bildet dann büschelweise spitzauslaufende „Dachziegel“. Von den Spitzen tropft das Wasser ab (187). Durch unüberlegtes Paaren von genetisch nicht harmonierenden Pferderassen wird die natürliche Haarstruktur bis den Folgegenerationen durcheinandergeraten (z. B. zu hoher Flankenwirbel – unteres Bild); solche Pferde können langandauernde Regenperioden im Freien nicht mehr überstehen.

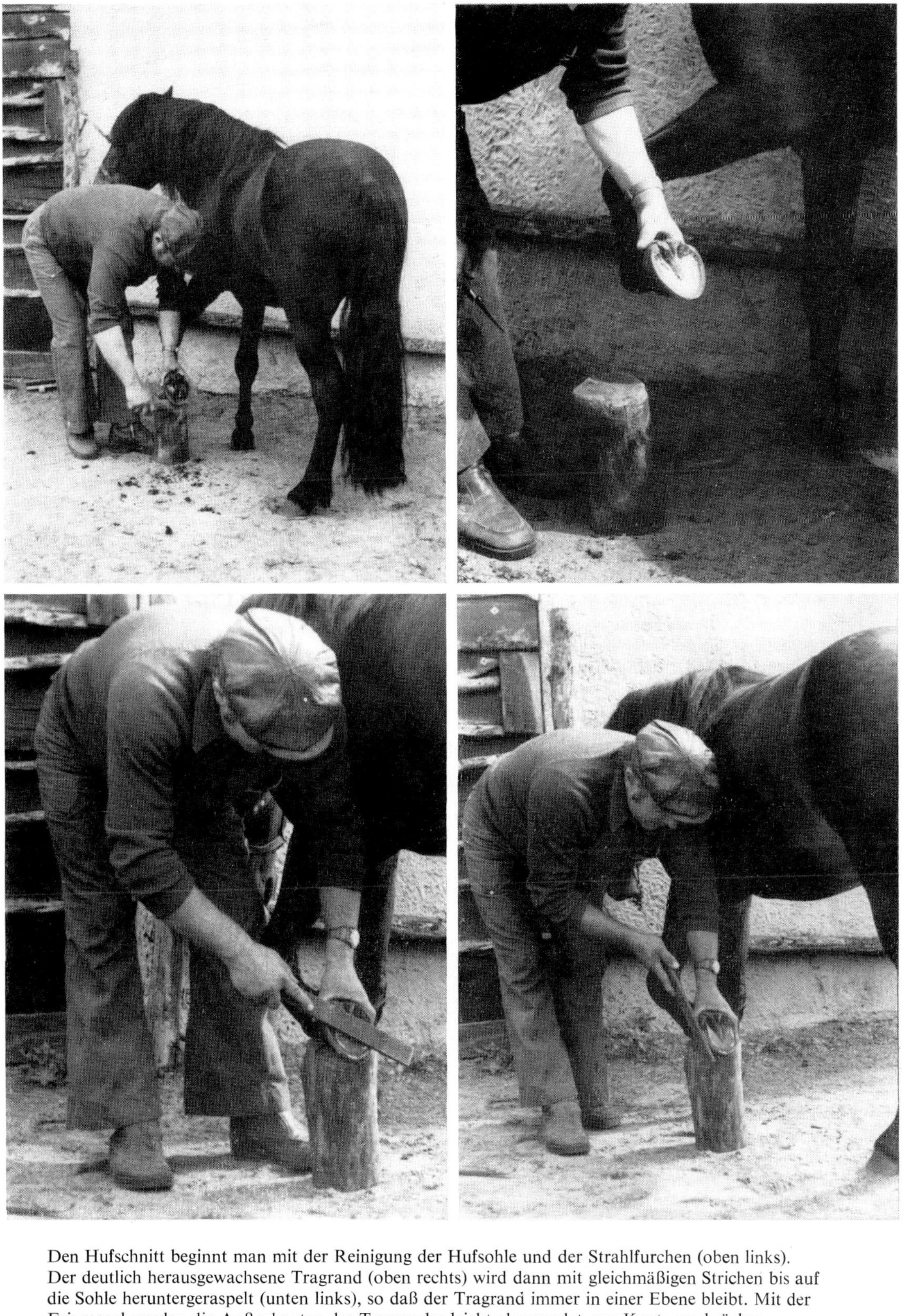

Den Hufschnitt beginnt man mit der Reinigung der Hufsohle und der Strahlfurchen (oben links). Der deutlich herausgewachsene Tragrand (oben rechts) wird dann mit gleichmäßigen Strichen bis auf die Sohle heruntergeraspelt (unten links), so daß der Tragrand immer in einer Ebene bleibt. Mit der Feinraspel werden die Außenkanten des Tragrandes leicht abgerundet, um Kantenausbrüchen vorzubeugen (302, 303, 585).

Hier zeigt sich ein typisches Verhalten freilaufender Pferde: Gleichfarbige gesellen sich bevorzugt (oben). Der Fellwechsel im Frühjahr ist mit einem hohen Vitamin- und Nährstoffbedarf verbunden, die Rinde von Ästen und Zweigen wird dann gern gefressen (unten) (597).

Wiesen keine großen Schäden mehr entstehen können. Diese „Reitjagden" haben ihren Ursprung in den mittelalterlichen Hetzjagden zu Pferde; ihre Formen sind symbolisch von ihnen abgeleitet, die Fuchsjagd (Fuchsschwanzgreifen), die Schleppjagd (hinter einer Hundemeute), der Streckenritt nach einer festgelegten Route von etwa 15–20 km Länge quer durchs Gelände.

480 **Auch bei einer Reitjagd muß man bestimmte Regeln einhalten; so wird am besten Unfällen vorgebeugt.**

Beteiligt sich eine genügend große Anzahl Reiter, so teilt man diese in drei Felder (Gruppen) ein. Im ersten Feld befinden sich die leistungsfähigsten Reiter und Pferde, die alle auf der Strecke vorgesehenen Hindernisse springen müssen, im zweiten Feld befinden sich solche, die zwar sicher reiten können, sich aber vorbehalten, einige Hindernisse zu umreiten, im dritten Feld sind dann weniger erfahrene Reiter oder junge Pferde sowie ältere Personen, die zwar die Strecke reiten möchten, ohne jedoch ein Hindernis zu springen.

481 **Je ein Master und mehrere Piköre führen die Reiterfelder an.**

Der Master ist während der Jagd der alleinige Führer eines Feldes, als Helfer unterstützen ihn einige Piköre. Diese Personen sind an einer Armbinde erkennbar, die sie um den Oberarm tragen. Ihren Anordnungen ist unbedingt Folge zu leisten. Reiter, die ein sehr heftiges Pferd haben, melden dieses dem Master und erhalten einen günstigen Platz im Feld zugewiesen. Ebenfalls wird auf an-

dere negative Eigenschaften eines Pferdes rechtzeitig und deutlich aufmerksam gemacht, so bindet man z. B. „Schlägern" ein leuchtend rotes Band um die Schweifrübe.

Bei allen Reitjagden darf nie unberücksichtigt bleiben, daß robust gehaltene Pferde schon im September/Oktober einen Winterpelz haben. 482

Sind solche robusten Pferde in größerer Anzahl vorhanden, wird der Master dieses berücksichtigen und zu Beginn der Jagd etwa 10–15 Minuten lang nur Schritt reiten lassen. Sind jedoch nur wenige Reiter mit Pferden im Winterpelz erschienen, so müssen sie vor Beginn der Jagd etwa 20 Minuten lang ihre Pferde vorsichtig warm reiten, oder sie müssen bei mildem Wetter den Pelz tüchtig durchnässen. Sind die Pferde es gewöhnt, gießt man einfach lauwarmes Wasser über die Schulterpartien und die Flanken; andernfalls reibt man das Wasser mit einem Schwamm ein.

An die Bekleidung werden bei einer Reitjagd nicht mehr so hohe Anforderungen gestellt wie bei einem Turnier. 483

Sie sollte auf jeden Fall reiterlich zweckmäßig sein, unerläßlich ist allerdings die Sturzkappe. – Der in früheren Zeiten obligatorische leuchtend rote Rock diente vor allem dazu, einen gestürzten und verletzten Reiter leichter im unübersichtlichen Gelände zu finden.

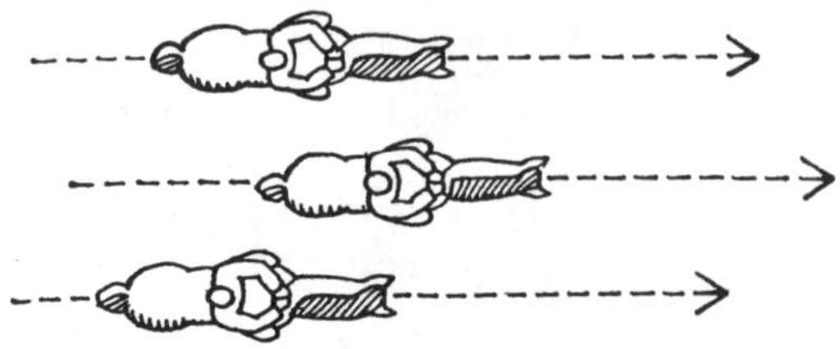

484 **Jeder bleibt während des Jagdrittes an dem ihm zugewiesenen Platz im Feld, niemals darf er den Weg anderer Reiter kreuzen: Es ist immer „Strich“ zu reiten!**

Zu den anderen Reitern hält man einen Sicherheitsabstand ein. Möchte ein Reiter des zweiten Feldes ein Hindernis umreiten, so hat er das rechtzeitig und deutlich den nachfolgenden Reitern anzuzeigen. In der Mitte der Strecke macht man meistens eine Pause von 20–30 Minuten. Zeigt ein Pferd Zeichen von Überanstrengung, muß der Reiter die Jagd aufgeben. Das ist sportlicher als ein solches Pferd über den Rest der Strecke zu quälen.

485 **Eine Reitjagd wird oft mit alten Bräuchen und Zeremonien verknüpft.**

Bläsersignale verkünden den Aufbruch zur Jagd und ihren Abschluß. – Den erfolgreichen Reitern überreicht der Jagdherr einen Eichenbruch, den sie sich auf den Rockaufschlag heften. – Das „Jagdgericht“ kann über die von einzelnen Reitern begangenen Fehler richten und „Strafen“ in Form von Bußgeldern verhängen; diese werden dann am Abend während des Jagdballes allen Aktiven in Gestalt eines kostenlosen Umtrunkes zugute kommen.

XVII. Was in einem gewerblichen Reitbetrieb zu beachten ist

486 **Wer am Freizeitreiten und Kutschieren interessiert ist, wird vor allem die vielfältigen Möglichkeiten nutzen, die dafür in der DDR an LPG, VEG und Gestüten geschaffen wurden.**

Das beweist z. B. die Zahl von 22 000 (zweiundzwanzigtausend) Gästen im Jahre 1975, die mit den über 80 Haflinger Kleinpferden von der Abt. Pferdezucht des Rinderaufzuchtbetriebes Oberweißbach/Thüringer Wald erholsame Urlaubsstunden als Reiter oder in der Kutsche verlebten. In das „Streckennetz“ sind mehrere Ortschaften und LPG mit einbezogen.
Die Leitung der Reittouristik Oberweißbach hat ein Diplomlandwirt, die Kutscher sind Facharbeiter für Pferdezucht und Helfer in der Saison sind Praktikanten von der Agraringenieurschule Zierow. –
Dieser Betrieb wird Vorbild für ähnliche Einrichtungen sein, die in den nächsten Jahren noch im Thüringer Wald geschaffen werden.

Beliebt sind auch Reiterferien mit Pensionsaufent- 487
halt oder die regelmäßige und ganzjährige stundenweise Teilnahme am Freizeitreiten in Betrieben mit entsprechenden Einrichtungen.

Pensionsplätze stehen allerdings nur in begrenzter Anzahl zur Verfügung und wer einen für den Urlaub buchen möchte, muß sich sehr zeitig darum bemühen. – Ohne große Mühe und Aufwand wird man sich aber in den anderen Einrichtungen betätigen können. Als Beispiel sei der Reittouristik-Stützpunkt der LPG Ernsthof in der Pritzhagener Mühle bei Bukow genannt. 1976 standen hier 10 Pferde etwa 150 ständigen Reitgästen, außerdem Urlaubern und Teilnehmern an Brigadefeiern für Kutschfahrten, zur Verfügung. Hier gibt es regelmäßig Reitlehrgänge für Anfänger, für Fortgeschrittene Reitjagden im Herbst. Zweimal in der Woche gehören die Pferde nur den Kindern. Das alles unter fachgemäßer Anleitung und in idyllischer Landschaft.

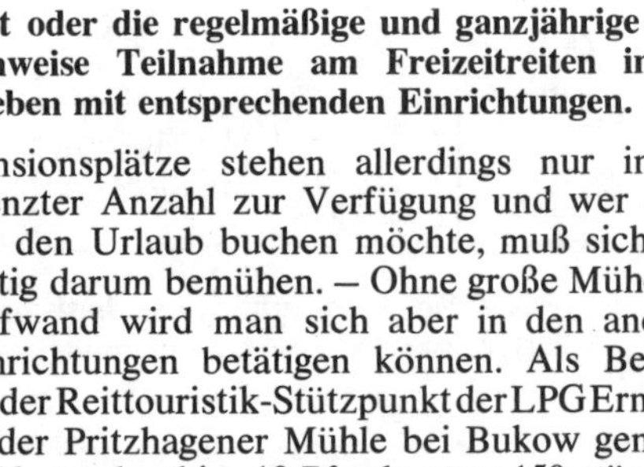

488 **Die von den Betrieben für ihre Haupttätigkeit abgeschlossenen Haftpflichtversicherungen reichen in den meisten Fällen für den Erwerbszweig Reittouristik nicht aus.**

Es ist deshalb rechtzeitig eine umfassende Haftpflichtversicherung abzuschließen. Nach den gesetzlichen Bestimmungen haftet jeder für den Schaden, den sein Tier einem anderen zufügt. Der Versicherungsnehmer entlastet sich durch den Abschluß der Versicherung von Schadenersatzansprüchen, die z. B. geschädigte Reitgäste stellen können und auch von solchen, die andere Bürger stellen, wenn sie durch die Reitenden geschädigt worden sind.

489 **Jeder Inhaber oder Leiter eines Reittouristikbetriebes sollte den umfassendsten Versicherungsschutz anstreben.**

Deshalb sind auch noch außer der Haftpflicht- andere Versicherungen, wie Unfall- und Tierlebensversicherungen, anzuraten. Der Versicherungsnehmer wird sorgfältig alle Schadensfälle erwägen, die überhaupt nur vorkommen können und am besten an Ort und Stelle im Betrieb dem Versicherungsbeauftragten erläutern, so daß auch wirklich jeder mögliche Fall in das Versicherungsrisiko eingeschlossen wird. Geht man weniger gründlich vor, wird möglicherweise eine kostspielige Versicherung abgeschlossen, ohne daß dann im speziellen Fall die Versicherung für den Schaden aufkommt.

490 **Tritt ein Schadensfall ein, ist er sofort der Versicherungsgesellschaft zu melden.**

Der Versicherungsnehmer darf keine voreiligen Zusagen für eine Entschädigung machen und muß auch alles unterlassen, was eine sachliche Prüfung des Schadensfalles durch die Versicherungsgesellschaft erschweren könnte; denn Aufgabe der Versicherungsgesellschaft ist es nicht nur, berechtigte Ansprüche zu befriedigen, sondern auch unberechtigte Ansprüche abzuwehren.

Wichtig für den Versicherungsnehmer ist zu wissen, daß die meisten Haftpflichtversicherungen die Gewahrsamsschäden nicht einschließen. 491

Unter Gewahrsamsschäden versteht man solche, die durch Handlungen, die der Versicherungsnehmer zu vertreten hat, an Sachen entstehen, die er sich ausgeliehen oder die er gemietet hat. Stellt er z. B. einige fremde Pferde um sie zu nutzen bei sich ein und wird eins dieser Pferde durch seine eigenen während einer Rauferei so verletzt, daß es untauglich für jegliche Verwendung wird, so tritt seine Haftpflichtversicherung dafür nicht ein, sondern er muß selbst den Schaden bezahlen, es sei denn, er hat extra gegen Gewahrsamsschäden eine Versicherung abgeschlossen.

Wer die Absicht hat, einen Reittouristikbetrieb neu einzurichten, sollte dazu eine reizvolle landschaftliche Lage auswählen. 492

Die Gäste möchten nicht nur reiten, sondern sich auch in gesunder Luft, abseits von jedem Lärm erholen. Ideal sind somit die tradionellen Urlaubs- und Erholungsgebiete. Allerdings ist auch noch Neuland zu erschließen. Manche stille, erholsame Landschaft offenbart erst auf dem Rücken des Pferdes ihren besonderen Reiz.

Den Inhabern von Reittouristikbetrieben muß stets die Verantwortung für Gesundheit und Leben der ihren Tieren anvertrauten fremden Personen bewußt sein. 493

Deshalb sind an die Eigenschaften und an die Ausbildung der Touristikpferde noch höhere Anforderungen zu stellen als an die, welche man für private Zwecke nutzt. Der in den Kapiteln 10–15 beschriebene Ausbildungsablauf für ein Freizeitpferd ist also in diesem Falle ein Minimalprogramm.

Für die Reittouristik sind die weniger temperamentvollen Pferde am besten geeignet. 494

Den Reitgästen sollte durch heftige und leicht erregbare Pferde nicht die Lust am Umgang mit Pferden genommen werden. Viele Kleinpferde und Ponys sind eher ruhig als lebhaft, doch auch unter den größeren Pferden lassen sich geeignete finden. – Alle diese Tiere müssen stets voll ausgewachsen, d. h. mindestens sieben Jahre alt sein.

495 **Aus welcher Rasse bzw. in welcher Größenordnung Pferde für die Reittouristik ausgewählt werden, richtet sich nach den Anforderungen.**

Für Kinder bis zu 10 Jahren eignen sich sehr gut die größeren Shetlandponys; für Kinder über 10 Jahre sollten Ponys der Welsh- und der Dart-

moorrasse oder ähnliche zur Verfügung stehen. Zum Reiten für Erwachsene eignen sich von den kleineren Pferden hauptsächlich Bosnische Gebirgspferde, Fjordpferde, Haflinger, Huzulen, Islandponys, Welsh Cob und Panjepferde. Dort,

wo eine ganzjährige Auslastung der Pferde möglich ist, sind meist auch warmblütige Großpferde rentabel.

Ein Reittouristikbetrieb ist dann am rentabelsten, wenn er das ganze Jahr über gleichmäßig ausgelastet werden kann. 496

Während der Ferienmonate ist stets ein großer Andrang vorhanden, in der übrigen Jahreszeit sind größere Besucherzahlen meist nur noch an den Wochenenden zu verzeichnen. – Für nicht an den Schulablauf gebundene Personen ist ein Reiturlaub in den Frühjahrs- und Herbstmonaten sicher reizvoller als in der Hauptsaison. Durch Zusammenarbeit mit Reisebüros oder durch Werbung kann für eine gleichmäßige Auslastung gesorgt werden. Im Winter kann man in schneesicheren Gebieten Schlittenfahren und Schikjöring anbieten.

Bevor die Hauptsaison im Touristikbetrieb beginnt, erhalten alle Pferde einen neuen Hufbeschlag. 497

Gingen sie über Winter „barfuß", so sind sie so rechtzeitig zu beschlagen, daß sich die Beine allmählich der neuen Hufstellung anpassen können. Lockern oder lösen sich später während der Ausritte Eisen, so darf man sie nie mit einem Ruck abreißen, sondern muß zunächst die Nägel entfernen die das Eisen noch halten, damit der Tragrand des Hufes nicht ausgebrochen wird.

Wurden Pferde im Winter und im Frühjahr wenig genutzt, so sind sie durch systematisches Training auf die Saison vorzubereiten. 498

Nicht trainierte Pferde versagen schon in der ersten Woche stärkerer Beanspruchung. – Sobald der Winterpelz sich lichtet, beginnt ein regelmäßiges Training; man sollte die Pferde wöchentlich 4–5mal jeweils mindestens drei Stunden reiten. Bei diesem Training beginnt man wieder mit kurzen Geländeritten, einfachen Bahnfiguren und Springübungen und reitet schließlich 20 bis 30-km-Strecken.

Die angereisten Feriengäste werden nach und nach mit den Pferden und mit der Umgebung vertraut gemacht.

Sie lernen am ersten Tage bei einem ausgedehnten Spaziergang die weitere Umgebung kennen und besichtigen schließlich die Stallungen, Weiden, die Ausläufe und die Pferde. Der zweite Tag beginnt mit einem lockeren Vortrag von etwa 45 Minuten über die Haltung, den Ausbildungsablauf des Pferdes, über den richtigen Umgang mit Pferden, auch werden die psychologischen und physiologischen Besonderheiten des Pferdes erläutert. Anschließend sitzen die Gäste zum erstenmal auf und reiten für etwa eine Stunde ins Gelände.

Auch Feriengäste müssen ein theoretisches Minimum von der Reitlehre vermittelt bekommen.

Deshalb werden am Nachmittag des zweiten Tages einfache reiterliche Begriffe und die Hilfen erklärt. Anschließend daran reitet man wieder eine Stunde ins Gelände. Der Führer der Reitergruppe sollte stets ein im Reiten erfahrener Angestellter des Touristikbetriebes sein. –
Außerdem müssen die für Reitbetriebe geltenden gesetzlichen Bestimmungen eingehalten werden (siehe Anhang).

501 **Beim Ausreiten wird der Führer der Gruppe den Gästen weitere Hinweise zum richtigen Reiten geben.**

Dabei sollte jedoch ein strenger Reitunterricht vermieden werden, um die Reitgäste in der kurzen Zeit des Aufenthaltes von meist nur zwei Wochen nicht zu verkrampfen. Jeder Gast sollte sich möglichst selbst schnell mit seinem Pferd in Einklang bringen. Finden Reiter und Pferd keinen Kontakt, muß der Gast ein anderes Pferd bekommen.

502 **Besonders Kinder, aber auch manche der Erwachsenen, möchten nicht nur reiten, sondern sich auch aktiv an der Pflege der Pferde, am Aufsatteln und an anderen Arbeiten beteiligen.**

Dagegen ist nichts einzuwenden, sofern die gesetzlichen Bestimmungen keine Einschränkungen vorsehen. Interessierte Gäste weist man deshalb am dritten Tag ihres Aufenthaltes für bestimmte Aufgaben ein. – Für Stadtkinder ist es auch ein Erlebnis, wenn sie mit zur Schmiede dürfen oder mit auf's Feld, um Grünfutter zu holen.

Jeder Ferientag sollte abwechslungsreich nach einem anderen Programm verlaufen. 503

Die Ausritte werden allmählich verlängert, wenn die Gäste den Muskelkater von den Ritten überstanden haben. Auf längeren Touren führt der Angestellte des Betriebes alle notwendigen Utensilien (siehe Langstreckenritte) auf dem Reitsattel eines Handpferdes mit. Es ist so zugleich ein komplett ausgerüstetes Ersatzpferd vorhanden.

Für die Reittouristik müssen die Pferde eine besonders stabile und praktische Ausrüstung erhalten. 504

Sportsättel (englisches Modell) sind für diese Zwecke ungeeignet. Verwenden sollte man nur tiefe Sättel, wie die französischen Freizeitsättel oder solche im Modell des Bocksattels; diese haben durch die weit nach hinten ausgestellten Trachten eine große Auflagefläche, verteilen also besser die Last, und bieten dem Reiter durch ihre Fasson einen sicheren und bequemen Sitz.

505 **Jeder Riemen der Ausrüstung des Pferdes muß aus festem Leder sein.**

Chromleder ist deshalb anderen Ledersorten vorzuziehen, auch für die Reittrense und das Halfter. Als Verbindungen werden nur große, stabile Schnallen verwendet, alles mehr klobig als schick. Die Steigbügel sollten immer (auch für Kinder) groß sein und aus Stahl oder aus Leder mit Stahleinlage bestehen. Für Kinder erhalten die großen Steigbügel vorn einen Sicherheitskorb.

506 **Was zur Ausrüstung in einem Reittouristikbetrieb noch gehört.**

Zur richtigen Sattelung gehört ein straffsitzender Schweifriemen. Da ihn die Pferde täglich acht Stunden tragen, umkleidet man den Riementeil, der die Schweifrübe umspannt, mit weichem Schaflammfell. Als Trensengebiß sollte man die dicke Wassertrense verwenden. Jedem Pferd wird ein Halsriemen umgeschnallt, damit sich unsichere Reiter daran und nicht an den Zügeln festhalten. Die Gäste sollten auch stets mit Handschuhen reiten, es mildert ihre Zügeleinwirkung.

507 **Fütterung und Pflege während der Saison sind auf die hohen täglichen Leistungen der Touristikpferde zu orientieren.**

Weidegang oder nur Grünfütterung aus Raufen genügt nicht. Jedes den ganzen Tag über genutzte Pferd muß täglich etwa 4 kg Kraftfutter zum Rauh- oder Grünfutter erhalten, mittags und abends die Hälfte, immer vor einer evtl. Grünfütterung oder vor dem Weidegang. – An heißen Tagen führt man die Pferde abends für etwa 10–15 Minuten bis zu den Mittelfußgelenken in das Wasser eines seichten Baches oder Tümpels, oder man plantscht die Pferdebeine mit abgestandenem Wasser tüchtig ab. So erholen sich die Bänder und Sehnen schneller.

508 **Bei den Reitwanderungen in der warmen Jahreszeit nimmt man ausreichend Fliegenschutzmittel mit.**

Belästigt der strenge Geruch dieser Mittel die Gäste, so muß man in den Morgen- und Vormittagsstunden zwischen 5 und 10 Uhr reiten. Zu dieser Zeit ist die Insektenplage am geringsten, so daß man sich die Fliegenschutzmittel ersparen kann. Auch sollte immer starker Wind ausgenutzt werden, dann ist jedoch auch Regenzeug mitzuführen.

In den Reittouristikbetrieben müssen die Pferde rechtzeitig die erforderlichen Schutzimpfungen erhalten, weil dort sehr leicht Krankheiten eingeschleppt werden können. 509

Es gehen ständig betriebsfremde Personen ein und aus, einige von ihnen besitzen zu Hause selbst ein Pferd oder bringen ihr eigenes mit in Pension. Auch ist die Verletzungsgefahr für die Pferde wegen der überwiegend ungeübten Reiter ziemlich groß. Impfungen sollten auf jeden Fall gegen Wundstarrkrampf, Virus-Husten und bei Fohlen gegen Fohlenlähme erfolgen. Zuchtstuten sind auch gegen Virus-Abort zu impfen.

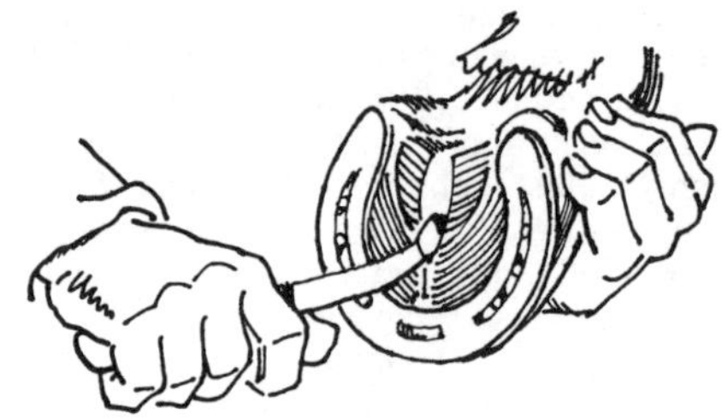

Was Betriebsangehörige und Gäste noch für die Pferde tun können. 510

Beginnt ein Pferd während eines Rittes zu lahmen, so muß es sofort geschont werden. Der Reiter sitzt ab und führt das Pferd am Zügel, selbst dann, wenn er eine lange Strecke laufen muß. Die Strahlfurchen der Hufe sind täglich auf evtl. eingeklemmte Steine zu untersuchen. – Bringt man die Pferde bei langen Wanderungen in fremden Unterkünften unter, so muß gesichert sein, daß jedes Pferd ungestört fressen kann und auch Wasser aus fremden Gefäßen aufnimmt.

Was die Mitarbeiter eines Touristikbetriebes noch für die Gäste tun können. 511

Die meisten Gäste reisen mit viel Enthusiasmus zum Reiten an; den gilt es während der ganzen

Zeit ihres Aufenthaltes zu erhalten. Schon am ersten Tag wird man sich bemühen, das Temperament der Gäste zu erkennen und ihnen dementsprechend das passende Pferd zugeben. Während der Reitwanderungen kommen die ungeübtesten Reiter in die Mitte der Gruppe. – Immer sollten die Mitarbeiter Verständnis für den anfänglichen Muskelkater und das oft wunde Gesäß ihrer Gäste haben und jederzeit mit Rat und Tat zur Verfügung stehen.

512 **Ein besonderes Fingerspitzengefühl erfordern Gäste, die sich in einem Reittouristikbetrieb in Reisegesellschaften nur einmal stundenweise aufhalten.**

Solche Reitergruppen läßt man stets von mehreren Mitarbeitern des Touristikbetriebes begleiten, führt sie nur durch absolut sicheres Gelände und mutet ihnen auch nicht zu, schnelle Gangarten zu reiten, sofern sie es nicht selbst wünschen.

XVIII. Winke für Freizeitreiter, die eine Reitschule besuchen möchten

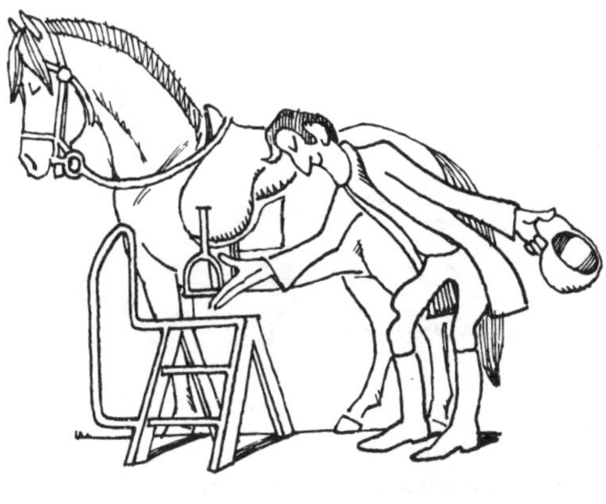

513 **Auch wer ohne Wettkampfambitionen im Sinne des Freizeit- und Erholungssportes reitet, wird gern von der Gelegenheit gebrauch machen, sich notwendige Grundkenntnisse in einer Reitschule aneignen zu können.**

In der DDR sind die meisten Reitschulen den Rennbetrieben, den Gestüten und der Reittouristik bei den LPG angeschlossen; dort erhält man Auskunft über Einzelheiten der Ausbildung. – Eine Reitstunde kostet nach den z. Z. geltenden Gebührensätzen für Erwachsene 10,– Mark und für Schüler und Lehrlinge 5,– M.

Der Reitunterricht ist an den Reitschulen nicht überall in gleicher Weise organisiert. 514

Er wird in turnusmäßigen Lehrgängen ganztags mehrere Wochen hintereinander erteilt; die Reitschüler haben die Möglichkeit während dieser Zeit in einem Internat zu wohnen. – Außerdem wird Reitunterricht stundenweise und meist in den späten Nachmittagsstunden und auch in den Abendstunden gegeben, damit Berufstätige nach Feierabend daran teilnehmen können.

Die meisten erwachsenen Reitschüler sind berufstätig, sie werden sich deshalb für den stundenweisen Unterricht nach Feierabend entscheiden. 515

Die Termine für die einzelnen Reitstunden werden für einen längeren Zeitraum mit dem Reitlehrer vereinbart, meistens sind zehn Reitstunden im voraus zu bezahlen. Wer unentschuldigt eine Unterrichtsstunde versäumt, kann keinen Ersatz dafür beanspruchen. Jeder Neuling sollte versuchen, während des ersten Monats mindestens an drei Tagen in der Woche jeweils eine Stunde zu reiten, auch wenn anfangs ein tüchtiger Muskelkater zu überwinden ist. Die Beine passen sich durch die ständigen Übungen schneller der Form des Pferdekörpers an.

Fortgeschrittene Reitschüler nehmen das Pferd für den Reitunterricht oft in der Box in Empfang. 516

Sind die Pferde von den Anbindeketten gelöst, so darf nur jeweils ein Pferd auf den Futtergang treten, und erst wenn es die Außentür passiert hat, wird das nächste folgen. Beachtet man das

nicht, kann es zu folgenschweren Keilereien zwischen den Pferden auf dem Futtergang kommen. – Die Pferde werden von ihren Reitern in die Reitbahn geführt. Sind schon Reiter in der Bahn, so ruft der Reiter, der sich an der Spitze der Neuankömmlinge befindet, laut: „Tür frei!", wartet die Bestätigung „Tür ist frei" ab und führt dann die Gruppe in die Bahn. Der letzte Reiter verschließt sorgfältig die Tür.

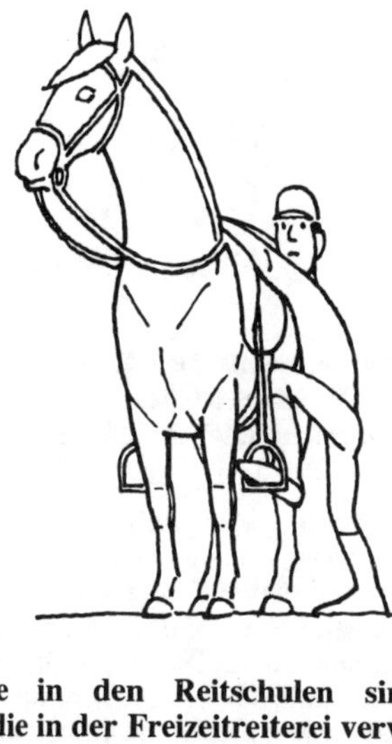

517 **Die Pferde in den Reitschulen sind meist größer als die in der Freizeitreiterei verwendeten.**

Das schockiert zunächst jeden, der schon Gelegenheit hatte, auf einem Kleinpferd oder Pony zu reiten. Doch keine Angst, man kommt auch auf die „Großen" 'rauf. Dazu schnallt man den linken Steigbügel (in Reitschulen wird alles auf der linken Seite des Pferdes gemacht) so tief, daß man mühelos seinen linken Fuß hineinsetzen kann, greift dann mit der linken Hand in die Mähne, stößt sich mit dem rechten Fuß kräftig ab, schwingt ihn bei gleichzeitigem Klimmzug aufwärts über die Kruppe und gleitet in den Sattel.

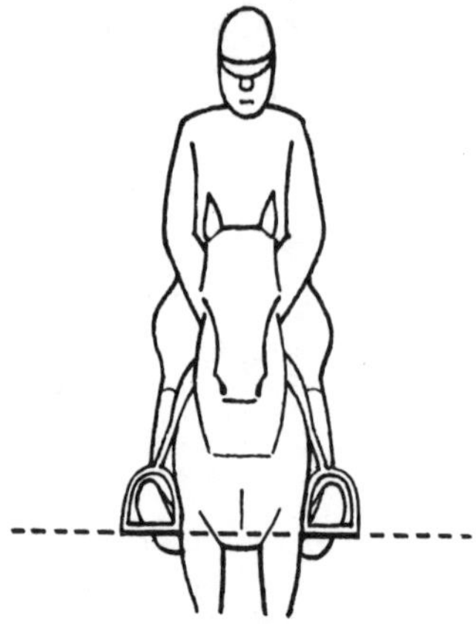

Zu Beginn jeder Reitstunde muß der Reitschüler die Steigbügelriemen seiner Beinlänge anpassen. 518

Da alle Stunde die Schüler wechseln und zum Aufsitzen der linke Riemen stark verlängert wurde, muß nun jeder zunächst die passende Riemenlänge finden; dazu nimmt man mit dem Fuß den Steigbügel auf, steckt das Bein durchgedrückt schräg nach vorn und zieht den Riemen straff. Wichtig ist, daß beide Steigbügelriemen gleich lang sind. Um das zu prüfen, stellt man sich leicht in die Bügel.

Wer Reitstunden nimmt, sollte sich theoretische Kenntnisse vorher selbst aneignen und sich auch später noch mit der Theorie beschäftigen. 519

Während der Reitstunden wird hauptsächlich Praxis vermittelt. Da in Gruppen geritten wird und oft auch Anfänger und Fortgeschrittene gemeinsam reiten, ist verständlich, daß ein Reitlehrer von den Schülern eine sehr aktive Mitarbeit fordern muß. Anfangs reitet man hauptsächlich alle einfachen Bahnfiguren, wie sie im Kapitel XII beschrieben worden sind.

520 **Ein Neuling wird während der ersten Reitstunden viel Initiative seinem Pferd überlassen.**

Es ist gut ausgebildet und reagiert auf die Kommandos des Reitlehrers schneller als sie der Schüler vorerst ausführen kann; dieser sollte zunächst einmal versuchen, aus dem Grundsitz heraus an das Pferd, an seine Bewegungen heranzufinden. Er sitzt im Sattel locker aufrecht, hat die Ellenbogen an den Hüften, trägt die aufrechten Fäuste leicht geschlossen vor sich, legt die Knie an den Sattel und stellt die Absätze federnd tief.

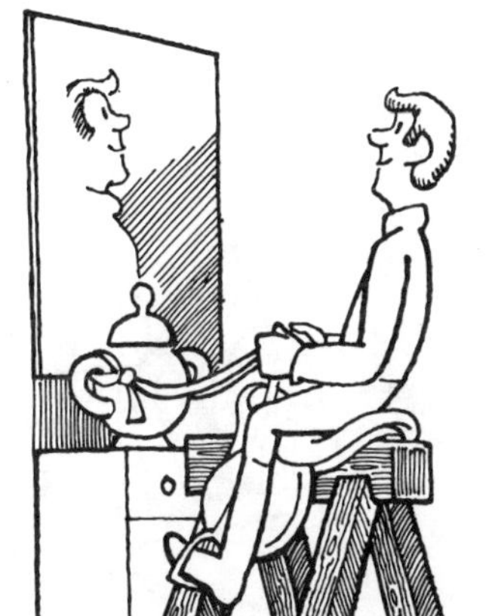

521 **Während der Reitstunde in der Halle wird hauptsächlich getrabt.**

Sind Bahnfiguren zu reiten, so sitzt man den Trab aus, entlang der Bande (Ganze Bahn) wird leichtgetrabt. Zur Erholung für Reiter und Pferd ordnet der Reitlehrer von Zeit zu Zeit Schrittreprisen am hingegebenen Zügel an. – Befindet sich ein großer Spiegel in der Halle, so kontrolliert der Reitschüler seine Haltung so oft wie möglich selbst.

Wer beim Absitzen mit dem linken Fuß im Bügel bleibt, landet meistens unter dem Pferd. 522

Zum Absitzen nimmt man zuerst den rechten Fuß aus dem Bügel, legt den Oberkörper leicht nach vorn, schwingt das rechte Bein über die Kruppe des Pferdes, nimmt bei gleichzeitigem Armstütz den linken Fuß aus dem Bügel und drückt sich mit dem Bauch zum Abwärtsgleiten vom Pferd ab.

XIX. Reiten genutzt als wirksame Heilmethode

Seit mehr als 2000 Jahren ist der hohe gesundheitliche Wert des Reitens bekannt. 523

Die älteste hierauf bezügliche Veröffentlichung stammt von dem griechischen Arzt Hippokrates (460–377 v. u. Z.). Er betrachtete das Reiten als eine hochwertige Form der Gymnastik, die imstande sei, Körperfunktionen zu steigern und Krankheiten zu vermindern.
In der DDR ist auf dem Gebiet des therapeutischen Reitens die Universitätsklinik Halle, Abt. Orthopädie/Rehabilitation, führend. Ein erstes Buch mit dem Titel „Heilsport in der Orthopädie" von G. Lekszas, Berlin 1980, enthält auch eine ausführliche Abhandlung über therapeutisches Reiten mit Übungsbeispielen.

524 **Durch die Anwendung des Reitens für medizinische Zwecke ergeben sich für Züchter und Pferdehalter interessante Aufgaben.**

Die folgenden Ausführungen sind deshalb hauptsächlich als eine Information für diesen Personenkreis gedacht. Reittouristikbetriebe können z. B. durch die Zusammenarbeit mit dem Gesundheitswesen die ganzjährige, regelmäßige Auslastung ihrer Pferde erreichen. Sie müssen dann allerdings auch die Voraussetzungen schaffen, um kranken Menschen nicht nur das Reiten, sondern auch einen zumutbaren Aufenthalt zu ermöglichen.

525 **An die im Gesundheitswesen verwendeten Pferde sind hohe Anforderungen zu stellen.**

Die Pferde müssen voll ausgewachsen (mindestens siebenjährig) und gut ausgebildet sein. Sie müssen sich durch besten Gehorsam während der Arbeit auszeichnen und sowohl auf die reiterlichen Hilfen als auch auf Kommandos sicher reagieren; sie müssen taktreine Gänge haben, dürfen nicht scheuen, nicht der Berührung mit ihnen unbekannten Gegenständen ängstlich ausweichen und auf keinen Fall beißen, steigen oder schlagen.

526 **Die meisten Patienten haben zu kleinen Pferden mehr Zutrauen als zu den großen.**

Man bevorzugt deshalb Pferde mit einer Wideristhöhe von 130–160 cm, die auch dem Therapeuten die erforderlichen Hilfeleistungen ermöglichen. Die Pferde dürfen nicht zu starkrumpfig sein, weil die behinderten Patienten oft ihre Beine nicht genügend abspreizen können, auch sollen sie möglichst „weiche" Gänge haben, um Stauchungen zu vermeiden.

527 **Reiten als Heilmethode anzuwenden, erfordert die Zusammenarbeit von Spezialisten aus den verschiedensten Bereichen.**

Sie ist eine Kollektivarbeit, in die auch der Patient aktiv mit einbezogen wird. Das Kollektiv

besteht aus dem behandelnden Arzt, dem Physiotherapeuten, einem Helfer (meist Reitlehrer) und dem Patienten.

Jedes Mitglied des Kollektivs hat bestimmte Auf- 528
gaben zu erfüllen.

Der Arzt verordnet die Heilbehandlung, legt ihren Ablauf fest, kontrolliert die Wirkung und entscheidet über ihre Dauer. Der Physiotherapeut führt das Behandlungsprogramm aus oder überwacht es, wenn im Heilungsprozeß fortgeschrittene Patienten durch Helfer betreut werden. Der Patient selbst lernt bei der Behandlung die Grundbegriffe des Reitens, so daß er im Verlaufe der Zeit das Pferd selbst lenkt. Außerdem beobachtet er auch die Auswirkungen des Reitens auf seinen Körperzustand und gibt darüber regelmäßig Auskunft.

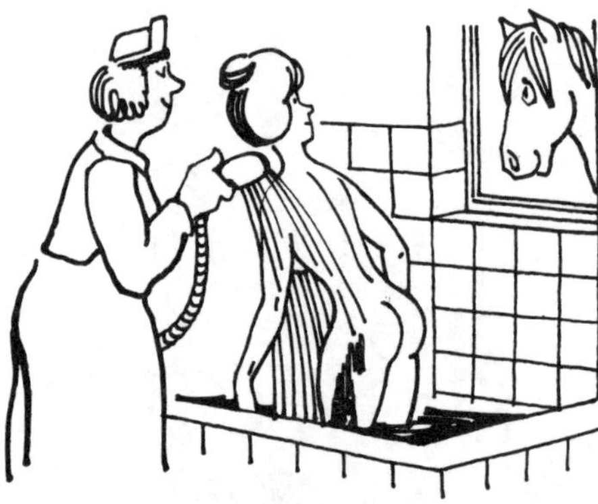

Beim Reiten als Heilmethode unterscheidet man 529
gegenwärtig nach Art des Krankheitsbildes und des gewählten Behandlungsprogrammes vier verschiedene Methoden:

1. Die Hippotherapie, gekennzeichnet durch physiotherapeutische Behandlung des Patienten allein durch Ausnutzung der Bewegungen des Pferdes.

2. Die Reittherapie, gekennzeichnet durch eine physiotherapeutische Behandlung des Patienten, jedoch im Gegensatz zu 1. durch seine aktive Mitwirkung.

3. Das therapeutische Reiten, das besonders medizinische und therapeutische Erfordernisse berücksichtigt.
4. Das Behinderten-Reiten, das im sportlichen Sinne zur Ertüchtigung des Behinderten dient.

530 **Von der Vielzahl der durch Reiten positiv zu beeinflussenden Krankheiten sollen einige wichtige genannt werden.**

Haltungsschäden, Abnutzungserscheinungen im Bereich der Wirbelsäule, örtliche bzw. allgemeine Muskelschwäche, Bewegungsstörungen aufgrund fehlerhafter Muskelspannung verbunden mit Gleichgewichtsstörungen, besondere Lähmungsformen, z. B. bestimmte Querschnittslähmungen, Zustände nach Kinderlähmung, Fehlbildung der Gliedmaßen, Übergewicht und Darmträgheit, Störungen des vegetativen Nervensystems, Herz-Kreislaufstörungen. Auch Blutdruckveränderungen und Durchblutungsstörungen lassen sich in einigen Fällen durch regelmäßiges Reiten güngstig beeinflussen, ebenso Diabetes.

531 **Der Erfolg des Reitens wird auf vielfältige Weise erzielt.**

Die Körperhaltung im Reitsitz zwingt zur Aufrichtung und wirkt damit Haltungsschäden entgegen, gleichzeitig wird die Rücken-, Becken- und Bauchmuskulatur gekräftigt. Beim Reiten wird die rhythmische Bewegung des Pferdes auf den Reiter übertragen und so das Training der oft gestörten Gleichgewichtsreaktionen erleichtert; außerdem wirkt die Rhythmik krampflösend bei Spastizität. – Man kann auch Patienten behandeln, deren Beine geschwächt sind, da diese nur wenig belastet werden; denn jede Anforderung an den Patienten läßt sich gut dosieren. Außerdem wirkt sich das Reiten günstig auf die Psyche des Menschen aus.

532 **Reiten hat für bewegungsgestörte Kinder eine besondere Bedeutung.**

Für sie ist jede Reitstunde, die Gemeinsamkeit mit anderen Menschen und mit Pferden bringt, ein großes Erlebnis. Kaum ein bewegungsgestörtes Kind kann selbst mit Hilfe komplizierter Apparate wie ein gesundes herumtollen. Mit Hilfe des Pferdes wird das bewegungsgestörte dem gesunden ebenbürtig.

Durch die tierische Wärme und den Rhythmus des Pferdes lockern sich die verspannten Muskeln und das Kind wird in die Lage versetzt, willkürliche Bewegungen auszuführen, die es sonst kaum oder nur unter größten Mühen vollbringen kann. Ist die Schädigung nicht zu umfangreich, lernen die Kinder trotz ihrer Bewegungsstörung, die in der Öffentlichkeit unter dem Begriff „spastische Lähmung" bekannt ist, das Pferd im Schritt zu reiten, zu traben und oft sogar zu galoppieren. Sie erleben den von den meisten jungen Menschen gesuchten Rausch der Geschwindigkeit, Selbstbewußtsein und Lebensfreude steigen auf ungeahnte Weise.

Für jeden interessierten Pferdehalter ist es wichtig zu wissen, wer die Kosten für die Heilbehandlung übernimmt. 533

Ein Schwerpunkt der Reittherapie wird z. B. die Behandlung von Haltungsschäden bei Kindern und Jugendlichen sein. Für diesen ständig wachsenden Personenkreis läßt sich kaum eine bessere Behandlung denken, vor allem, wenn die Durchführung auch in den Wintermonaten garantiert ist. In der DDR kann das therapeutische Reiten für die obengenannten Diagnosen seit 1973 auf Rezept verordnet werden. Seit 1980 ist auch die Behandlung von neuropsychiatrischen Erkrankungen im Kindes- und Jugendalter in die Indikationsliste aufgenommen worden. Die Behandlungskosten werden von der Sozialversicherung übernommen. Mit den Pferdehaltern trifft die SVK entsprechende Vereinbarungen.

534 **Zäumung und Sattelung der Pferde werden dem jeweiligen Behandlungsprogramm angepaßt.**

Sie können also sehr verschieden sein. Bei der Hypotherapie arbeitet man hauptsächlich an der Longe mit Ausbindezügeln und verwendet an Stelle eines Sattels eine Decke und einen Longiergurt; das gibt unbeholfenen Patienten größere Sicherheit. Bei den anderen Methoden benutzt man Reitkissen oder Sättel sowie die übliche Zäumung, das englische Reithalfter ist zu bevorzugen.

535 **Sollen in einem Reitbetrieb Patienten während des ganzen Jahres behandelt werden, so muß eine heizbare Halle vorhanden sein.**

Nur dann kann bei jedem Wetter und zu jeder Jahreszeit geritten werden. – Für die Patienten ergeben sich außerdem immer Wartezeiten. Einige von ihnen können sich nur im Rollstuhl fortbewegen. Das stellt besondere Anforderungen an die sanitären und hygienischen Einrichtungen der Halle. –
Für die ganzjährige Durchführung der Reittherapie bei haltungsgeschädigten Kindern und Jugendlichen würde auch schon in manchen Orten eine überdachte Reithalle ausreichen.

Ebenso wie das Reiten zur Besserung vieler Krank- 536
heiten genutzt werden kann, stärkt es allgemein die Abwehrreaktionen des Körpers und trägt es zur Steigerung der Lebenserwartung bei.

Reiten ist deshalb vor allem auch solchen Menschen zu empfehlen, die auf Grund mangelnder Bewegung (meistens noch verbunden mit allzureicher Kost) zu den sogenannten Wohlstandskrankheiten neigen. – Es wurde schon mehrmals betont, daß Alter und Geschlecht einer Person beim Freizeitreiten keine Rolle spielen, Vorsicht ist jedoch z. B. in der Schwangerschaft wegen der Gefahr einer Frühgeburt geboten.

XX. Das kranke Pferd

Jeder der Pferde hält oder nutzt, wird ihren 537
Gesundheitszustand ständig beobachten.

Der Gesundheit des Pferdes abträgliche Haltungsbedingungen (z. B. langjährige Stallhaltung), schädigende Umwelteinflüsse anderer Art (z. B. Vergiftungen durch Pflanzenschutzmittel oder Abgase), Fehler bei der Nutzung der Pferde und die Ansammlung von vielen Pferden auf Veranstaltungen tragen zur Anfälligkeit gegen Krankheiten sowie zu ihrer Übertragung und Ausbreitung bei. Die Pferde sind deshalb regelmäßig auf ihren Gesundheitszustand zu kontrollieren, damit größere Schäden verhütet werden.

538 **Jeder Pferdehalter sollte soviel Erfahrungen sammeln, daß er sicher entscheiden kann, wann er einen Tierarzt rufen muß und wann nicht.**

Die folgenden Ausführungen sollen dem Pferdehalter helfen, bestimmte Krankheiten an ihrem Erscheinungsbild zu erkennen. Bei schweren Erkrankungen oder solchen die der Seuchenmeldepflicht unterliegen ist immer ein Tierarzt zu rufen. In einigen Fällen wird der Pferdehalter selbst der beste Helfer für sein Pferd sein.

539 **Auch in der Pferdehaltung gilt der altbewährte Grundsatz: Vorbeugen ist besser als heilen!**

Artgemäße Haltung und vernünftige Nutzung sind an die Spitze aller vorbeugenden Maßnahmen zu stellen. – Bei Reitveranstaltungen sollen fremde Pferde soweit voneinander getrennt bleiben, daß sie sich nicht gegenseitig den Atemdampf anblasen können, auch werden Pferdehalter fremde Pferde nie berühren. – Mit heilem Geschirrzeug, einer sicheren Einfriedung sowie sauberer Arbeitsbekleidung für Stall- und Pflegearbeiten beugt man ebenfalls Verletzungen und Krankheiten vor.

540 **Besondere Richtlinien zum Schutze der Tierbestände in der DDR sind in der „Verordnung zum Schutze der Tierbestände vor Tierseuchen, Parasitosen und besonderen Gefahren“ vom 11. 8. 1971 festgelegt.**

Diese Verordnung gilt auch für die Pferdebestände. – Tierseuchen sind durch Bakterien, durch Viren, durch Pilze oder Protozoen hervorgerufene und auf andere Tiere oder Menschen übertragbare Krankheiten bei Tieren. – Parasitosen sind durch Parasiten (z. B. Bandwürmer, Leberegel, Rundwürmer, Insektenlarven, Milben, aber auch blutsaugende Insekten und Spinnentiere) hervorgerufene Erkrankungen, die die Gesundheit und damit auch die Leistung der Tiere beeinträchtigen oder eine Gefahr für die menschliche Gesundheit darstellen. – Besondere Gefahren sind z. B. vergiftete Futtermittel.

Zur Verhütung und Bekämpfung der Tierseuchen, 541
Parasitosen und besonderer Gefahren sind von jedem Tierhalter Maßnahmen zu treffen.

Sie sind in der genannten Verordnung im einzelnen vorgeschrieben und dort nachzulesen. In Betrieben sind alle zu treffenden Maßnahmen Bestandteil der Betriebshygieneordnung und der Seuchenalarmpläne. Für die Überwachung der Maßnahmen sind die Räte der Bezirke, der Kreise und der Gemeinden zuständig. – Die in anderen europäischen Ländern geltenden Tierseuchenverordnungen enthalten vielfach ähnliche Bestimmungen.

Auf Grund der genannten Verordnung zum 542
Schutze der Tierbestände sind alle Bürger verpflichtet, krankheitsverdächtige Erscheinungen zu melden!

Wörtlich heißt es im Text: „Alle Bürger, die Erscheinungen wahrnehmen, die auf das Vorliegen von Tierseuchen, Parasitosen und anderen besonderen Gefahren für Tierbestände hinweisen oder den Verdacht auf deren Vorliegen bei Tieren auf Grund schnell um sich greifender Leistungsminderungen, Abweichungen vom Normalverhalten, Fehlgeburten, Erkrankungen oder Todesfälle anzeigen, oder davon Kenntnis erhalten, sind zur unverzüglichen Meldung verpflichtet.“

543 **Lassen bestimmte Erscheinungen auf das Vorhandensein von Seuchen usw. schließen, so darf man am Gefahrenort nichts verändern.**

In den Stallungen beschäftigte Personen verbleiben dort und nehmen keine Kontakte zu fremden Personen auf; fremde Personen dürfen die Stallungen bzw. das Gelände seuchenverdächtiger Betriebe nicht betreten. Die unter Seuchenverdacht stehenden Tiere sowie die Arbeitsgeräte und das Geschirrzeug müssen dort verbleiben, wo sie zum Zeitpunkt der Entdeckung der Verdachtssymptome waren.

544 **Die Kosten aller veterinärmedizinischen Maßnahmen tragen gemäß Tierseuchenverordnung die Besitzer der Pferde.**

Dazu gehören auch die Kosten für notwendige Schutzimpfungen. Verschuldet ein Tierhalter die Verschleppung von Seuchen, so muß er für alle Kosten aufkommen, die durch die zusätzlich notwendig werdenden Maßnahmen entstehen. Die Kosten für diagnostische Untersuchungen sowie für erforderlich werdende zusätzliche Desinfektionsarbeiten übernimmt in der DDR jedoch der Staatshaushalt.

545 **Jeder Pferdehalter sollte die Erscheinungsmerkmale der häufigsten Krankheiten kennen, vor allem auch die Merkmale der früher im Pferdehandel als Gewährleistungsmängel bezeichneten Krankheiten** (siehe 67 und 68).

Solche sind Rotz, Dummkoller, Dämpfigkeit, Kehlkopfpfeifen, Mondblindheit (periodische Augenentzündung) und Koppen. Einige dieser Krankheiten sind auf Grund des Tierseuchengesetzes meldepflichtig, beim Koppen handelt es sich mehr um Untugend als um Krankheit.

546 **Die gefährlichste Krankheit unter den als Gewährsmängel bezeichneten ist der Rotz, der meldepflichtig ist.**

Rotz tritt als Haut-, Lungen- und Nasenrotz auf. In seiner akuten Form ist der Hautrotz an Knötchen, Geschwüren und Abszessen in der Haut erkennbar. Die Anzeichen für Lungenrotz sind trockener Husten, Bronchien- und Lungenentzündung, die Kehlganglymphknoten schwellen an. Beim Nasenrotz rötet sich die Nasenschleimhaut, Knötchen und Geschwüre bilden sich in der Nase, es kommt zu einem meist einseitigen, eitrigen oder blutigen Nasenausfluß.

Bei Rotz-Symptomen ist größte Vorsicht geboten, da die Krankheit auf den Menschen übergehen und zu seinem Tod führen kann. 547

Niemals sollte man solche krankheitsverdächtigen Pferde berühren, vor allem darf man sich nie von ihnen anprusten lassen. Pferde mit erwiesenem Rotzbefall dürfen nicht behandelt werden, sie sind auf Anweisung des Kreistierarztes schnellstens zu töten. – Diese gefährliche Krankheit ist zwar heute äußerst selten geworden, ganz konnte sie jedoch noch nicht ausgerottet werden.

Andere als Gewährsmängel genannte Krankheiten sind nicht so gefährlich, jedoch ebenfalls unheilbar. 548

Hierzu gehören Dummkoller und Dämpfigkeit. Dummkoller ist eine Gehirnkrankheit, die meist mit Gehirnwassersucht verbunden ist. Das von dieser Krankheit befallene Pferd stumpft gegen äußere Einflüsse völlig ab und macht einen müden, blöden Eindruck. – Die Dämpfigkeit ist eine chronische Erkrankung der Lungen und des Herzens, sie äußert sich vor allem in Atembeschwerden.

Kehlkopfpfeifen und Mondblindheit sind bei rechtzeitig einsetzender Behandlung heilbar. 549

Kehlkopfpfeifen ist ein pfeifendes oder schnarchendes Geräusch, das beim Einatmen auftritt, wenn sich das erkrankte Pferd bewegt. Kehlkopfpfeifen kann als Nachfolgekrankheit, aber auch infolge zu hoher Anforderungen beim Training auftreten. Die erkrankten Pferde können durch eine Operation geheilt und damit wieder gebrauchsfähig werden.

550 **Die Mondblindheit ist eine periodisch auftretende Augenkrankheit, die bei unterbleibender Behandlung zur Erblindung führt.**

Erkrankte Pferde werden lichtscheu, berührt man ihre Augen, so empfinden sie Schmerzen, ein starker Tränenfluß tritt ein, die Pupille schließt sich bei plötzlich stärkerer Beleuchtung nur sehr langsam. – Eine Heilung ist möglich, wenn rechtzeitig Injektionen verabreicht werden.

551 **Das Koppen ist eine schlechte Angewohnheit des Pferdes, das seine Gesundheit und damit auch das Leistungsvermögen stark herabsetzen kann.**

Diese und ähnliche Untugenden gewöhnen sich Pferde an, wenn sie viel Langeweile haben, z. B. wenn sie tagelang in einer engen Box vor der Krippe angebunden stehen, so daß sie keinen Anteil am Umweltgeschehen nehmen können. Beim Koppen schlucken die Pferde Luft ab, oft setzen sie dabei die Schneidezähne auf den Krippenrand und reiben hin und her (Krippensetzer). Eine ähnliche Untugend ist das „Leineweben", bei der das Pferd mit der Vorhand oder auch nur mit dem Kopf unaufhörlich hin und her pendelt. Alle diese Untugenden sind am besten zu bekämpfen, indem man die Pferde auch deshalb ständig im Freien hält und sie regelmäßig nutzt.

552 **Eine nicht mehr zu den Gewährsmängeln gehörende, jedoch sehr ansteckende Krankheit, ist die Druse.**

Sie befällt hauptsächlich junge Pferde und äußert sich im beiderseitigen eitrigen Nasenausfluß, hohem Fieber, Appetitlosigkeit, Schluckbeschwerden und trockenem Husten. Wird die Druse nicht rechtzeitig behandelt, so kann es zu schweren Herzschäden, zur Erblindung des Pferdes und zur Brustfellentzündung mit tödlichem Ausgang kommen. Der Pferdehalter muß bei ersten Symptomen für viel frische Luft und einen sauberen Stall sorgen und den Tierarzt rufen.

Die in Massivställen gehaltenen Pferde, besonders wenn es größere Bestände sind, erkranken immer häufiger an der Pferdegrippe. 553

Diese Krankheit ist auch als ansteckender Husten, Hoppegartner Husten, Influenza, Virushusten u. a. Bezeichnungen bekannt. Sie wird durch Tröpfcheninfektion übertragen. Vorbeugende Schutzimpfungen sind bei gefährdeten Tieren notwendig, helfen jedoch nicht immer, da mehrere Arten von Virusstämmen für eine Infektion in Frage kommen können. Eine reichliche Versorgung der Pferde mit Vitamin C macht sie widerstandsfähiger gegen diese Krankheit.

Pferde sind mehr als die meisten anderen Tiere von Wundstarrkrampf-Infektionen bedroht. 554

Der Pferdedarm beherbergt stets Tetanusbazillen, die mit dem Kot nach außen gelangen und in Form von widerstandsfähigen Sporen in den flachen Bodenschichten weiterexistieren. Gelangen diese Sporen in tiefe Wunden, von denen jegliche Sauerstoffzufuhr abgeschlossen ist (z. B. bei Nageltritten), wird meistens eine Tetanusinfektion eintreten.

Anzeichen, die auf Wundstarrkrampf hindeuten, können schon 24 Stunden nach erfolgter Infektion auftreten; meistens stellen sie sich jedoch erst zwei bis drei Wochen später ein. 555

Das Pferd wird ängstlich, die Pupillen erweitern sich, Kau- und Schluckbeschwerden stellen sich ein, es kommt zu einem Dauerkrampf der Muskeln, Hals und Beine werden steif, das Pferd steht wie ein Sägebock. Wenn man die Erkrankung rechtzeitig erkennt, kann das Pferd gerettet werden. – Richtig ist, durch wiederholte Schutzimpfungen einer derartigen Erkrankung vorzubeugen und nichtschutzgeimpfte Pferde bei Verletzungen jeder Art durch den Tierarzt ein Serum verabreichen zu lassen.

556 **Auch von Tollwut bleiben Pferde nicht verschont.**

Sie können während des Weideganges oder bei Ausritten von tollwütigen Füchsen gebissen werden oder den Speichel erkrankter Tiere mit dem Gras aufnehmen. Von Tollwut befallene Pferde zeigen nach einigen Wochen, manchmal aber auch erst nach Monaten Schluckbeschwerden, Pupillenerweiterung, einen starken Speichelfluß und eine übermäßige Erregung, der später Lähmungserscheinungen folgen. – Besteht ein Verdacht auf Tollwut, muß das Pferd, ohne es zu berühren, völlig für sich aufgestallt werden. Dann sind die tierärztlichen Anweisungen zu befolgen.

557 **Alle bis hier beschriebenen Krankheiten des Pferdes können mit Ausnahme der Untugenden nicht von seinem Besitzer selbst behandelt werden.**

Treten beschriebene Krankheitsmerkmale auf, muß man sich sofort an seinen Tierarzt wenden. Erfolgt die Diagnose rechtzeitig, so lassen sich oft größere Schäden vermeiden. Besonders zu beachten ist die Ansteckungsgefahr, die bei einigen Krankheiten (Rotz, Tollwut) auch für Menschen besteht.

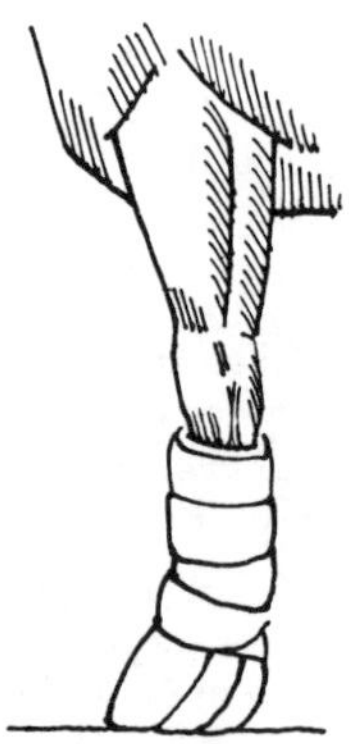

558 **Hufrehe (früher auch häufig Verschlag genannt) ist eine plötzliche Erkrankung der Huflederhaut; diese Erkrankung kann recht verschiedene Ursachen haben** (siehe auch 559).

Hufrehe kann in den Vorderhufen durch Überanstrengung nach Erkältungen oder infolge eines fehlerhaften Beschlages auftreten. Ebenfalls kann es eine Folge der Nachgeburtsverhaltung bei Stuten, der von Koliken, Erkältungen, Druseerkrankungen oder der Unverträglichkeit von Arzneimitteln sein.

Die häufigsten Ursachen der Hufrehe sind aber die Überfütterung der Pferde mit Hafer oder Roggen sowie eine Eiweißübersättigung durch allzureiche Grünfuttergaben im Frühjahr. 559

Die Entzündung der Huflederhaut ist sehr schmerzhaft, das Pferd kann nicht mehr richtig mit den Hufen auftreten. – Bis zum Eintreffen des Tierarztes kann man als erste Hilfe Umschläge machen und das Pferd nur noch mit Futterstroh und Rüben füttern. Auf Grund jüngster Forschungsergebnisse werden an Stelle der bisher kalten Umschläge nunmehr w a r m e empfohlen.

Erhalten die Pferde zuviel Grünfutter oder zuviel Runkeln, fressen sie giftige Pflanzen oder verdorbenes Futter, so können sie heftige Durchfälle bekommen. 560

Saft- oder Grünfuttermengen werden dann als erstes reduziert, an ihrer Stelle gibt man reichlich Futterstroh. Läßt sich der Durchfall nicht eindämmen, so bekommen die Pferde 24 Stunden lang weder Futter noch Wasser.

Nach dem Fasttag erhält das Pferd eine Handvoll sehr gutes Heu und auch etwa einen halben Liter Leinsamen- oder Haferschleim. 561

Die Futterportionen gibt man von Mahlzeit zu Mahlzeit reichlicher, auch Mohrrüben sollte man bald zufüttern. Allmählich wird so das Pferd wieder an sein Normalfutter gewöhnt. – Wurde während des Durchfalls Darmschleimhaut ausgeschieden, so sollte man unbedingt den Tierarzt rufen.

562 **Der Tierarzt ist auch stets zu holen, wenn sich ein Pferd vergiftet hat.**

Eine Vergiftung kann auf vielfältige Weise erfolgen. Manche Gifte wirken schnell; die Pferde zeigen sich plötzlich überempfindlich, ihre Pupillen sind stark erweitert, Krämpfe treten ein, es kommt zu Störungen im Verdauungsprozeß. – Andere Gifte wirken langsam; es bilden sich Geschwüre im Rachen, die Pferde magern ab. – Solche Erkrankungen können z. B. durch giftige Pflanzen (domestizierte Pferde schützt ihr Instinkt nicht mehr in allen Fällen), durch verdorbenes Futter oder durch Ablecken von giftigen Anstrichstoffen auftreten.

563 **Einige Erkrankungen des Magens, der Därme oder der Blase werden mit dem Begriff Kolik umschrieben.**

Kolik ist somit keine bestimmte Bezeichnung für ein Krankheitsbild, sondern ein ganzer Komplex. Die Ursachen können ebenso vielfältig sein, z. B. plötzliche Futterumstellung, starke Überfütterung verbunden mit Bewegungsmangel, ein hoher Verwurmungsgrad, zu kurzes Häcksel oder erhitztes Grünfutter. Tritt Kolik ein, so wälzt sich das Pferd dauernd, stöhnt dabei und sieht sich oft zum Bauch um. Die Darmgeräusche treten sehr unregelmäßig (unter Spannung der Därme) oder gar nicht auf.

564 **Bei einem Kolikanfall ist von weniger erfahrenen Pferdehaltern immer der Tierarzt zu rufen; bis zu seinem Eintreffen ist das Pferd im Schritt umherzuführen.**

Auf keinen Fall darf es noch Futter bekommen, verschlagenes Wasser kann es aber saufen. – Als erste Hilfe sind Bauch und Flanke mit Kampferspiritus einzureiben. Eine weitere Behandlung durch den Pferdehalter sollte jedoch unterbleiben, da meist nur ein Arzt die wirklichen Ursachen feststellen und geeignete Maßnahmen zur Heilung einleiten kann. – Laien sollten auf keinen Fall versuchen, dem Pferd flüssige Medikamente durch Nase oder Maul einzugeben.

Einige Erkrankungen des Pferdes werden durch Ectoparasiten verursacht. Eine solche Krankheit ist die Räude. 565

Die Räude ist eine Hautkrankheit und wird durch Räudemilben hervorgerufen. Am stärksten sind meist Hals, Schulter, Sattellage, Schweifrübe und Fesselbeuge befallen. Die Krankheit äußert sich in einem Juckreiz. An den befallenen Stellen entstehen Knötchen, Bläschen und kahle Stellen; das Pferd magert ab und läßt erheblich in der Leistung nach. – Räude ist anzeigepflichtig.

Auch innere Parasiten können eine starke Schwächung des Pferdes verursachen. 566

Das sind hauptsächlich die Blut- oder Palisadenwürmer, die Gastrophilus-Larven (Magenbremse), die Spulwürmer, die Pfriemschwänze und die Zwergfadenwürmer, die einen großen Schaden unter den Pferdebeständen anrichten können, wenn sie nicht durch gezielte Wurmkuren regelmäßig bekämpft werden. Sind Pferde hochgradig verwurmt, so magern sie schnell ab, bekommen einen aufgetriebenen Bauch, ein stumpfes Haarkleid, der Fellwechsel dauert sehr lange und Koliken stellen sich ein. Sie scheuern sich auch meist intensiv den Schweifrübenansatz, sind anfällig gegen alle Krankheiten und wenig leistungsfähig.

Jede Wurmbekämpfung muß durch vorbeugende Maßnahmen eingeleitet werden. 567

Private Halter von Freizeitpferden verfügen meist nur über kleine Koppeln und Ausläufe. Von diesen Flächen ist regelmäßig der Pferdekot zu entfernen. Düngt man Weideflächen mit Pferdemist, so muß dieser gut kompostiert, d. h. mehrere Male umgesetzt worden sein. – Sind die Weiden mit Würmern verseucht, so dürfen die

Pferde sie nicht im Tau beweiden. Die Unterkünfte der Pferde sind stets sauber und trocken zu halten. – Der Dunghaufen darf den freilaufenden Pferden nicht zugänglich sein.

568 **Eine sichere Aussage über die Stärke des Wurmbefalls ergibt die Untersuchung der Kotprobe.**

Solche Proben werden vom ganz frischen Kot entnommen (je Pferd genügt ein Marmeladenglas voll mit 0,5 Ltr. Fassungsvermögen) und sofort an ein Institut zur Untersuchung geschickt, die Adresse nennt der Tierarzt. – Jedes Glas ist mit dem Namen des Pferdes, Alter und Geschlecht zu versehen; soll die Untersuchung auf spezielle Wurmarten erfolgen, ist das anzugeben.

569 **Sehr hartnäckig halten sich im Pferdekörper die Blut- oder Palisadenwürmer (Strongyliden).**

Sie sind in jedem Pferd vorhanden. Treten sie nur in geringer Anzahl auf, so richten sie keinen großen Schaden an. Ein starker Befall mit diesen Parasiten kann jedoch zum Tod des Pferdes führen. Strongyliden ernähren sich weniger vom Darminhalt, sie bohren sich vielmehr in die Schleimhäute des Dickdarmes, um das Blut des Wirtstieres zu saugen.

570 **Die Eier der Strongyliden scheiden die Pferde mit dem Kot aus.**

Unter günstigen Bedingungen entwickeln sich schon in wenigen Tagen Larven, die die Pferde

bei der Futtersuche wieder aufnehmen und die dann in verschiedene Organe des Pferdekörpers einschließlich der Blutbahnen eindringen. Dieser Befall läßt sich frühestens nach etwa 12 Wochen nachweisen, wenn die Parasiten geschlechtsreif werden und Eier ablegen; dann ist jedoch schon ein großer Schaden im Pferdekörper angerichtet.

Befallen Larven der Magenbremse die Pferde, so werden sie Abmagerung, Blutarmut, Koliken und eine erhöhte Anfälligkeit gegen andere Krankheiten hervorrufen. 571

Die Magenbremsen treten in den Monaten von Juni bis September auf. Sie legen ihre Eier (gelblichweiß, oval) hauptsächlich an den unteren Gliedmaßen der Pferde ab, gelegentlich auch am Pferdemaul. Aus den Eiern entstehen im Verlaufe von 1–2 Wochen Larven, die auf der Haut des Pferdes einen Juckreiz hervorrufen. Das Pferd leckt die Larven ab, so daß sie in seinen Körper gelangen und besonders im Magen und

Darm Schäden verursachen. Die Bekämpfung der Magenbremsenlarven im Pferdekörper ist sehr schwierig. Man kontrolliert deshalb Pferdebeine und Mäuler alle 5–6 Tage und entfernt rechtzeitig die Fliegeneier. Sie haften recht fest, so daß man sie am besten mit einem scharfen Gegenstand auf ein Blatt Papier schabt.

572 **Spulwürmer (Ascariden) schädigen besonders Fohlen und junge Pferde.**

Spulwürmer werden bis zu 40 cm lang und leben hauptsächlich vom Darminhalt im Dünndarm des Wirtstieres, sie schädigen es durch Entzug von Nährstoffen und durch die eigenen Stoffwechselprodukte. Die Bekämpfung der Spulwürmer kann mit den üblichen Wurmmitteln erfolgen. Restlos werden sie jedoch auch nie zu vertilgen sein; denn ausgeschiedene Spulwurmeier sind so widerstandsfähig, daß sie jahrelang in Ritzen und Böden der Ställe überdauern. – Bei starkem Spulwurmbefall kommt es zu Koliken, zur Abmagerung des Pferdes trotz reichlicher Futteraufnahme; selbst der Tod kann bei Fohlen und jungen Pferden eintreten.

573 **Pfriemenschwänze (Oxyuren) sind 1,5–2,5 cm lange Würmer, die vorwiegend im Dickdarm des Pferdes vom Darminhalt leben; sie können Koliken hervorrufen.**

Meistens kann man sie recht erfolgreich mit den üblichen Wurmmitteln bekämpfen. Die Würmer legen die Eier an der Afterrosette des Pferdes ab, und man kann sie dort mit bloßem Auge erkennen. Der durch das Eiablegen beim Pferd verursachte Juckreiz veranlaßt dieses, die Schweifrübe zu scheuern. Die abfallenden Eier werden von den Pferden häufig mit der Einstreu wieder aufgenommen. Eiablagen sind deshalb schnellstens und gründlich zu entfernen.

Zwergfadenwürmer (Strongyloides) befallen vorwiegend Fohlen. 574

Sie können recht zahlreich vorkommen. Eine ideale Vermehrungsstätte ist feuchte, warme Streu. Von dort bohren sich die Larven der Zwergfadenwürmer in die Haut des Fohlens und wandern durch den Körper in die Lungen, was bei starkem Befall eine Lungenentzündung hervorrufen kann; andere Folgen können Durchfall, Abmagerung und Blutarmut sein, wenn der Dünndarm stark befallen ist. Vorwiegend wird man deshalb die Fohlenunterkunft sauber und trocken halten.

Dem starken Wurmbefall ist durch regelmäßige Wurmkuren vorzubeugen. 575

Siehe dazu auch 295. Die geeigneten Arzneimittel nennt der Tierarzt. Bei rezeptpflichtigen Präparaten ist immer größte Sorgfalt geboten, weil sie Giftstoffe enthalten.
Mit Fohlen im ersten Lebensjahr sollte man 4–6 Wurmkuren machen, mit älteren Pferden je nach Notwendigkeit 2–4 im Jahr. Stehen den ausgewachsenen Pferden große, parasitenarme Weideflächen zur Verfügung, so genügt eine Wurmkur im Frühjahr und eine im Herbst. Die Verfütterung von roten Möhren unterstützt einen Wurmabgang, genügt jedoch als alleinige Bekämpfungsmaßnahme nicht.
Wurmkuren im Ergebnis von Kotprobenuntersuchungen sind nur nach Anweisungen des Institutes bzw. des Tierarztes durchzuführen.

Verwendet man ständig das gleiche Wurmmittel, so werden die meisten Wurmarten im Verlaufe der Zeit dagegen resistent. 576

Es ist deshalb anzuraten, von Zeit zu Zeit andere Präparate zu verwenden. Die Wurmmittel mischt man den Pferden unter das Futter, am besten werden sie mit Schrot und Kleie gefressen. Kennen Pferde diese Futtermittel nicht, so sind

sie ein paar Tage vor der Wurmkur allmählich daran zu gewöhnen, denn zuviel Fremdes an einem Tag lehnen sie mit Sicherheit ab.

577 **Eine nichtparasitäre Hauterkrankung ist das Sommerekzem.**

Gegen Sommerekzeme scheinen einige robuste Kleinpferd- und Ponyrasen anfällig zu sein. Die Krankheit tritt im Frühsommer in Form von stark juckenden Bläschen auf, die sich von Mähne und Schweif allmählich über den ganzen Körper ausbreiten und zu Eiterungen und zum Haarausfall führen. Treten die ersten Anzeichen einer derartigen Erkrankung auf, sollte eine tierärztliche Behandlung eingeleitet werden.

578 **Als Ursache für Sommerekzeme können zu üppiges Futter, ungünstige Klimabedingungen und die Überempfindlichkeit mancher Pferde gegen Insektenstiche angesehen werden.**

Ein wichtiger, die Krankheit auslösender Faktor scheint die Lichtintensität (Sonneneinstrahlung) zu sein; denn diese Ekzeme treten meistens bei Pferden auf, die aus nördlichen in südliche Breiten gebracht werden. So z. B. wenn Ponys aus Island nach Mitteleuropa oder wenn Litauische Kleinpferde an die Schwarzmeerküste kommen.

579 **Selbst bei bester Haltung und vernünftigster Nutzung ziehen sich die Pferde gelegentlich Wunden zu.**

Leichte Wunden, wie Scheuerstellen, Hautrisse oder Hautabschürfungen kann jeder Pferdehalter selbst behandeln. Die dazu erforderliche Arzneimittel hält er in der Hausapotheke bereit. Die Wunden betupft man mit Jodtinktur oder behandelt sie mit Sulfonamidpuder. Meist verheilen sie am gesunden Pferd schnell. Sind sie jedoch nach 3–4 Tagen immer noch nicht verheilt, bestreicht man sie mit Lebertranzinksalbe.

An den Gliedmaßen ist die Heilung auch der geringfügigsten Verletzungen sorgfältig zu überwachen. 580

Durch Bakterien, die auch in kleinste Wunden eindringen, kann sich Einschuß (Phlegmone) einstellen. Das ist eine sehr schmerzhafte Anschwellung des Unterhautbindegewebes, die Eiterungen, Lahmheit, Fieber und Freßunlust mit sich bringt. Außerdem besteht die Gefahr einer Blutvergiftung, bei solchen Anzeichen ist deshalb sofort der Tierarzt zu rufen; bis zu seinem Eintreffen kühlt man das erkrankte, geschwollene Bein mit Umschlägen.

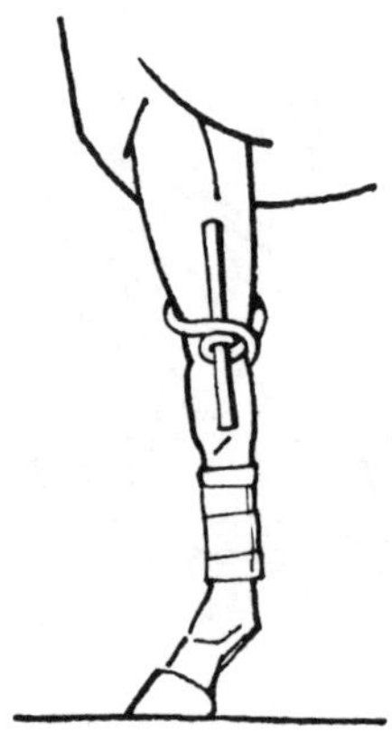

Zur Behandlung tiefer oder stark blutender Wunden rufen wir stets den Tierarzt. 581

Bis zur weiteren Behandlung werden die Wunden sofort sauber verbunden. Sind Blutbahnen verletzt, muß man einen starken Blutverlust verhindern. Dazu legt man einen festen Druckverband an oder bindet die Blutbahn mit einem elastischen Band (Hosenträger, Gürtel) ab. Spritzt helles Blut aus der Wunde, so wurde eine Schlagader verletzt; man bindet dann immer in Richtung zum Herzen ab, muß aber den Verband von Zeit zu Zeit lockern, damit der abgebundene Körperteil nicht abstirbt. Tritt dunkelrotes Blut aus der Wunde, so wurde eine Vene verletzt; in diesem Falle genügt meist ein einfacher Verband, um die Blutung einzudämmen.

582 **Bei jeder Nutzung des Pferdes werden seine Beine besonders strapaziert; ihre Beschaffenheit wird deshalb sehr häufig geprüft.**

Sehnen, Gelenke, Knochenbein und Hufe werden oft so beansprucht, daß die Grenze des Verträglichen überschritten wird. – Auch beim natürlichen Wachstum können sich Fehlentwicklungen einstellen, die einer sachgemäßen Korrektur bedürfen. – Unterbleibt die notwendige Hufpflege, so werden sich Hufkrankheiten einstellen. – Es lohnt deshalb zu wissen, wie sich einige gefährliche Huf- und Gliedmaßenerkrankungen vermeiden lassen (siehe auch 589).

583 **Eine wichtige Voraussetzung für die Leistungsfähigkeit des Pferdes ist die natürliche, gesunde Funktion der Hufe.**

Das Pferd fußt mit den hinteren Tragrändern des Hufes auf, durch die Belastung spreizen sich diese leicht nach außen und der Hornstrahl senkt sich. Im Verlaufe der Vorwärtsbewegung wird dann der Zehenteil stärker belastet und schließlich wird der Huf wieder abgehoben, so daß sich der hintere Hufteil wieder zusammenzieht. Er wird auf diese Weise ständig gymnastiziert, das ist die Grundlage aller Lebensvorgänge im Huf.

584 **Jeder Eingriff am Huf darf nur so erfolgen, daß die natürliche Funktion nicht beeinträchtigt wird.**

So darf z. B. der Schmied beim Hufbeschlag niemals Nägel in den hinteren Tragerand schlagen. – Beim Ausschneiden der Sohle bleiben die Eckstreben stehen. – Der Hornstrahl muß immer einige Millimeter unter der Ebene des Tragrandes liegen. – Unbeschlagene Pferde haben selten eine gleichmäßige Hufabnutzung. Das ist bedingt durch die unterschiedliche Beschaffenheit der Böden, infolge fehlerhafter Stellung der Achse Fesselbein/Hufbein, vor allem aber auch durch die zusätzliche Belastung mit dem Gewicht des Reiters.

585 **Die ungleichmäßige Hufabnutzung ist rechtzeitig und sachgemäß zu korrigieren.**

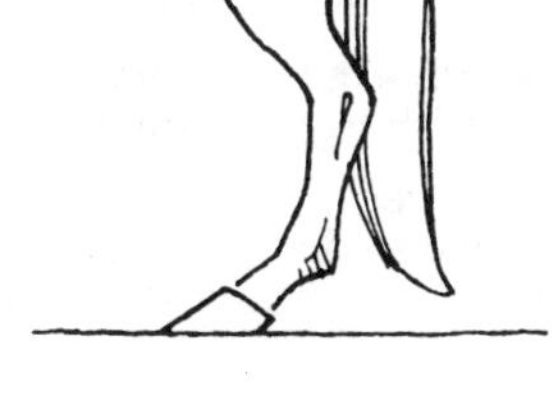

Die Hufe stehen normal (davon kann es individuell durchaus natürliche Abweichungen geben), wenn der Winkel zwischen der Zehentrachte und dem Tragrand bei den Vorderhufen 45° und bei den Hinterhufen 55° beträgt. – Treten starke oder ungleichmäßige Abnutzungen der Tragränder auf, so müssen die Hufe unverzüglich beschlagen werden. Bei weniger starker Abnutzung (Strahl und Sohlenfläche haben zum Boden einen Spielraum von mindestens 0,5 cm), genügt eine Korrektur mit der Raspel (302, 303).

Eine ernst zu nehmende Huferkrankung ist die Strahlfäule. 586

Stehen die Pferde viel auf nassem Boden, werden sie unhygienisch gehalten oder werden die Hufe ungenügend gepflegt, so beginnt leicht der Hornstrahl zu faulen. Er zerfranst und in den Strahlfurchen sammelt sich eine nasse, übelriechende, gelblichweiße Masse an. Wird die Strahlfäule nicht ordnungsgemäß behandelt, so kann sie zum Hufkrebs und somit zum Verlust des Pferdes führen.

Die Strahlfäule kann jeder Pferdehalter selbst behandeln. 587

Strahlfurchen und Hornstrahl sind sorgfältig zu säubern und alle zerfransten Teile vorsichtig abzuschneiden; dann ist durch täglich mehrmaliges Einpinseln mit Jodtinktur oder einer 9 %igen Kupfersulfatlösung eine schnelle Austrocknung zu erreichen. Erst wenn der Hornstrahl völlig fest und trocken ist, kann man die ganze Hufsohle mit einem Holzteeranstrich schützen. – Vorbeugen kann man der Strahlfäule am besten durch trockene Weiden, trockene Ausläufe, trockene Stallungen und trockene Einstreu.

Brechen die Tragränder des Hufes stark aus, so wird das Pferd meistens für längere Zeit verwendungsunfähig. 588

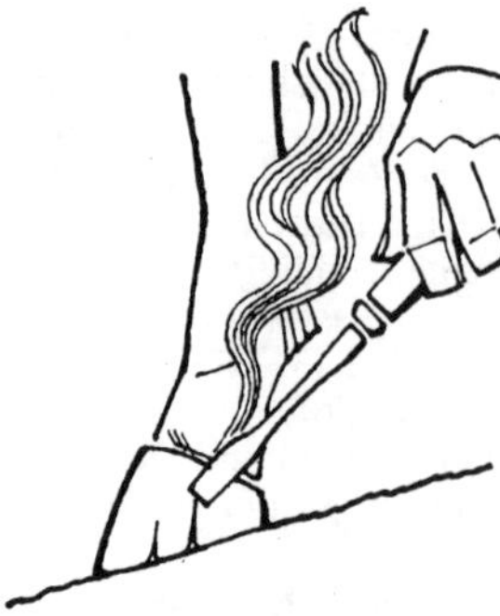

Tragränder brechen bei unbeschlagenen Pferden leicht aus, wenn sie sehr nachwachsen und nicht korrigiert bzw. abgerundet werden. Ein solches Ausbrechen wird durch mürbes oder sprödes Hufhorn begünstigt. – Pferde mit mürbem Hufhorn muß man auf völlig trockenem Boden halten und zur Festigung das Horn täglich mit Terpentin einstreichen. – Spröde Hufe sind dagegen feuchtzuhalten, die Pferde müssen in taunasses Gras. Trocknen die Hufe dann ab, sind sie einzufetten. – Zur Anregung des Hornwachstums kann man den Kronenrand täglich über mehrere Monate mit Lorbeersalbe massieren. – Querrisse in der Hornwand sind stets zu begrenzen; man brennt an den Enden der Risse senkrecht zu diesen kleine Schnitte ein.

589 **Werden die Pferde überanstrengt, so schwellen oft die Sehnen an den vorderen Beinen an.**

Bei der Berührung dieser Partien empfindet das Pferd Schmerzen. Eine solche Anschwellung ist nie als Bagatelle zu betrachten, da sie bei ausbleibender oder unsachgemäßer Behandlung zur völligen Unbrauchbarkeit des Pferdes führt. Zeigt sich eine Anschwellung im hinteren Bereich des Vordermittelfußes, so muß das Pferd sofort völlig geschont werden, auch darf es kein Kraftfutter bekommen. Zur Linderung sollte man zunächst kühlende Umschläge auflegen, dann aber unbedingt den Tierarzt konsultieren. –
Eine andere Folge von Überanstrengung, vor allem durch ständige Überbelastung der vorderen Gliedmaßen, ist die Hufrollenentzündung oder Strahlbeinlahmheit. Sie tritt besonders bei Springpferden auf. Erstes Anzeichen einer solchen Entzündung ist sichtliches Schonen der Vorderhufe. Auch in diesem Falle ist sofort ein Tierarzt zu verständigen.

590 **Jeder Pferdehalter muß über einen kleinen Vorrat wichtiger Tierarzneien verfügen, damit er in leichten Krankheitsfällen auch selbst helfen kann.**

Alle Arzneien werden in einem Wandschrank, der „Stallapotheke, gesondert von allen anderen Utensilien und Futtermitteln aufbewahrt. Sie darf weder Kindern noch fremden Personen zugänglich sein und wird in einem trockenen, kühlen

und möglichst staubfreien Raum untergebracht. Da einige Arzneien nach einer bestimmten Zeit unwirksam werden, sind sie rechtzeitig durch neue zu ersetzen.

Je größer die Erfahrungen eines Pferdehalters sind, um so umfangreicher wird auch der Inhalt seiner Stallapotheke sein. 591

Weniger erfahrene Pferdehalter werden sich mit den unbedingt notwendigen Medikamenten begnügen und alles andere der tierärztlichen Verordnung überlassen.
Als unbedingt notwendig sind zu empfehlen:
- Zwei verschiedene Wurmmittel.
- Kampfersalbe gegen Zellgewebe- und Sehnenscheidenentzündungen.
- Lebertransalbe für spröde, rissige Wunden.
- Lebertranzinksalbe für schlecht heilende und nässende Wunden.
- Sulfonamidpulver für eiternde Wunden.
- Jodtinktur oder Sulfonamidpulver zur Wunddesinfektion.
- Lorbeersalbe zur Förderung des Hufhornwachstums.
- 9 %ige Kupfersulfatlösung zur Hornstrahlbehandlung.
- Holzteer als Schutz für Hufsohlen.
- Kampferspiritus zum Einreiben der Flanken bei Koliken.
- Mullbinden, Schnellverband und ein Fieberthermometer.

XXI. Pferdepflege in kritischen Situationen

Im Lebensablauf der Pferde gibt es Zeitspannen, in denen man sich besonders um sie sorgen muß. 592

Sie wurden teilweise schon in anderen Kapiteln erwähnt. Da jedoch zu bestimmten Zeiten hohe körperliche und psychische Belastungen auf-

treten, denen jeder Pferdehalter Rechnung tragen muß, sollen diese auch besonders erläutert werden. Das sind: das Absetzen des Fohlens, die Geschlechtsreife, die Zeit des Zahnwechsels, der jährlich zweimalige Fellwechsel, das erste Abfohlen einer Stute (270–280) und das Altern des Pferdes.

593 **Ein die Pferde stark belastender Eingriff in ihr Leben erfolgt, wenn das Fohlen von der Mutterstute abgesetzt und getrennt wird.**

Stute und auch Fohlen verhalten sich in diesen Tagen anders gegen ihre Pfleger als sonst; sie sind aggressiv oder auch dem entgegengesetzt zeitweilig völlig depressiv. Von den Pferden sind in diesen kritischen Tagen fremde Personen und jeglicher Lärm fernzuhalten. Im übrigen geht man mit ihnen um, als wäre nichts geschehen. Das von der Mutterstute getrennte Fohlen muß in seiner neuen Heimat sofort Gesellschaft durch andere Tiere bekommen, eine Depression wird so am schnellsten überwunden.

594 **Pferde werden unter den in Mitteleuropa üblichen Haltungsbedingungen im Alter von etwa 12 bis 18 Monaten geschlechtsreif.**

In dieser Zeit können durch fehlerhaften Umgang mit den Fohlen nachteilige Veränderungen im Charakter und Temperament der Tiere hervorgerufen werden. Je natürlicher sie sich in dieser Zeit bewegen können, um so ausgeglichener werden sie in ihrem ganzen Wesen. Stutfohlen beginnen schon Monate vor der Geschlechtsreife zu rossen, so daß sich für Pferdebesitzer, die Hengste gemeinsam mit den anderen Pferden halten, ziemliche Probleme ergeben.

Einen Hengst kann man nicht längere Zeit in der Nähe der anderen Pferde absperren, um so ein nicht gewünschtes Bedecken der Stuten zu verhindern; es sei denn, daß man alles in Kauf nehmen will, was sich unter diesen Umständen aus den krankhaft aufkommenden Verhaltensweisen ergibt. 595

Denn der Hengst muß aus einem Urtrieb heraus decken, sobald er eine rossige Stute wittert. Er wird alles unternehmen um das auch zu tun, selbst wenn er sich oder Personen schwerste Verletzungen zufügen sollte. Um dem vorzubeugen muß der Hengst in einen ausbruchssicheren separaten Auslauf kommen, der mindestens 400 m von den Stuten entfernt ist.

Viele Pferde sind in der Zeit des Zahnwechsels leistungsgeschwächt. 596

Der Zahnwechsel vollzieht sich vom dritten bis zum fünften Lebensjahr (59). In dieser Zeit kann das Pferd nicht jede Nahrung gleich gut zerkauen. So behindert der Wechsel der Schneidezähne das Abnagen von Rinde und das Zerbeißen von harten Rüben. Der Wechsel der Backenzähne (Prämolaren) setzt die Haferverwertung für eine bestimmte Zeit herab. In der Periode des Zahnwechsels sollten den Pferden deshalb eine mineralstoffreiche Weide, sehr gutes Vormahdheu, geschrotetes Kraftfutter und Mohrrüben zur Verfügung stehen, auch Lecksteine sollten nie fehlen.

Robust gehaltene Pferde wechseln im Jahr zweimal das Fell. 597

Mehr oder weniger, jedoch nie so ausgeprägt wie bei den Robustpferden, geschieht das auch bei den Stallpferden. – Im September und Oktober bauen die Robusten den dicken Winterpelz auf, den sie dann ab April des folgenden Jahres wieder abwerfen und durch das Sommerfell ersetzen. Jeder Fellwechsel ist mit einem hohen

Vitamin- und Nährstoffbedarf verbunden. Im Herbst sind die notwendigen Nährstoffe meist ausreichend vorhanden, im Frühjahr muß man sie zusätzlich beschaffen. Dazu sind am besten frische Zweige von Haselnuß, Weide, Birke, Erle, Buche und Eiche geeignet. Es ist immer wieder zu beachten, daß bestimmte Holzarten von Zeit zu Zeit bevorzugt werden. Die Sträucher wirft man nicht einfach in den Auslauf, sondern bindet sie an Zaunpfählen fest und vermeidet so ihre starke Versandung.

598 **Mit etwa dem 20. Lebensjahr beginnt das Pferd zunehmend zu altern.**

Ob das früher oder später geschieht und wie groß die Intensität der Alterung ist, hängt von den Bedingungen der Aufzucht, der Haltung, der Fütterung, der Nutzung und auch von der Rasse des Pferdes ab. Je sachgemäßer wir sie pflegen und nutzen, um so länger werden uns unsere Freizeitgefährten dienen können und selbst mit 25 und 30 Jahren lassen sich viele Pferde noch verwenden. –
Mit fortschreitendem Alter bilden sich an Gelenken gelegentlich krankhafte Verknöcherungen, die auch ziemliche Schmerzen hervorrufen. Eine absolute Schonung des Pferdes bei ständigem Weidegang über mehrere Monate wird notwendig, sie gestattet meistens wieder seine spätere Nutzung.

599 **Mit zunehmendem Alter läßt auch die Belastbarkeit des Verdauungsapparates nach.**

Deshalb ist es wichtig, nur in Maßen leicht verdauliches Futter zu geben, am ratsamsten ist auch wieder ständiger Weidegang. Leguminosen darf man weder grün noch als Heu füttern. Bei längerer Aufstallung erhält das Pferd gutes

Wiesenheu und Mohrrüben. Wird es noch für geringe Leistungen genutzt, so sollte es pro Mahlzeit nicht mehr als 0,1–1 kg Kraftfutter in Form von Getreideschroten oder Hafer erhalten. Stets ist das Kraftfutter mit langem, gut angefeuchtetem Häcksel zu mischen.

Auch bei sachkundiger Haltung und Nutzung heißt es eines Tages, vom Freizeitkameraden Pferd Abschied zu nehmen. 600

Stärker einsetzende Altersbeschwerden machen ein Weiterleben für das Pferd zur Qual. Es kann sich vielfach nicht mehr von allein erheben, kann das Futter nicht mehr zerkauen, neigt dadurch zu schmerzhaften Koliken und leidet unter Hauterkrankungen und anderen Beschwerden. – Dann müssen wir für unser Pferd das einzig Richtige und Beste tun: es schmerzlos in der ihm vertrauten Umgebung seines heimatlichen Stalles töten lassen! Nur so ersparen wir ihm noch größere Leiden und danken ihm noch einmal für alle erlebnisreichen Stunden.

Anhang

Übersicht über die am häufigsten zum Freizeitreiten verwendeten Pferderassen in alphabetischer Reihenfolge.

Bezeichnung der Rasse	Merkmale (Größenangaben Stockmaß, Röhrbeinumfang Bandmaß)	Eigenschaften	Eignung	Vorkommen
Arabisches Pferd				
a) Original Araber Or.Ar.	Größe 145–153 cm; Röhrbein 16–20 cm; sehr trockener Kopf mit breiter Stirn und eingebogenem oder geradem Nasenbein; große Augen; große Nüstern; langer, leicht gebogener Hals; schräge, lange Schulter; kurzer Rücken; lange, ziemlich horizontale Kruppe; hochangesetzter Schweif; viel Brust; gut gebogene Rippen; tiefe Flanken; breite Vorderfußwurzelgelenke; harte, runde Hufe; es kommen fast alle Farben vor, wie Braune, Füchse und Schimmel; bei dunklen Farben sind weiße Abzeichen am Kopf und an den unteren Gliedmaßen erlaubt.	Sehr anhänglich vertrauten, mißtrauisch fremden Personen gegenüber; sanft und geduldig im Wesen; hart, ausdauernd und genügsam; schnelles Regenerationsvermögen; langlebig und fruchtbar; mutig; folgsam und lernfreudig	Ein ideales Pferd für Wanderritte und für Wettkämpfe auf langer Strecke.	Arabische Halbinsel
b) Vollblut Araber ox	Größe 142–155 cm (TGL DDR); Röhrbein 16–20 cm; andere Merkmale entsprechen mehr oder weniger dem Original Araber; Farben hauptsächlich Schimmel und Braune.	Wie Or. Ar.; jedoch infolge züchterischer Beeinflussung in Ländern außerhalb Arabiens nicht in jedem Falle erhalten.	Wie Or. Ar.; auch gut bewährt in Rennen über längere Distanzen (2400–4000 m). – Über Robusthaltung dieser Pferde liegen in Mitteleuropa bisher nur sehr wenig Erfahrungen vor.	Nordafrika, außerdem fast über alle warmen und gemäßigten Zonen verbreitet.
c) Anglo-Araber x	Größe 155–165 cm; Röhrbein etwa 18–20 cm; Kreuzung von arabischen mit englischem Vollblut; im Erscheinungsbild tendieren sie meist zum englischen Vollblut mit deutlichem arabischem Einschlag; überwiegend dunkle Farben.	Besonders hervorzuheben sich raumgreifende Gänge und gutes Springvermögen; nicht mehr so anspruchslos wie die Or. Ar.	Sehr gute Eignung als Turnierpferd; für die Freizeitreiterei ziemlich aufwenig	Großbritannien, Frankreich, VR Polen, USA.
Appaloosa	Größe 144–155 cm; hoch aufgesetzter langer Hals; tiefe und schmale Brust; lange, schräge Schulter; stark bemuskelte, auch manchmal gespaltene Kruppe; hochangesetzter	Ausgeglichenes Temperament, genügsam, unempfindlich gegen Witterungsunbilden und starke Beanspruchung, gutes Springvermögen.	Ideales Freizeitpferd für höhere Ansprüche; bestens für ganzjährige Freilandhaltung geeignet.	USA, Niederlande, Großbritannien.

Bezeichnung der Rasse	Merkmale (Größenangaben Stockmaß, Röhrbeinumfang Bandmaß)	Eigenschaften	Eignung	Vorkommen
	dünner, kurzer Schweif. Als bestimmendes Merkmal gilt die Fellfarbe; das ist eine Fleckzeichnung, die u. a. ein Leopardenmuster oder ein Marmormuster sein kann; meist sind die Flecken über den ganzen Körper verstreut oder aber nur auf Hüfte und Kruppe vorhanden. Diese Fleckung ist nicht zufällig wie beim Schekken, sondern regelmäßig und im Durchmesser schwankend zwischen weniger als 1 cm bis zu ca. 10 cm. Typisch für diese Rasse ist auch das Krötenmaul.			
Camargue Pferd	Größe 135–145 cm; großer Kopf mit kräftigen Ganaschen, kurzer Hals; steile und kurze Schulter; sehr kräftige Gliedmaßen; kurze abfallende Kruppe; Farbe: Schimmel (hellgrau bis weiß mit grauem Stichelhaar).	Leistungsfähig und genügsam; sehr robust, deshalb auch unter härtesten Klimaverhältnissen frei zu halten; trittsicher und wendig.	Gut geeignet als Wanderpferde bewähren sie sich besonders dort, wo sie immer wieder von der gleichen Person regelmäßig beschäftigt werden können. Langeweile und gutes Futter wirken sich sehr negativ auf diese Pferde aus. Ihr sonst ausgeglichener Charakter würde verdorben werden.	Hauptzuchtgebiet Rhonedelta (Südfrankreich), geringe Verbreitung in Nordfrankreich, Belgien und der Bunrepublik Deutschland.
Connemara Pferd	Größe 132–147,2 cm, Röhrbein 17,5–20 cm; langer, trockener Kopf; schräge, lange Schulter; langer und gut geformter Widerrist, deshalb gute Sattellage; Farben hauptsächlich Schimmel, jedoch auch Rappen, Braune und Falben, Füchse sind sehr selten.	Sehr trittsicher; gegenüber den meisten anderen kleinen Pferderassen viel temperamentvoller und reaktionsschneller; sie besitzen eine gute Springveranlagung. – In den Küstenzonen des Atlantiks kann man sie ganzjährig im Freien halten.	Geeignet als Freizeitpferd für Kinder und Erwachsene zum Reiten und Kutschieren; gründlich trainiert eignen sie sich auch bestens für Kleinpferdturniere. Bei üppigem Futter verlieren sie leicht ihren Typ.	Heimat Südirland; Zuchten außerdem vor allem in den Niederlanden und in den USA
Bosnisches Gebirgspferd	Größe 130–135 cm, angestrebtes Zuchtziel bis 140 cm; Röhrbein 16 bis 18 cm; trockener, ausdrucksvoller Kopf; im übrigen Exterieur ist eine ziemlich große Varietät vorhanden; bevorzugt wird der kurzbeinige Typ mit kleinen Hufen; der langbeinige, durch häufige Araberblutzufuhr entstan-	Sehr genügsam, äußerst robust; große Ausdauer und Trittsicherheit; ausgeglichenes Temperament; anhänglich; zutraulich und lernfreudig; langlebig und fruchtbar.	Für jede Art der Nutzung in der Freizeit bestens geeignet; auch gut als Packpferd (Handpferd) zu verwenden; absolut winterhart unter mitteleuropäischen Verhältnissen. – Hengstprüfungen im bergigen Ge-	SFR Jugoslawien, Bundesrepublik Deutschland, Italien, Österreich.

Bezeichnung der Rasse	Merkmale (Größenangaben Stockmaß, Röhrbeinumfang Bandmaß)	Eigenschaften	Eignung	Vorkommen
	dene, ist weniger wertvoll. Farben überwiegend Braune, außerdem gibt es auch viele Schimmel.		lände 16 km in 80 Minuten mit 100 kg Traglast	
Dartmoor Pony	Größe 120–127 cm; Röhrbein 16–17 cm; kleiner Kopf mit kleinen Ohren; schräge Schulter; oft kuhhessige Gliedmaßenstellung; sehr harte, kleine Hufe; Farben überwiegend Rappen und Braune, Abzeichen sind nicht erwünscht.	Trotz geringer Größe hohes Tragvermögen; sehr ruhiges Temperament; trittsicher; robust und sehr genügsam.	Auf Grund seines ausgeglichenen Temperaments bestens als Kinderreitpferd geeignet, doch auch Erwachsene überlasten es nicht, wenn keine unvernünftigen Forderungen gestellt werden.	England, Niederlande und Bundesrepublik Deutschland
Dülmener Kleinpferd	Größe 115–135 cm; Röhrbein 16–19 cm; Kopf unterschiedlich nach Typ; Farben hauptsächlich dunkelbraun mit Mehlmaul, mausgrau und falb mit Aalstrich.	Sehr robust und genügsam; kleinerer Typ dunkelbraun, größerer Typ grau oder falb; die kleineren sind am widerstandsfähigsten	In Dülmen werden seit vielen Jahrhunderten Pferde in freier Wildbahn gehalten. Aus dieser freilebenden Herde werden nur Hengste verkauft, die nach der Kastration gute Reitpferde für Kinder und leichte Erwachsene sind.	In der Bundesrepublik Deutschland von regionaler Bedeutung im Gebiet von Dülmen.
Exmoor Pony	Größe 122–130 cm; kräftiger Kopf mit „Krötenaugen", Mehlmaul und weiten Nüstern; hoher Widerrist und kräftiger, mittellanger Rücken; breite Brust; tiefsitzende Sprung- und Vorderfußwurzelgelenke; leicht kuhhessige Gliedmaßenstellung häufig; Farben hauptsächlich Dunkelbraune, Braune und Falben.	Sehr zäh und genügsam; hohes Tragvermögen.	Geeignet für vielfältige Freizeitgestaltung; es trägt Kinder und Erwachsene und geht ebenso brav vor dem Wagen. In der Zucht eignet es sich für Kreuzungen mit englischem Vollblut.	England, Bundesrepublik Deutschland, Dänemark
Fjord-Pferd	Größe 135–145 cm; Röhrbeim 17–21 cm; trockener Kopf; kurzer, tief angesetzter Hals; steile bis mittelschräge Schulter; langer Rücken; abgerundete Kruppe; oft kuhhessig; Farben Falben mit Aalstrich.	Robust; genügsam; leistungsfähig in der Wirtschaft und als Reitpferd; ausgeglichenes Temperament; trittsicher.	Im modernen Typ ist es ein gutes Reitpferd für Erwachsene	Norwegen, Niederlande, Bundesrepublik Deutschland, VR Polen.
Gotland Pony	Größe 115–125 cm; Röhrbein 14–15 cm; langer, schlanker Kopf; kräftige, meist steile Schulter; kurzer Rücken; abgerundete Kruppe mit tief angesetztem Schweif; feste Gelenke, sehr hartes Hufhorn; meist kuhhessig (rassetypisch wie auch die	Äußerst robust und anspruchslos; hoch leistungsfähig; ausdauernd; schnelles Regenerationsvermögen; starke Nerven, ausgeglichener Charakter, selten ängstlich.	Gotland Ponys haben ein unermüdliches Trabvermögen, sie besitzen einen flüssigen Gang und zeigen auch gute Springleistungen. Sie sind deshalb ideale Freizeitpferde für die	Schweden, USA, Dänemark, Bundesrepublik Deutschland

Bezeichnung der Rasse	Merkmale (Größenangaben Stockmaß, Röhrbeinumfang Bandmaß)	Eigenschaften	Eignung	Vorkommen
	Form der Schulter und der Kruppe); Farben überwiegend dunkel ohne Abzeichen.		Familie und auf Grund ihrer Charaktereigenschaften besonders für größere Kinder und für alte Leute geeignet.	
Haflinger	Größe 134–145 cm; Röhrbein 18–20 cm; kurzer breiter Kopf mit großen Nüstern, langer, kräftiger Hals; wenig Widerrist; fester Rücken; mittlere bis schräge Schulter; stabiles Fundament; Farben: Zuchtziel Füchse mit flachsblondem Langhaar. (Die Merkmale Hals und Schulter unterscheiden sich recht erheblich zwischen den einzelnen Zuchtgebieten, so daß auch kurzer Hals, steile Schulter vorkommen).	Leistungswillig; trittsicher; schnelles Regenerationsvermögen; ausgewogenes Temperament; gutartiger Charakter.	In der Freizeit zum Reiten und Kutschieren, aber auch als kleines Turnierpferd verwendbar. Bestens bewährt haben sich Haflinger als Zugpferde in der Forstwirtschaft.	Österreich, Norditalien, Deutsche Demokratische Republik, Bundesrepublik Deutschland, USA, Schweiz.
Huzulen	Größe 130–142 cm; Röhrbein 17–20 cm; mittelgroßer, trockener Kopf; meist langer, gut bemuskelter Rücken; mäßig abfallende Kruppe; stabiles Fundament; harte Hufe; Farben hauptsächlich dunkelbraun bis fahlbraun.	Äußerst robustes, genügsames und langlebiges Pferd; hohes Tragvermögen; trittsicher; ausgeglichenes Temperament, sehr anhänglich.	Als Reit- und Packpferd in jedem Gelände bestens geeignet; wegen seiner Anhänglichkeit und Gutartigkeit ist das Pferd auch besonders älteren Menschen zu empfehlen.	In allen Karpatenländern wie ČSSR, VR Polen, VR Rumänien und VR Ungarn.
Iberisches Pony	Größe 120–142 cm; Röhrbein 15–18 cm; urwüchsiger Typ mit starkem Hals und schwerem Kopf, Körper kurz und gedrungen; oft erheblich mit anderen Rassen verkreuzt, deshalb uneinheitliche Merkmale; Farben überwiegend Braune.	Sehr robust; befindet sich in seiner Heimat ganzjährig im Freien; anspruchslos und fruchtbar.	Sehr leistungsfähig in den feuchten Küsten- und Gebirgszonen des Atlantiks als Trag- und Reittier; läßt sich zum Tölt und Paßgang schulen.	Hauptsächlich Nordspanien und Nordportugal.
Island Pony	Größe 125–140 cm; Röhrbein 17–19 cm; grober Kopf; kurzer, kräftiger Hals; langer Körper, jedoch kurzer Rücken; kräftige, abfallende Kruppe; gut geformte Hufe; vordere Gliedmaßenstellung oft zehenweit, hintere kuhhessig (wird meistens als rassetypisch angesehen); Farben Füchse, Braune, Rappen, Schecken und andere.	Sehr spätreife Rasse; die Ponys sollen neben den Grundgangarten auch die Veranlagung zum Tölt und/oder Paßgang besitzen. – Äußerst robust, genügsam und leistungsfähig.	Ein ideales Pferd für Wanderritte und rentable Haltung. Die Veranlagung zu „sanften“ Gangarten macht es besonders wertvoll. Durch sein oft überschäumendes Temperament ist es nicht gleich gut für alle Personen geeignet.	Island, Bundesrepublik Deutschland, Niederlande, Dänemark, Österreich, Schweiz, Schweden.
Kazachskaja Pferd (Kasak)	Größe 138–145 cm; langer Körper, tiefe Brust, starke Knochen. Farben	Äußerst anspruchslos an Unterkunft und Futter, hart und aus-	Ein ideales Vielseitigkeitspferd zum Reiten, Kut-	In südlichen Gebieten der UdSSR, haupt-

Bezeichnung der Rasse	Merkmale (Größenangaben Stockmaß, Röhrbeinumfang Bandmaß)	Eigenschaften	Eignung	Vorkommen
	hauptsächlich Schimmel, Füchse, Hellbraune und Rappen, gelegentlich kommen auch Schecken vor.	dauernd bei allen Leistungen. Diese Pferde sind gute Traber und Galoppierer, häufig kommen auch Paßgänger oder Tölter vor.	schieren und Tragen, bestens geeignet für Langstreckenritte.	sächlich Kasachische SSR.
Mongolisches Pony	Größe 122–135 cm; grober Kopf; kurzer, starker Hals; fester Rücken; stabiles Fundament; kurze Fesseln; harte Hufe; Farben hauptsächlich Rappen, Braune, Füchse, gelegentlich auch Schecken und Schimmel.	Eine der härtesten und genügsamsten Pferderassen der Erde; sehr schnell, wendig, ausdauernd mit bester Reiteignung; Paßgänger häufig.	Als Reitpferd für Menschen jeden Alters und Geschlechtes geeignet, aber auch für wettkampfmäßige Langstreckenritte ideal; es leistet 120 km am Tag ohne sich zu überanstrengen in leichter, den Reiter nicht strapazierender Bewegung.	Mongolische Volksrepublik und angrenzende Gebiete
New Forest Kleinpferd	Größe 122–147,3 cm; die erhebliche Größenvariation wurde durch starke Fremdblutzuführung in den Jahrzehnten vor und nach der Jahrhundertwende verursacht; großer Kopf; mittlerer bis kurzer Hals; kräftige Schultern; abfallende Kruppe; Farben vorherrschend Braune.	Sehr intelligentes, leicht einzureitendes und trittsicheres Kleinpferd; wegen der starken Typvariation sind nicht alle Pferde dieser Rasse in den mitteleuropäischen Gebieten winterhart.	Universell ver wendbares Freizeitpferd für Kinder und Erwachsene.	England, Niederlande, Dänemark, Bundesrepublik Deutschland, Schweden.
Panje Pferd (Stammform Konik)	Größe 130–140 cm; Röhrbein 16–19 cm; nicht einheitlich im Typ; meist relativ grober Kopf, starker Hals und stabiles Fundament; Farben sehr vielfältig vom Rappen bis zum Schimmel; Stammform Konik mausgrau mit Aalstrich.	Besitzt unter natürlichen Haltungsbedingungen eine eiserne Gesundheit und hohe Fruchtbarkeit; sehr leistungswillig; anspruchslos an Fütterung und Pflege; auch im kontinentalen Klima soll man es nur robust halten.	Gut geeignet als Reit- und Kutschpferd sowie für alle leichten Zugarbeiten in der Landwirtschaft; läßt sich auch als Tragtier nutzen.	VR Polen, Sowjetunion, Deutsche Demokratische Republik, Bundesrepublik Deutschland.
Shetland Pony	Größe 65–117 cm; Röhrbein 10–14,5 cm; trockener Kopf; muskulöser Hals; kräftige, schräge Schultern; gerader Rücken und kräftige Kruppe; heute insgesamt schlanker als der vor Jahrzehnten bevorzugte Verdauungstyp; Farben vom Rappen bis Schimmel und Schecken.	Lebhaftes Temperament bei gutartigem Charakter; (Hengste sind jedoch keine Pferde für Kinder!); ausdauerndes Trabvermögen; sehr genügsam und leistungswillig; für Robusthaltung bestens geeignet.	Die kleineren der Sheties sind hauptsächlich Spielpferde; die größeren (über 100 cm) eignen sich als Reitpferde für kleine Kinder; größere Kinder und auch Erwachsene benutzen sie gern zum Kutschieren. – Shetlandponys möchten am liebsten immer beschäftigt sein.	Großbritannien, Niederlande, Nordamerika, Bundesrepublik Deutschland, Deutsche Demokratische Republik; sie sind fast über die ganze Erde verbreitet, also auch in Afrika und Südamerika vorhanden.

Bezeichnung der Rasse	Merkmale (Größenangaben Stockmaß, Röhrbeinumfang Bandmaß)	Eigenschaften	Eignung	Vorkommen
Walisisches Bergpferd (Welsh Mountain Pony)	Sektion A Größe bis 122 cm; Sektion B Größe bis 137 cm; Sektion C Größe bis 137cm (Welsh Cob); Sektion D Größe über 137 cm (Welsh Cob); Sektionen A + B kleiner, trockener Kopf; schräge Schulter; hochangesetzter Schweif; starkes Fundament; harte, gut geformte Hufe; Sektionen C + D kraftvolle Reit-, Kutsch-, Arbeits- und Tragpferde mit guter Springveranlagung, sehr wasserfreudig. Farben Hellbraune, Dunkelbraune, Rappen, Falben und Füchse. Schecken werden nicht anerkannt.	Zäh; genügsam; flink; energisch; lernfreudig; sehr sicher in jedem Gelände; Mut und Frömmigkeit sind in bester Weise miteinander gepaart.	Sie sind wahre „Familienpferde", jeder kann mit ihnen umgehen; bei Wanderungen im unwegsamen Gelände sind sie zuverlässige Gefährten. Mit den Pferden der Sektionen C + D kann man auch an Springturnieren teilnehmen.	Wales (Großbritannien), Niederlande, Bundesrepublik Deutschland, Schweden.

Literatur

Autorenkollektiv: Kleine Enzyklopädie Körperkultur und Sport, Verlag Enzyklopädie, Leipzig 1960.

Autorenkollektiv: Kleine Enzyklopädie Land/Forst/Garten, Verlag Enzyklopädie, Leipzig 1960.

Blendinger, W.: Psychologie und Verhaltensweise des Pferdes, E. Hoffmann Verlag, Heidenheim 1971.

Ende, H. und Isenbügel, E.: Die Stallapotheke, A. Müller Verlag, Rüschlikon-Zürich 1971.

Flade, J. E.: Shetlandponys, A. Ziemsen Verlag, Wittenberg Lutherstadt 1970.

Flade J. E. und Gleß, Kh.: Kleinpferde, VEB Deutscher Landwirtschaftsverlag, Berlin 1976.

Flade, J. E. und Lenz, H.: Kleines abc Pferdezucht, Pferdesport, VEB Deutscher Landwirtschaftsverlag, Berlin 1968.

Glyn, R. und Bruns, U.: Das große Buch der Pferderassen, A. Müller Verlag, Rüschlikon-Zürich 1971.

Hartenstein, Elisabeth: Mit dem Pferd durch die Jahrtausende, Verlag Neues Leben, Berlin 1957.

Kapitzke, G. und Zika F.: Ponyreiten ernst genommen, Verlag Paul Parey, Berlin und Hamburg 1964.

Lenz, Helmut: Mit dem Pferd durch die Zeiten, VEB Deutscher Landwirtschaftsverlag, Berlin 1973.

Lengerken v., G.: Pferdezucht und Pferdehaltung, Tierzucht Heft 8, Hochschulstudium, Leipzig 1970.

Oese, E.: Pferdesport, Bände I und II, VEB Sportverlag, Berlin 1969/1971.

Ruthe, H.: Der Huf, VEB Fischer Verlag, Jena 1969.

Schäfer, M.: Großponys und Kleinpferde, Nymphenburger Verlagshandlung, München 1972.

Schwark, H. J.: Das Haflinger Pferd, A. Ziemsen Verlag, Wittenberg Lutherstadt 1965.

Tembrock, G.: Tierpsychologie, A. Ziemsen Verlag, Wittenberg Lutherstadt 1972.

Wussow, W.: Beurteilung der Pferde, Neumann Verlag, Radebeul 1970.

Zeeb, K. und Guttmann, U.: Wildpferde in Dülmen, Verlag Hallwag, Bern und Stuttgart 1965.

Zeitschriften/Zeitg.:

„Pferd und Sport", 10/75, 9 u. 10/76.

„Neuer Tag", 11. 8. 1973, 27. 11. 1976.

„Freies Wort", B 23/76.

Zivilrecht, BGB nebst wichtigen Nebengesetzen, Deutscher Zentralverlag, Berlin 1954.

Zivilgesetzbuch der Deutschen Demokratischen Republik vom 19. 7. 1975.

Die Organisation der Pferdezucht in der Deutschen Demokratischen Republik

Zentralstelle für Pferdezucht
beim Ministerium für Land-, Forst- und Nahrungsgüterwirtschaft der DDR,
1162 Berlin-Friedrichshagen,
Josef-Nawrocki-Straße 10

VE Pferdezuchtdirektion Nord Redefin
für die Bezirke Schwerin, Rostock und Neubrandenburg;
Zuchtleitungen in
27 Schwerin, Wismarsche Straße, Baracke 9
25 Rostock, Krischanweg, Baracke

VE Pferdezuchtdirektion Mitte
für die Bezirke Frankfurt/Oder, Halle/Saale, Magdeburg, Potsdam und Berlin;
Zuchtleitung in
19 Neustadt/Dosse, Havelberger Straße

VE Pferdezuchtdirektion Süd Moritzburg
für die Bezirke Cottbus, Dresden, Erfurt, Gera, Karl-Marx-Stadt, Leipzig und Suhl;
Zuchtleitung in
8036 Dresden, Winterbergstraße 9

Wichtige gesetzliche Bestimmungen für Pferdezüchter, -halter und -nutzer in der Deutschen Demokratischen Republik

- Gesetz über Leitung, Planung und Organisation der Tierzucht (Tierzuchtgesetz) vom 17.12.1980
- Zweite DB zum Tierzuchtgesetz – Anerkennung und Verwendung von Vatertieren – vom 09.01.1981
- Fachbereichsstandard Pferdezucht – Zuchtziele – TGL 26900, Gruppe 31315, verbindlich ab 01.07.1980
- Anordnung über die Touristik mit Reit- und Zugtieren, vom 31. Oktober 1974 (GBl. I Nr. 56)
- Anordnung über den Betrieb von Fahrzeugen mit Zugtieren im öffentlichen Personenverkehr (GBl. I Nr. 26/73)
- Gesetz über das Veterinärwesen vom 20. Juni 1962 (GBl. I Nr. 5 S. 55)
- Verordnung zum Schutze der Tierbestände vor Tierseuchen, Parasitosen und besonderen Gefahren vom 11. August 1971 (GBl. II Nr. 64 S. 557)
- Arbeitsschutzanordnung 101/1 – Tierhaltung – vom 11. Februar 1965 (GBl. II Nr. 27 S. 196)
- Anordnung über die Bedingungen für die Pflichtversicherung der Tierhalter – Tierseuchenversicherung vom 22. Mai 1968 (GBl. II Nr. 57 S. 316)
- Zivilgesetzbuch der Deutschen Demokratischen Republik vom 19. Juni 1975 (GBl. I Nr. 27 S. 465)